鸿观

我们依旧渺小，小到必须鸿观

宋鸿兵 ◉ 著

SPM 南方出版传媒 广东人民出版社

·广州·

图书在版编目（CIP）数据

鸿观/宋鸿兵著. —广州：广东人民出版社，2016.6
ISBN 978 - 7 - 218 - 10914 - 5

Ⅰ. ①鸿… Ⅱ. ①宋… Ⅲ. ①国际经济关系—研究 Ⅳ. ①F114

中国版本图书馆 CIP 数据核字（2016）第 130219 号

Hongguan

鸿 观

宋鸿兵 著

出 版 人：曾 莹

责任编辑：肖风华 赵世平
封面设计：紫图图书 ZITO®
责任技编：周 杰 黎碧霞

出版发行：广东人民出版社
地　　址：广州市大沙头四马路 10 号（邮政编码：510102）
电　　话：（020）83798714（总编室）
传　　真：（020）83780199
网　　址：http://www.gdpph.com
印　　刷：北京中科印刷有限公司
开　　本：787mm×1092mm 1/16
印　　张：27　字　数：380 千
版　　次：2016 年 6 月第 1 版　2016 年 6 月第 1 次印刷
定　　价：49.90 元

如发现印装质量问题，影响阅读，请与出版社（020 - 83795749）联系调换。
售书热线：（020）83795240

目录

1

Chapter

第一部分

观时事

01 也门战争背后的大国博弈 · *002*

02 南海问题：风波还是海啸 · *018*

03 伊朗核谈落地 · *032*

04 阿以缘何冲突不断 · *049*

05 阿以发飙玩坏大英帝国 · *062*

06 以色列全民皆兵 · *078*

07 埃及沙特抢夺中东老大 · *095*

08 "伊斯兰国"资金从何而来 · *114*

09 中东乱局的历史根源 · *129*

2

Chapter

第二部分

观经济

10 新丝绸之路颠覆海权时代 · *144*

11 中国暗助伊朗破美封锁 · *156*

12 互联网金融 2.0 重组财富 · *173*

13 人民币汇率贬值恐陷第二战场 · *188*

14 工业 4.0 的中国机遇 · *203*

15 高铁助中国突破美国封锁 · *214*

观历史

以色列 *Israel*

16 犹太文明前传 · 233

17 犹太文明的三王时代 · 247

18 犹太文明的财富传承 · 262

19 犹太秘密传承的互联网思维 · 277

伊朗 *Iran*

20 居鲁士首创帝国模板 · 291

21 伊朗民族主义百年风云 · 306

22 伊朗怒断石油命脉 · 321

23 逃离德黑兰的历史真相 · 338

24 沙特伊朗断交风云 · 351

土耳其 *Turkey*

25 星月传奇土耳其之血海突围 · 369

26 星月传奇土耳其之奥斯曼崛起 · 384

27 星月传奇土耳其之帝国崩塌 · 401

28 星月传奇土耳其之君士坦丁堡之战 · 414

1

Chapter

第一部分

观时事

正本溯源，才能明辨是非

01 ▶

也门战争背后的
大国博弈

　　2015 年上半年，沙特与其他 OPEC 国家违反之前同中国约定的 100% 石油供应的承诺，单方面拒绝了 2015 年 5、6 月中国提出的进口更多石油的请求。而沙特同也门胡塞武装的战争局势也在进一步恶化之中。这一系列事件的背后，是沙特与伊朗两大国之间的地缘政治冲突，更是各大国势力在中东的暗流涌动。究竟未来中东局势将如何发展？

一、沙特为什么打也门？世界首场"双重战争"

2015年3月，沙特领导的十国联军开始大规模轰炸也门的胡塞武装。大家印象最深的可能就是中国派出军舰从亚丁湾撤侨这件事了。大部分人的关注点都放在了中国也门撤侨以及人道主义危机等方面，但对于这场战争的前因后果，以及背后各国的利益博弈，可以说是众说纷纭。

首先，我们需要对这场战争定性。从表面上看，也门战争是沙特和伊朗在争夺中东的主导权，但这场战争的本质是地缘政治战争，是政治、经济、历史以及外部力量干涉等多重因素共同促成的。一般情况下，我们习惯从国家与国家之间的关系来分析政局，实际上除了这点，我们还要看到更深的层次，同时还要具备历史的眼光。

什叶派与逊尼派发生分裂源于公元680年的卡尔巴拉惨案，也就是阿里的儿子侯赛因被倭马亚王朝所杀挑起了开端。侯赛因不仅是阿里的儿子，同时也是先知穆罕默德的亲外孙。这个事件引发了整个伊斯兰教的分裂，从此出现了什叶派。

什叶派是追随阿里以及其传人的一派。1300多年来，两派之间的争斗时断时续。在二战结束后的半个世纪里，这种矛盾曾一度被冰封雪藏起来了，因为当时阿拉伯世界的许多国家，刚从西方的殖民统治之下解放出来，大家都在忙着独立建国。

二、中东"四大金刚"的成长经历

1. 泛阿拉伯主义热潮

阿拉伯世界从西方殖民统治下陆续获得独立后，民族主义情绪空前高涨，当地人们"热气腾腾"搞建国，泛阿拉伯主义运动兴起，天下的阿拉伯人都是一家人，无论是什么教派，大家都信仰一个真主，所以互为兄弟。

在这种态势下，中东出现了"四大金刚"——伊拉克的萨达姆、埃及的穆巴拉克、利比亚的卡扎菲和叙利亚的阿萨德，这"四大金刚"当年都很活跃，雄心勃勃地要统一整个阿拉伯世界。

当然，理想很丰满，现实很骨感。这"四大金刚"的力量加在一起都无法与国际社会相抗衡。当时正值美苏争霸，阿拉伯世界正好被夹在东西两大阵营之间。还有一层原因就是，阿拉伯世界拥有大量的石油，但凡要闹独立，肯定行不通，毕竟"胳膊拧不过大腿"。

2. 独裁者时代

在泛阿拉伯主义的热潮慢慢退去之后，"四大金刚"的理想没有实现，纷纷退化为本国的独裁者。在这些强人当政的时代，宗教矛盾又被

[埃及]穆巴拉克　　[利比亚]卡扎菲　　[叙利亚]老阿萨德　　[伊拉克]萨达姆

暂时掩盖住了，因为他们的统治建立在高压之上。

就当时整个阿拉伯世界来说，像萨达姆、阿萨德这样的独裁者，权力构架的共同特点就是本族人垄断了经济资源，重要部门的负责人基本都是他们家族的人。亲信垄断了国家的经济和政治资源，形成了社会的统治阶层。

除了新兴的统治大家族及其亲信集团，阿拉伯社会还存在着另外一股重要势力，那就是以部族首领和教士集团为代表的传统势力，阿拉伯世界的很多地区到今天为止仍然是以部族为社会的功能基础单元，酋长们的影响力非常大，而教士集团则是社会的信仰基础单元，其传统势力也不容忽视。因此，新兴的统治家族集团与传统的势力集团，这两股势力共同构成了国家的统治阶层。在"四大金刚"时代，强人对于宗教势力和部族领袖，采取了既拉拢也压制的手段。

3. 宗教势力的异军突起

从表面上看，这些被强权统治的国家只有统治者和被统治者之间的政治矛盾。这容易给人一种错觉，仿佛推翻了这些独裁者，中东国家的内部问题就可以迎刃而解了，就可以民主、自由地选举国家领导人了，天下就太平了。但这种想法实在是过于天真了，因为它忽略了该国内在的权力组织架构，尤其是宗教势力的强大作用。

假设铲除了独裁者，我们来设想一下整个局面会发生什么变化：阿拉伯世界是一个连工业化还远未完成的社会，资本家、商人和中产阶级的力量基础非常脆弱，部族首领与宗教集团仍然是主导着社会运作的两大权力基础，独裁者们是以暴力维持社会秩序，既利用这两股力量又保持对他们的高压，这才勉强维持了稳定的局面。一旦铲除了独裁者，资本家、商人阶层的佼佼者可以参与瓜分独裁者所控制的经济资源，但是由于中产阶级的权力基础太弱，而他们自身的能力还不足以控制军事力量，所以他们的统治权力实际上是远远赶不上独裁者的。部族领袖当然也可以获取权力，但问题是，由于每个部落人口规模的天然限制，部族领袖的控制力也是有限的，他们只能与跨部族的宗教结盟才能保住权力。

三、伊斯兰社会新局面：谁才是最后的赢家？

铲除强权之后，可想而知的是，宗教的势力就会变得非常强大。因为宗教势力是跨部落、跨民族、跨国家甚至横跨大洲的。在没有独裁者压制的时代，宗教势力势必会呈现出烈火燎原的态势，迅猛地填补权力真空。

1. 极端主义的形成

在权力扩张的过程中，宗教力量中的极端派在混乱之中最容易崭露头角，因为他们嗓门大、说话狠、行事风格非常极端，特别容易拉到"粉丝"，最终必然会成为主导性的势力集团和最大赢家。

美国在推翻萨达姆和策动阿拉伯之春时，对这样的后果也许缺乏先见之明，他们估计阿拉伯人会把美国当成伟大的解放者，自动形成亲美和亲西方的政府。结果几年下来，中东的局面让美国大跌眼镜。推翻萨达姆对阿拉伯世界的影响就是，宗教势力——特别是宗教中的极端势力——"伊斯兰国"崛起了。这些人不仅不是亲美派，还是反美派，而且是极端反西方的。他们在中东的势力扩张之迅猛，让美国非常震惊。

2. 美国撤军与宗教势力的平衡

在阿富汗，美军十几年都没能剿灭塔利班，一个美军士兵一年在阿富汗就要消耗 50 万美元的军费，十几万人就是 600 亿—700 亿美元的军费开支；在伊拉克，恐怖袭击此起彼伏，军费开支更是惊人，美军不撤兵怎么消耗得起？

而美军一旦撤退，中东腹地就形成了权力真空，逊尼派的极端组织"伊斯兰国"就会迅速崛起，再加上原来的基地组织以及多如牛毛的各色极端武装，把中东闹得鸡飞狗跳。

在这种情况下，整个阿拉伯世界出现了一个向历史传统回归的趋势：泛阿拉伯主义的理想慢慢消退之后，就只剩下了独裁者，独裁者被铲除后就只剩下了宗教，中东正在回归千年历史的轨道。

美国由此也明白了，要恢复中东的势力平衡，就必须考虑宗教力量。如果逊尼派一家独大，特别是其中的极端势力过度膨胀，那美国在中东的利益必遭重创。不要忘记这些人是极端仇视美国和西方的。解决之道就是要用什叶派的力量去平衡逊尼派的力量，这就是美国与伊朗开始靠近的原因。

于是，美国在中东战局上做了战略调整，先把伊朗解放出来，借用伊朗的势力来制约逊尼派的一家独大，同时也可以对抗"伊斯兰国"在中东的崛起。

因此，美国开始与伊朗进行核谈判，这是战略调整的一个重要步骤，即给什叶派松绑，这件事严重刺激了沙特的神经。

四、万千刺激于一身：沙特的焦虑

1. 敢放美国人"鸽子"的沙特

2015年5月，《华盛顿邮报》的一篇报道很有意思，5月7日美国国务卿克里在沙特拜访了新国王萨勒曼，并邀请国王到美国戴维营参加奥巴马总统主办的海湾六国首脑峰会，美国要向大家通报伊朗核谈判的进展，同时也对也门和叙利亚内战等中东问题进行协商。

国王萨勒曼当时答应得好好的，还对克里说："我们下周见。"美国这边也发了新闻通告，结果开会前沙特国王突然变卦了，说沙特空袭也门暂停5天，国王要在沙特密切关注也门形势，这个理由当然非常勉强，说明沙特是有意放美国人"鸽子"的。巴林国王推脱国事繁忙，也没有去，而实际上巴林国王那几天陪着王妃去看马术表演了。结果，海湾六国首脑在美国的峰会，最后只有两位到场，奥巴马丢了很大的面子。

2. "为国而战"的沙特

沙特国王放奥巴马的"鸽子"，当然是事出有因的。因为当时美国很可能在6月底与伊朗达成有关核问题的最终协议。当时双方已经达成框架性的协议，一方是伊朗，另一方不仅有包括美国在内的联合国安理会五大常任理事国，还有德国。那么，双方最终达成的什么重大协议让沙特神经紧张呢？就是伊朗放弃核武器研发，但它的民用核能完全合法了。作为交换条件，美国对伊朗将逐步解除经济制裁。这意味着伊朗的石油、天然气出口会随之得到迅速提升。之前伊朗每天出口石油290多万桶，一旦取消了制裁，立刻就会反弹到400万桶以上，财富就会滚滚而来。再加上伊朗是天然气第二大储备国，管道已经修到了巴基斯坦边境，美国一旦取消对伊朗的制裁，伊朗立刻就可以输送天然气，外汇收入也会滚滚而来。所以沙特非常焦虑，只要伊朗还保留着核设施，哪怕是民用的，那么随着经济制裁的解除，伊朗的国力将会迅速增长，难保以后不会继续搞核武器。未来伊朗在中东的影响力将会与日俱增，这种前景对沙特的刺激非常大。

另外，更让沙特不满的是，美国默认伊朗出兵伊拉克，与"伊斯兰国"作战。2000多名伊朗革命卫队，一大批身经百战的伊朗将军，已经战斗在伊拉克的第一线了。当伊朗军旗飘扬在巴格达上空的镜头在伊朗电视台播出的时候，伊朗人民激动得热泪盈眶——我们波斯人，居鲁士大帝的后代，千年受打压的什叶派，终于可以扬眉吐气了。

在这种超级敏感和焦虑的状态下，沙特急于找机会显示谁才是中东真正的老大。所以，当也门的胡塞武装占领萨那，逼近亚丁湾，赶走了亲沙特的总统之后，沙特必须出手了，而且还要拉上所有逊尼派的弟兄一起上阵，一定要打出一场带有王者气派的战役，将也门什叶派力量彻底打垮。于是，沙特策划了庞大的进攻计划。据西方分析人士透露，整个战争分为了六大阶段，空袭只是初期阶段，重头戏还在后面的陆地进攻，沙特摆开15万大军的阵势还真不是在开玩笑，它是实实在在想打赢这场仗的。

五、王室更迭背后隐藏的惊天秘密

大家可能要问，叙利亚的局势这么动荡，为什么沙特不打叙利亚呢？那里也是什叶派当家啊。沙特之所以谨慎选择打击目标，是因为这一仗不仅是宗教和地缘大战，同时还是王位继承人的奠基之战。

2015年4月29日，沙特新国王萨勒曼突然宣布废掉弟弟穆克林的王储地位，提拔他的侄子纳伊夫王子做第一王储，提拔自己的儿子穆罕默德王子当第二王储。这是一个非常重要的内部权力调整。这样一来，萨勒曼的和他的侄子、儿子，就成了当前沙特的前三位领导人，整个沙特就成了苏德里七兄弟的天下。现在看来，萨勒曼国王已经明确把苏德里七兄弟的后代作为下一代继承人，从而废掉了他的前任阿卜杜勒国王的精心布局。

阿拉伯民族有一句谚语：我团结我的堂兄弟去打外人，然后再团结我的亲兄弟去打我的堂兄。意思就是说，一定要跟自己关系近的人去打关系远的人，然后再团结关系更近的人去打次近的人。

回过来看沙特王位的调整，正好体现了这句阿拉伯谚语的深刻性。萨勒曼的调整思路是这样的：首先，苏德里七兄弟一定要把王位继承权抓到手。为了实现这个目标，萨勒曼把以前国王纳伊夫的儿子——纳伊

萨勒曼·本·阿卜杜勒-阿齐兹，现在的沙特阿拉伯国王

穆罕默德王子，萨勒曼的儿子，身居要位，把握军权、财权，是也门战争的总指挥

夫王子放到了第一继承人上，表面上展现了苏德里兄弟间亲密无间的关系。苏德里看到萨勒曼如此无私，就团结起来把老国王阿卜杜勒的安排推翻。

萨勒曼将自己的儿子穆罕默德王子作为第二王储，同时兼任国防部长和经济发展事务委员会主席，即一手抓军事，一手抓经济，这一布局大有深意。这次也门战争就是由他儿子亲自领导，如能取得全胜，那就是为沙特立下了汗马功劳，国际声望和国内人气将会立刻爆表，届时由第二王储提拔为第一王储的可能性自然大大提高。毕竟，哪个国王不想让自己的亲儿子继承大位？

不过，第二王储还不过30岁，毕竟年轻，以前没有军事作战的经验，如果去打叙利亚的正规军，而且对手已经在几年的内战磨炼中积累了丰富的经验，就有点过于冒险了，挑战叙利亚简直就像啃一块硬骨头。

而也门的胡塞武装是个软柿子，不过是一群乌合之众，他们既没有空军和海军，也缺乏重武器，在沙特和十国空军的连续轰炸和严密封锁之下，可能很快就会像卡扎菲那样土崩瓦解了。

这实际上不仅是一场国家与国家之间的较量，也不仅是宗教教派的抗衡，这里面还有深一层的含义，即沙特王位继承人的奠基之战。

六、天时地利，人不和

兵法上讲"上兵伐谋，其次伐交"，沙特对也门的战争，其实"谋"和"交"都是有问题的。首先，目标定为也门，目的是与伊朗争霸。因为伊朗的势力越来越强大，特别是美国对伊朗采取了宽容政策之后，这件事情极大地刺激到了沙特，所以沙特是因怒而战。从"谋"这个角度看，这种战略动机不是最佳状态。

其次，从"交"的角度分析与各大国的关系的话，沙特也没有做到位，因为在中东之外，还有四大力量非常关注中东地区。第一个就是美国，其次是俄罗斯，另外还有欧盟和中国，这四股力量都不赞同沙特在也门打仗。

美国人虽然不太情愿，但也只能支持沙特。2014 年，要是没有沙特帮助美国打压油价，美国怎么可能在经济战场上完成对普京的合围？沙特的帮忙是付出了石油收入的真金白银的。虽然美国恨不得想说，你们要是把这么大的军事力量用来对付"伊斯兰国"该多好啊！但"伊斯兰国"是逊尼派啊，沙特、土耳其、巴基斯坦这些逊尼派军事大国，对打击"伊斯兰国"、塔利班明显不热心，只出工不出力，因为这是一场宗教战争。美国很生气，只好求助伊朗出兵了。其实美国对也门战争并不热心，就算还个人情，所以算是勉强支持——同意去做分享情报、搞后勤之类的工作。这就是美国人的态度。

再说俄罗斯。俄罗斯当然是不愿意的，因为伊朗是俄罗斯的铁哥们，他们理所当然不希望在也门出现战争局面，所以俄罗斯人对这场战争是反对的。

再看欧盟。欧盟也不希望打仗，因为亚丁湾是国际的贸易大通道，那个地方如果打起来，对欧盟没有好处。

最后是中国，中国当然也非常不情愿，因为也门是中国"一带一路"中海上丝绸之路的必经之地。也门、亚丁湾如果打起来，那中国的"一带一路"就会受到影响，所以中国对这件事情也非常不满。

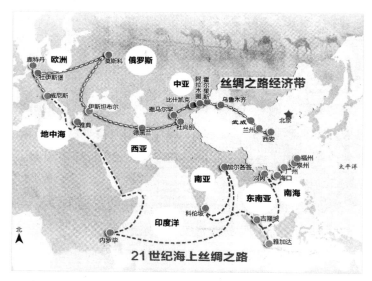

中国"一带一路"示意图

2015 年 3 月 30 日，中国的海军到也门撤侨，但这仅仅是为了撤侨吗？不是。那是在彰显中国的军事实力。另外还有一则消息也能表现出中国的态度：2015 年 5 月，中国和俄罗斯在地中海组织大规模的海上演习，很多人不理解为什么选择在地中海呢？演习给谁看呢？中国和俄罗斯之所以在地中海演习，不是为了表演给地中海的希腊或意大利，主要目的是为了震慑中东。2012 年，为了震慑沙特，不让其攻打叙利亚，俄罗斯的舰队与美国的航空母舰舰队就在地中海进行了大规模的对峙。这次中国和俄罗斯的军事演习，包括撤侨，都是为了彰显中国的军事存在，让中东人意识到，这里面还有中国的利益。

罗斯福曾有一句名言：一个人说话要和气，但手里得拎着大棒。如果手中拎着大棒，在旁边跟人家说，你俩别打了，双方打得正欢时回头一看，这么粗的一根棒子，心里面肯定要打鼓。这是中国外交策略的一个重大转变，开始注意彰显军事实力了。所以撤侨这一招，实际上也发挥了军事威慑的作用。

七、拉大旗作虎皮的战局困境

既然四个大国都不赞同打仗，那么沙特的"谋"和"交"就都有问题，所以也门战争从一开始就不顺利，以沙特为首的一方号称是"十国联军"，而实际上沙特最需要的三大逊尼派强国——埃及、土耳其和巴基斯坦，一个都没参加。

虽然埃及军政府一直都由沙特出钱养着，但是一听说要打仗，埃及就说我们内乱刚结束，国力还不行，打地面战争就不出兵了，结果埃及没参与进来。

土耳其是一开始跳得最高、嗓门最大、最热烈拥护沙特决定的，结果普京飞去土耳其会谈，说俄罗斯准备在黑海底下修一条天然气管道，以前这条管道叫南溪线，是从黑海通向保加利亚的。俄罗斯说现在他们准备改道了，从黑海直接修到土耳其，然后再延伸到希腊，最后经过亚得里亚海到达意大利。土耳其一想，这是天上掉馅饼的好事啊！这意味着每年能多收入几十亿美元！这件事所导致的结果就是，土耳其支持沙特的声调降了八度。

那么，俄罗斯为什么要修这条管线呢？目的有两个：第一是为了帮助伊朗，第二是为了自己。这条管道的主要目的是为了颠覆欧美人建设的另外一条管道，即在里海附近的阿塞拜疆修的一条横贯土耳其进入欧洲的管线，这样做可以使欧洲摆脱对俄罗斯天然气的依赖。但是俄罗斯要修的这条线路把欧美的策划给打乱了。按照欧美的计划，阿塞拜疆未来连上土库曼斯坦，在里海海底修一条管道的话，就会把中国的天然气分出一部分送往欧洲了，这对中国显然不利。

俄罗斯插了这么一脚之后，土耳其和欧洲的新管道再修就没有意义了。普京在这件事上可谓是"一鱼两吃"，既拉拢了伊朗，帮助了什叶派的小兄弟，同时又干掉了自己潜在的竞争对手，维持了对欧洲天然气的垄断地位。

　　这件事之后，土耳其跑得很欢，首先跑到了希腊，跟希腊人谈。希腊和土耳其的关系以前一直非常僵，追根溯源就是1453年5月29日，土耳其人攻克了君士坦丁堡，灭掉了拜占庭帝国。每年的这天，土耳其人都要庆祝一番，互联网上希腊人跟土耳其人就开始展开骂战。由于历史宿怨，希腊与土耳其两国的关系一直不好。但是就在希腊穷得叮当响，马上就要断顿的时候，土耳其人跑到这儿来送了张大饼，希腊人能忍心拒绝吗？所以双方谈得火热。土耳其人谈完之后，又飞到莫斯科找普京落实细节去了。

　　由于大国都不支持沙特，所以它想组织联军也不是那么容易的。

　　土耳其后来又去跟伊朗谈，因为土耳其的石油是靠伊朗进口的，伊朗人说你怎么能支持沙特打也门呢？土耳其考虑到石油是由伊朗供给的，如果跟伊朗关系弄僵，对土耳其没有好处。由此可见，在地缘政治格局中，土耳其的天然气要靠俄罗斯，石油要靠伊朗，与伊朗人见面之后，不仅是支持沙特的声调降八度的问题，整个就变调了。最后，土耳其没有参战，反而发表声明支持和平解决也门问题。

　　再来看另外一个逊尼派大国——巴基斯坦，它以前也是依靠沙特供养的。2012年，沙特曾给巴基斯坦提供了15亿美元用于购买石油。所以

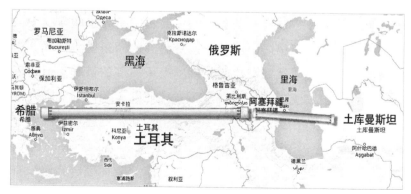

欧美天然气管线：土库曼斯坦－阿塞拜疆－土耳其－希腊，这条管线可以使欧洲摆脱对俄罗斯天然气的依赖

当沙特要出兵打仗的时候，按理说巴基斯坦应该伸出援手，可是巴基斯坦议会一听沙特要出兵打也门，当场就否决了。不过还是发表了一个声明作为表态：如果沙特主权受到了严重威胁，巴基斯坦一定出兵。这份声明简直是耍滑头，把沙特气坏了。也门胡塞武装的实力可能对沙特主权造成威胁么？不可能啊！巴基斯坦摆明了就是不想帮忙。原因何在？因为这中间涉及了中国的态度。中国正准备投资 450 亿美元修中巴经济走廊——这笔投资可比沙特给的多多了。中国要真投这么多钱进来，那巴基斯坦能不考虑中国的态度吗？而且中国表明了也门地区不能乱，因为这是海上丝绸之路的必经之地，一定要和平稳定。所以巴基斯坦当然不会坚决支持沙特去打也门了。

从"伐交"这个角度来说，沙特的三个重量级逊尼派盟国一个都没来，来的就只有一堆小国，甚至连小国也没到齐，与其说靠它们打仗，还不如说是拉大旗作虎皮，还得靠沙特出军费，所有的负担都在沙特身上。所以沙特这一仗从一开始就并不顺利。

八、沙特的出局 VS 伊朗的升级

在最开始的狂轰滥炸之后，沙特曾获得情报说，也门内部的逊尼派部族早就对胡塞武装恨之入骨了，只要大王一发兵，也门百姓一定箪食壶浆以迎王师。所以沙特认为，只要一轰炸，也门马上就会出现内乱，他们内部的人就会先起来支持沙特。此外，也门 50% 的人口都是逊尼派，这情报倒也不算太夸张。结果一个多月后发现，所谓"迎接王师"的部族一个都没有出现！实际情况是，也门确实有逊尼派，占人口的一半左右，本来一开始是支持沙特出兵也门的。但是狂轰滥炸之后，误炸死亡的平民太多，城市住宅和基础设施也遭到重大破坏，经济损失空前，而且还造成了几十万人流离失所，这中间就有很多逊尼派的老百姓。所以在这种情况下，如果有人敢站出来说支持沙特空袭也门，那肯定是不得人心的，所以内部支持沙特的力量一下就消失了。

关于也门战争的走向，我们可以想象一下，如果美军十几年都搞不定塔利班，沙特要想彻底消灭胡塞武装恐怕也不是件容易的事。如果打成旷日持久的消耗战，不仅沙特的小兄弟们扛不住，就是沙特自己也难以维持，特别是随着平民伤亡人数的大幅增加，人道主义危机升级，世界舆论的压力将越来越大。而且这场陆地战也许会造成成千上万人员的死伤，其中包括大量的逊尼派平民，家园被摧毁，经济遭浩劫，财富损失空前，沙特的解放军岂不是变成了侵略军？那你能指望也门人列队欢迎吗？如果没有当地人的积极配合，铲除胡塞武装谈何容易？

当然，沙特也不是没有机会，如果沙特要想确立中东大国的地位，政治谈判的效果远比动枪动炮成效更大，政治解决问题，局面对它还是相当有利的。首先是四大力量会立刻同意和谈，全部压力就会转到胡塞武装身上，然后沙特的大军云集，以战促和，如果转到这个思路上来，整个局面就顺过来了。如果大家都支持和谈，胡塞武装哪儿能顶得住这么多大国的压力？沙特只要回到谈判桌上，就能拥有很大的话语权。

但是如果沙特不抓住这个机会，坚持要武力解决的话，就会越打越艰难，打到最后师老兵疲、深陷泥潭。如果沙特最终劳师动众无功而返，只怕穆罕默德第二王储上位的可能性就很难说了。

最后再来看伊朗，伊朗的处境还是非常有利的。四大强权全部在向伊朗抛媚眼，美国人要利用伊朗的什叶派来平衡逊尼派，因此会给伊朗松绑。欧洲人眼巴巴地看着伊朗的石油和天然气，非常希望伊朗的天然气能够尽快卖到欧盟，这样就可以不用再被俄罗斯掐住脖子了，所以欧盟也向伊朗抛媚眼。俄罗斯跟伊朗是铁哥们，自然不用说。中国与伊朗的关系也非常好，因为中国未来的天然气需要伊朗供应，它是天然气第二大储量国，而且，中巴经济走廊修的天然气管道已经到了瓜达尔，再修 90 公里的管道，就可以跟伊朗已经完工的管道对接了，只要美国的制裁一撤销，伊朗的天然气立刻就可以输送到巴基斯坦，未来再通过管道连到中国的喀什，中国就将用上伊朗的天然气。

还有另外一个原因就是，中国的陆地丝绸之路经过中亚五国之后，只有通过伊朗才能到土耳其，最终进入欧洲。所以要建设新丝绸之路，中国就一定要跟伊朗搞好关系。

如果将局面比作打牌的话，伊朗就好比手上拿着大小王和四个 2，一把好牌，想不升级都难。一旦美国对伊朗的制裁解除，伊朗这个被封闭了近 35 年的国家立刻就进入了改革开放，可以说这里是全世界最大的一块价值洼地，未来将会身价倍增。

南海问题：
风波还是海啸

　　2015 年 6 月 22 日，第五次中美战略安全对话在华盛顿召开，南海问题成了讨论的焦点。此前有美国官员曾表示，美国决不会与中国搞军事对抗，期待各方能够以和平的外交途径解决南海争端。但是，2015 年 6 月 22 日至 26 日，菲律宾海军与日本海上自卫队再次举行联合海上演习，目标直指南海。南海问题究竟是小摩擦还是美国大战略调整的一步棋？中美关系又将走向何方？

一、南海"风波"会不会升级为"海啸"？

2015 年，有两件与中国有关的国际大事值得深入分析，一个是亚投行，另一个就是南海问题。

2015 年 3 月 12 日，亚投行获得了突破性进展，英国不顾美国的强烈反对，"悍然"宣布加入亚投行。这是一个关键性的转折，结果英国人一带头，欧洲各国和澳大利亚纷纷背叛美国，投入了亚投行的怀抱，最后只剩下美国和日本形单影只，美国这回面子丢得有点大。这应该是自冷战结束以来，美国在国际上最孤立的一次。

难怪美国财政部部长听到英国突然"叛变"的消息又惊又怒，抄起电话对英国财政大臣狂骂了 30 分 钟："从 2014 秋 季 起，你们英国在对中国的方案上都改了多少次了？你们

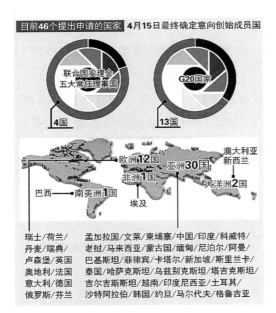

亚投行的"朋友圈"：随着 3 月 12 日英国的加入，很多发达或发展中国家纷纷加入亚投行

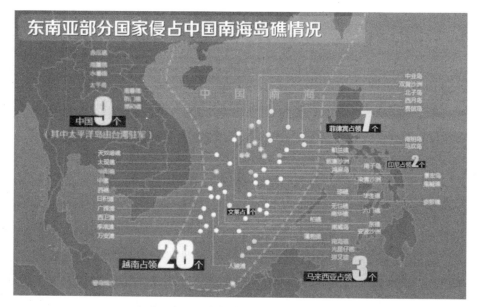

东南亚部分国家侵占中国南海岛礁情况

的这种背信弃义让人难以容忍！"我想地球人都能看出亚投行这件事对美国的刺激太大了。

　　紧接着，我们就看到南海问题急速升温——围绕中国修岛礁的事情，美国的军舰和飞机浩浩荡荡冲进了南海，日本摩拳擦掌准备修改安保法案，菲律宾连放狠话，越南和美国眉来眼去。

　　2015年6月的南海问题让人有点困惑，这是美国在报复亚投行吗？你让我丢面子，我也让你不好过。如果美国是这种心态，那么南海问题不过是个风波。但是我们还要想到另一种情况，即美国决定放弃与普京的对抗，集中力量来收拾中国。要是这样的话，南海问题就不是风波，而是"海啸"了。

　　其实，我们看到的新闻热点只是一种表象，导致热点形成的往往是看不见的力量。2015年3月，在亚投行和南海问题升温之前，美国外交关系协会就发布了一个重量级报告《反思对中国的大战略》，我想当时的很多热点背后可能与这个报告有关。

二、美国"中央党校"的大战略

简单地说，美国外交关系协会是美国统治精英的大本营，相当于美国的"中央党校"，从这里出去的人都是制定美国外交政策的核心人物，或者美国主管外交的高级官员，它的发声往往是美国政策调整的先兆。我之所以说这份报告是一个重量级报告，是因为该协会主席理查德·哈斯亲自为这个报告做了隆重推荐，他在序言中强调：这篇报告必然会在美国内部引发强烈争议，无论大家反应如何，这份报告都将成为中美外交史上的里程碑。如此之高的评价，说明这个报告还是很有来头的。

报告开篇就提出了一个对"大战略"的定义：所谓大战略，就是一个国家控制和调动所有资源的艺术，其目的在于有效地利用这些资源来击败实际和潜在的敌人。从这个定义中，我们可以发现美国的大战略有两个显著特点，第一，战略必须有对手；第二，战略必须有目的。其实很简单，就是战胜对手。

1. 美国大战略的"三步棋"

这份报告强调美国立国以来就一直有清晰的大战略，简单地说可分为三步：第一步是在北美大陆上击败关键性的竞争对手；第二步是在整个西半球击败竞争对手；第三步是在全球击败竞争对手。

如果回顾美国的崛起历史，我们会发现，美国对其战略对手并没有一个明确的设定，而是谁挡着美国成为霸权的道路，谁就是美国的敌人，跟意识形态不同和文明差异都没有关系。

《反思对中国的大战略》

美国外交关系协会主席理查德·哈斯,《反思对中国的大战略》的主要推荐人

在崛起之路上,美国首先打败了英国人,获得了独立;接着打败了墨西哥,控制了北美大陆;然后打败了西班牙人夺取了中美洲,从此美洲大陆变成了美国的后院;后来在世界大战中战胜了德国和日本,统治势力扩大到了大西洋和太平洋;最后摧毁了苏联,建立起了全球霸权。

在美国打败的这五个对手中,有信仰基督教的,有信仰天主教的,还有无神论的;从国家制度上看,有资本主义,有帝国主义,还有社会主义,由此可见,美国对战略对手的设定跟宗教信仰没有关系,跟国家制度也没有关系。所以,美国的大战略并没有明确哪个具体的国家是敌人,谁挡着美国的路,谁就是敌人。

在总结冷战胜利的经验时,报告明确提出了对苏联的经济封锁是使苏联崩溃的重要因素。由于美国切断了苏联与世界主要经济中心的联系,使得苏联长期无法获得世界市场的物资、资金、技术、信息和人才,从而将苏联压缩在本国和东欧有限的经济版图之内,逐步绞杀了苏联的经济活力,并最终使之崩溃。

在回顾了历史上美国大战略获得的成功经验之后,作者痛心地指出,美国已经失去了大战略的洞察力。虽然在语言上,历届总统都明确表示要防止潜在全球竞争对手的出现,但都目标不清、手段矛盾、效果堪忧。特别是面对中国的崛起,美国的大战略存在着重大失误,这种既接触又遏制的手段未能取得应有的成效，接触并没有改变中国，遏制也三心二意，结果坐视中国不仅成了对美国在亚洲影响力的现实挑战，而且未来很有可能会成为美国全球霸权的威胁。

2. 美国对中国的六条"冷战檄文"

报告强烈呼吁，美国应该大幅调整对中国的大战略，从接触与遏制平行推进变为以遏制为主、接触为辅的新思路。其中，具体措施有六点。

第一，重振美国经济的非对称优势，特别是创新能力。

第二，加快创建新的贸易协定TPP，巩固与盟友的经济联系，有意识地将中国排除在外，在经济上对中国形成围堵。

第三，美国要重建对中国的技术封锁，就是要跟盟国达成很多技术扩散的新协议。军民两用技术是绝对不能对中国出口的，要遏制中国获得新技术的渠道。

第四，要建立围绕中国周边的盟国战线，阻滞中国的经济崛起和政治力量的获得。

第五，强化美国在亚洲地区的军事投送能力，不要理睬中国的反对。

第六，美国要保持跟中国的接触，但是这种接触有个前提条件，即只有在对美国战略利益有利的情况下，美国才去跟中国去接触。

报告中所提出的这六条建议，只有一条提出要与中国保持有限的接触，其余的全是遏制。这可不是个小调整，这是一个重大国策的改变。

这个调整一旦形成，中国就自然成了美国的战略对手了。那么，这个战略要执行多久？它的目的又是什么

TPP(Trans-Pacific Partnership Agreement)——跨太平洋伙伴关系协定，也被称作"经济北约"

呢？报告最后提到，除非中国经济出现大崩溃，否则美国不能轻易改变战略，普通的经济危机都不行，因为中国仍然会对美国在亚洲和周边地区造成危害。直白地说，就是整死为止。那么这个问题就很严重了，它不是一般的调整，而是"冷战檄文"，说明美国已经明确地把中国"提拔"起来作为最主要的战略打击对象了。而恰恰是在这份报告出炉的3个多月以后，开头说的那两件大事就陆续爆发了。

那么，根据大战略的定义来看，战略对手找到了，下一步是什么呢？就是要控制和调集所有的资源，对战略对手实施打击。这中间有个隐含的前提，那就是美国要想调动全球资源围堵中国，就必须取得全球共识，没有共识就调动不了资源。所以如果冷静下来分析美国的这个大战略的话，虽然主观上美国的外交精英是有这个意图的，但是客观上却没有实现的可能。

三、美国两大利益派系的博弈：谁是幕后的操盘手？

要理解这个问题，就要先明白美国国家派系的利益与冲突。当前美国国内存在着两大派：国家利益派和商业帝国派。只有当国家利益派与商业帝国派利益一致时才能形成共识，且只有两派有共识时，才能形成稳定的大战略。

这份报告显而易见是出自国家利益派之手，就是搞外交和军事的那帮人，还有些国会议员，他们形成了一个利益体系，要把中国作为主要打击对象。但是不要忘了，美国还有一派，就是商业帝国派，他们主要追求的是什么？是利润，他们要在全世界创造一种新的统治机制，或叫全球治理模式，目的就是为了获得更多利润。这两派之间的利益取向并不完全重合。国家利益派要求锁定中国，但是，商业利益派显而易见并不赞同这种做法。

时间	加入北约的国家
1949 年 4 月成立	美国、比利时、加拿大、丹麦、法国、冰岛、意大利、卢森堡、挪威、荷兰、葡萄牙、英国
1952 年 2 月	土耳其、希腊
1955 年 5 月	联邦德国
1982 年 5 月	西班牙
1999 年 3 月	波兰、匈牙利、捷克
2004 年 3 月	保加利亚、爱沙尼亚、拉脱维亚、立陶宛、罗马尼亚、斯洛文尼亚、斯洛伐克
2008 年 3 月	克罗地亚、阿尔巴尼亚

北约东扩，指北约将苏联加盟共和国和中东欧的国家纳入该组织，其根本目的是为了压垮俄罗斯，主宰世界

1. 两派合力痛打俄罗斯

以俄罗斯为例，即便是在苏联解体之后，国家利益派也从来没有对俄罗斯放松过警惕，坚决要求"痛打落水狗"。因为俄罗斯的资源潜力太大了，有可能重新崛起成为美国主要的竞争对手。

美国的新战略就是要遏制全球潜在的对手，无论你是哪个国家，只要你块头足够大，只要你有崛起的可能性，我就要打压你。美国之所以不断推动北约东扩和导弹防御系统，就是由于国家利益派永远不信任有潜力的大国，这是他们的天性。本来，在苏联解体的情况下，北大西洋公约组织就没有存在的必要了，大家都以为北约会解散。结果北约非但没有解散，反而更加强化，吸纳了更多的东欧国家，一步步朝着俄罗斯的边境推进。为什么乌克兰会出乱子？就是因为乌克兰有可能加入北约，导弹防御体系有可能部署在莫斯科的城下，这才是乌克兰出乱子的根本原因。

在 20 世纪 90 年代，趁着俄罗斯混乱的局面，商业帝国派廉价拿下了俄罗斯许多重要的石油和天然气资源，收获了巨大的冷战红利。在这一时期，两派的利益并不矛盾，各取所需，互不干扰。但自从普京 1999 年上台之后，情况就发生了变化。普京上台之后开始重新推行能源产业的国有化政策，不惜动用任何手段，不管合理不合理、正当不正当，一定要把以前廉价拍卖出去的自然资源收回来，普京的行事方法就是如此。

于是，俄罗斯开始系统性地收回被拍卖给外国公司的油田和气田，排挤商业帝国派在俄罗斯的利益。2003 年石油寡头霍多尔科夫斯基的被捕是一个标志性的事件。表面上，霍氏是尤科斯公司最大的股东，而实际上他不过是跨国公司的代理人。这件事情的定性，让跨国公司和商业帝国派看清了普京的真面目——剥夺他们控制俄罗斯经济命脉的垄断地位。

从此，国家利益派与商业帝国派的利益开始重合，而美俄关系出现了逐渐恶化的局面。如果看美国历史就会发现，只有两派利益完全重合并且达成共识之后，国家战略才能得以稳定执行，美国才能形成稳定的国策；如果这两派没有共识，就不可能形成稳定的国策。2003 年 12 月前后，美国对俄罗斯的腔调和西方的舆论导向发生了根本性的变化。从那儿之后，普京开始被逐渐地被妖魔化，变成了一个"怪兽"。在此之前，普京可是一个很正面的形

2013 年 11 月 22 日，大约 3000 人冒雨聚集在基辅市中心独立广场，抗议政府放弃与欧盟签署联系国协定，乌克兰危机爆发

象，在西方媒体中也是一个改革派的形象，之所以会出现这种变化，就是因为两派的利益重合，两派合流了。

2014年，乌克兰危机爆发。这时候，两派已经达成了坚定的共识，就是一定要将强人普京赶下台，以便重新压制俄罗斯的潜力，并控制其自然资源。这种共识奠定了美国对俄罗斯的大战略，那就是以乌克兰内战消耗俄罗斯的经济资源，以石油战打击俄罗斯的财政，同时联合欧盟保持经济制裁和金融制裁，直至普京垮台。等到俄罗斯经济垮了以后，商业帝国派再重新进入，重新廉价拿下俄罗斯的自然资源。

2. 中美关系很玄妙，却奈何都不会出轨？

反观中国，从中美建交以来的这30多年来看，美国两个派别的博弈也决定了中美关系的发展。

20世纪80年代，中国开始改革开放。商业帝国派渴望利用中国的廉价劳动力获得国际竞争的优势。同时，因为有苏联在，国家利益派需要中国来制衡苏联。两派利益一致，所以美国的大战略必然是与中国进行外交联合，同时发展经贸关系。

但是到了20世纪90年代，随着苏联的解体，两派便开始分化了。1993年，克林顿在总统竞选期间曾对中国的态度非常严厉。因为国家利益派认为苏联垮台了，中国的利用价值便大幅缩水，因此调整战略，要求变合作为遏制。但商业帝国派不同意，因为他们已经尝到之前在中国大量布局的甜头了，这个时候你让他们放弃这些商业利益，他们不愿意。所以20世纪90年代中美关系起伏跌宕，大家在美国每年决定是否继续给中国最惠国待遇的投票前都揪着心，结果每到最后的关键时刻，商业帝国派的利益一定会压倒一切，因为他们有钱，可以影响选举和议员的态度，最后最惠国待遇表决总能顺利过关。这种情况一直持续到中国进入WTO。中美关系虽然磕磕碰碰，但是不会"出轨"。

但是这期间中美关系也出现过几次重大摩擦，如1996年台海军事演

2008 年金融危机，美国第四大投行雷曼兄弟公司出现巨额亏损，申请破产保护

习、1999 年误炸中国驻南斯拉夫大使馆、2001 年的南海撞机事件，这些突发事件都有可能间歇性冲击中美关系，但不至于导致两国关系严重脱轨。因为商业帝国派在美国国策制定时的话语权很大，具有一票否决的能力。

国家利益派本来要利用这三次事件把整个国策颠倒过来，但是最后总是被压制。这就说明，在这样的力量对比之中，商业帝国派占据着优势地位。

2001 年，"9·11"事件爆发。国家利益派的精力被迫转向中东，一时半会儿顾不上中国，同时美国也需要中国在反恐问题上的合作，所以2001 年以后，国家利益派跟商业帝国派的利益又重合了，就是保持跟中国的友好关系和继续发展经贸合作，中美双方基本上以合作为主。国家利益派拉着中国一块反恐，商业帝国派在中国则赚得盆满钵满，而中国经济也跨越了一个巨大的台阶。直到 2008 年金融海啸之前，中美关系一直处于一种稳定的合作状态。

2008 年金融危机爆发，美国经济遭受了重创，中国经济则挺了过来。国家利益派再次陷入了焦虑，眼看着中国实力做大，而美国却被俄罗斯和中东问题困住了手脚，无法集中精力应对中国。在金融危机之后，中国国内市场继续扩张，商业帝国派在全球一片萧条之中找到了一块巨大的"绿洲"，自然舍不得放弃，这一局面一直持续到现在。从 20 世纪 90年代开始，国家利益派就不断发出中国崛起必将危及美国霸权的警告，但在商业帝国派的眼里，这些警告纯属子虚乌有，而中国市场的现实利益却真真切切。经过这几轮颠来倒去的反复，两派在对中国的大战略上始终无法达成共识，只要商业帝国派在中国市场上仍然拥有巨大的利益，国家利益派就很难占据上风，这就决定了全面遏制中国的观点无法成为稳定的大战略。

基于上述分析，美国对南海问题的突然发难，属于国家利益派长期压抑之后的间歇性发作，但两派的力量对比没有发生重大变化，商业帝国派仍然占优势，主导着大局，即便是国家利益派想翻盘也翻不动。

美国的商业帝国派和国家利益派这两派对中国并没有形成共识。而美国大战略的前提是只有在两派达成共识的情况下，才可能去调动国内资源和国际资源打击对手；反之，如果双方达不成共识，他们就无法去调动这些资源。

四、国际社会对美国围堵中国的提议"光说不练"

在美国两派都没有形成国内共识的情况下，要想实现国际共识就更不现实了。

欧盟经济困难重重，对俄罗斯的经济制裁已经是怨声载道，再对中国实施经济围堵，欧盟经济恐怕是真的吃不消了。

而澳大利亚、新西兰、加拿大等国家看得很清楚，围堵中国没有收益，只有亏损，特别是加拿大和澳大利亚，他们的主要贸易伙伴就是中国，其自然资源都是向中国出口的，其他国家也有类似的考虑。如果美国不能提供足够的补偿，大家也只好说一套做一套，面子上帮老大说话，但同中国的生意照常进行。

至于东盟和印度，它们都期待着"一带一路"的春风雨露，还想借美国之力增加要价的筹码，但真要在两国之间选边站，不让大家和中国做生意，这等于是断了大伙儿的财路，没人会愿意真心配合。在亚太区域，唯一的例外就是日本，因为日本最主要的目标就是要摆脱二战之后《和平宪法》的枷锁。日本之所以要修改安保法案，就是因为它想重新成为一个政治大国和军事大国。只有日本才可能在行动上配合美国。但是即便是加上日本的力量，美国想要与中国进行一次长期的经济消耗战，可调动的国际资源也是有限的。所以国家利益派的这种战略调整不可能落到实处。

《反思对中国的大战略》虽然也是个重量级的报告，而且在美国的核心圈引起了很大的震动，但只是在国家利益派最集中的外交圈、国防部和部分强硬的议员中有一定的影响力。商业帝国派并不买账，所以他们控制之下的美国主流媒体基本没有报道这篇报告，也没有出现公开的政策大论战。要知道，美国在进行国策转变的过程中，一定会先通过内部充分的讨论，并通过媒体的广泛报道和深入讨论而展现出来，甚至是激烈的辩论，这个过程必不可少。但是在对中国战略调整的问题上，媒体却鸦雀无声，这么重量级的一个报告出来了，竟然很少被报道。这说明反思中国大战略这件事，商业帝国派是完全不认同的。

美国媒体对南海问题的报道，基本属于热点新闻式的集中爆炒，而不是国策调整之前那种分阶段、有重点、呈波次的深度报道，也没有系统性地妖魔化对手。从 2014 年美国媒体对俄罗斯的报道中，我们可以非常清楚地看出来，那是一种节奏感很强，带有系统性妖魔化的报道。但在中国问题上，至少目前我们没有看到这个趋势。

所以我们可以得出的结论是，关于中国，两派还没有达成舆论上的共识，这说明商业帝国派基本控制了美国外交政策的主导权，国家利益派尚无力翻盘。

在看南海问题的时候，不要被这种短期的突发事件或者一个热点新闻所干扰。一个国家要想调整国策，特别是像美国这样的国家，一定需要达成战略共识。如果两派之间达不成共识，这个战略就落不了地、成不了型。所以对中国南海问题的喧嚣，充其量只是一个风波，而不可能发展成"海啸"。国际总是有热点的，只要中国能够绷住了，确保不爆发重大突发事件，国际热点是一定会发生转移的。国际热点转移之后，舆论的兴奋点也会跟着移情别恋，国家利益派的激情将很难保持。冷静下来之后，两派会发现双方真正有共识的还是干掉普京。所以我的结论就是南海会热闹一阵子，而后热点将逐渐转向俄罗斯。

五、国家利益派中国大战略先天不足

中国对美国的认识，以前仅仅局限在国家与国家的关系上。其实我们需要深入分析美国内部权力派系的利益取向和力量消长。明白了这个道理之后我们就会发现，国家利益派所设计的中国大战略，先天就有毛病。

就短期而言，面对南海挑战，中国最重要的就是防止突发事件，让其他国际热点问题转移国家利益派的注意力。从长远看，国家利益派的中国大战略有一个天生的"七寸"，那就是只要中国坚持改革开放，中国市场对商业帝国派的吸引力就足以抗拒国家利益派的敌意，只要两派无法合流，这个大战略就无法落地。

中国在设计未来国家战略的时候，如"一带一路"和亚投行的规划时，要充分考虑到美国这两大派之间的关系，要让商业帝国派看到合作发展的利润空间是巨大的，要引导他们积极参与进来，使他们发挥正能量，这样可以达到三个目的：第一，有效地分化这两派的利益，让他们的利益无法合流。第二，中国可以有效地利用商业帝国派的正能量，来完成从经济上整合欧亚大陆的长期战略目标。第三，让全世界多一些合作，少一些对抗。

"一带一路"发展新蓝图

03 ▶

伊朗核谈落地

2015 年 7 月 14 日，伊朗与六方就核问题达成最终协议。笼罩在伊朗上空十几年之久的核武器阴云终于烟消云散。但在这场旷日持久的大国博弈之后，究竟是何力量让美国为达成协议而做出巨大让步的？而即将走向改革开放之路的伊朗又会何去何从？

一、伊朗核问题由来已久

　　2015 年 7 月，伊朗的核谈判终于尘埃落定，伊朗承诺放弃核武器的研发，并接受国际社会的全面监督，而欧美将全面取消对伊朗的各种经济制裁。这是一个石破天惊的重大协议，全世界欢欣鼓舞，大家都觉得这下子中东最具爆炸力的一个隐患被消除了。未来这件事情将会对整个中东的权力格局造成非常明显的影响。

　　在"9·11"事件之后不久，美国总统小布什曾高调宣布伊朗是"邪恶轴心国"，不仅搞大规模杀伤武器，而且还向国外输出恐怖主义，美国和伊朗是势不两立的冤家对头。当时美国的政策是非常明确的，就是一定要让伊朗像伊拉克那样改朝换代，同时要彻底摧毁它全部的核能力。从那以后，关于伊朗核问题的纠纷，美国和伊朗之间的争吵就一直持续不断。美国对伊朗进行了严厉的经济制裁，2012 年又上升到金融制裁，伊朗的国民经济因此而受到了重创。

　　这次核协议的达成让全世界都松了一口气，大家都很想知道，到底是伊朗在沉重的经济战打击之后被迫妥协

2015 年 7 月 14 日，六国（美国、英国、法国、俄罗斯、中国和德国）与伊朗就解决伊朗核问题达成一致

呢？还是美国做了一定的让步？这是我们第一个要搞清楚的问题。

关于这个问题，我个人的看法是，经济战和金融战确实对伊朗核谈落地起到了一定的作用，但这并不是最关键的原因。最关键的因素是美国在调整它的战略，所以是美国做出了重大让步。

伊朗核问题的源头就是伊朗处在核武器研发的状态下，这是美国乃至全世界都绝对不能容忍的。但是伊朗说至少我有和平使用民用核设施的权利吧？因为每个国家都可以使用原子能来发电。但是就这个问题，美国从来就没有松过口，它一直不承认伊朗有这个权利。因为美国已经给伊朗贴上"邪恶轴心国"的标签了，伊朗声称只搞民用核能发电在美国看来是很荒谬的。因为伊朗是世界第四大原油的储藏国，同时又是第二大天然气的储藏国，本国的能源这么丰富，还需要搞核能发电？没有这个道理。所以美国认为，伊朗搞核能的主要目的就是为了制造核弹，所以民用核能力的权利也不能给你，甚至还要推翻你的政权。这是美国的一贯立场。

1. 美国的重大让步促协议达成

但是就现在达成的这个协议来看，美国放弃了"一贯立场"，做出了重大让步。

大家都知道，要制造核原料，不管是用到核弹上，还是用到发电上，都需要浓缩铀，本来伊朗到目前为止一共有约 19000 台离心机，这些离心机主要生产浓缩铀。如果浓缩铀的丰度在 5% 以下，就主要用在发电上，这种浓

伊朗前总统内贾德参观铀离心机

缩铀的使用是属于民用的。但是如果其丰度在 20% 以上，那就可以用在核武器上。伊朗有这么大的生产规模，离生产出第一颗原子弹的时间只差两个月。所以美国就很紧张了，当然，最紧张的其实是以色列，美国之所以这么急于调整对伊朗的谈判，就是被逼到了最后关头，要么发动战争，要么完成谈判，已经没有其他的选择了。

最后谈下来的结果是什么呢？伊朗削减 2/3 数量的离心机，并把它封存起来。除此以外，伊朗浓缩铀的储量必须控制在一定的范围之内，也就是几百公斤。美国第一次承认了伊朗拥有合法核研究、核生产的能力，以前美国从来没有做过这种让步。

这样一来，就把伊朗生产出第一颗原子弹的时间从两个月延长到了一年。很明显，美国所做出的让步是一个重大的原则性妥协，这是能够达成协议的根本原因。

2. 伊朗的政教合一影响和谈进程

很多人认为伊朗新总统鲁哈尼对这次谈判的成功起到了决定性作用。鲁哈尼总统于 2013 年上台，是一个务实主义者，代表了伊朗改革派的力量。他十分希望西方解除对伊朗的经济封锁，让伊朗回归国际大家庭，由于他的妥协导致了谈判的突破。其实，这是一种误解。

我们必须清楚，伊朗是一个政教合一的神权国家。很多人误以为沙特也是政教合一的神权国家，实际上沙特并不是，沙特的国王拥有绝对权威，宗教的瓦哈比派处于从

哈桑·鲁哈尼，伊朗现总统，政治家，隶属战斗教士协会，属于温和保守派，伊朗前首席核谈判代表

1994 年 12 月哈梅内伊被挑选接替已故大阿亚图拉穆罕默德·阿里·阿拉基而成为伊斯兰教什叶派 8000 万穆斯林的精神领袖

属地位。国王需要宗教力量的支持，但国家大政方针的决定权在王室手中，打也门就是一个最好的例子，国王要打，瓦哈比派出面做解释。但伊朗的情况截然不同，伊朗最高的权威是宗教领袖哈梅内伊，宗教体系内很多神职人员的地位都高于总统，伊朗总统仅仅是大政方针的执行者。如果没有宗教领袖点头，伊朗总统是不可能与美国谈判的，更不可能做出重大妥协，一切关键问题其实都是宗教领袖说了算。让鲁哈尼去谈判，谈成了功劳是宗教领袖的；谈不成，责任由总统承担。

因此，美国和伊朗在谈判的时候，不是鲁哈尼想做让步，而是这件事他说了不算，只有在宗教领袖点头的情况下，鲁哈尼的谈判才能够进行，一切让步的最后决定权是属于宗教领袖的。

在伊朗的政治格局中，如果宗教领袖不满意总统，就可以把总统撤掉。因此我们必须理解伊朗的政治结构对此次谈判的影响。所以我认为，起到决定性作用的不是美国对伊朗的经济制裁和金融制裁，也不是鲁哈尼的态度，而是宗教领袖认可了美国的原则性让步。另外，伊朗的经济远没有到即将崩溃的程度，拖上个三年五载是不会有问题的。在这种情况下，核谈判取得了成功，做出关键让步的不是伊朗，而是美国。

按照美国一贯的观点，伊朗的核武研发能力必须被彻底消灭，而这个协议仅仅使伊朗搞出核武原料的时间从两个月推迟到一年，虽然附加了很多监督条款，但毕竟完全承认了伊朗民用核开发的合法性，并默认了伊朗可以保留提炼浓缩铀的现实，只是浓缩铀的量不足以制造出核弹。

从彻底消灭到有限保留，美国的让步起到了关键性的作用。这意味着伊朗已经站在了核大国的门槛前，未来是有可能跨越这道门槛的。以压缩规模来换取解除制裁，伊朗当然愿意做这笔买卖，因为有便宜可占。所以宗教领袖才会点头，鲁哈尼才能谈成。

二、"伊斯兰国"兴起促使美国对伊朗的战略调整

美国之所以如此急于调整对伊朗的战略，也是为了应对"伊斯兰国"的巨大威胁。关于对"伊斯兰国"的认识，美国一开始就走了弯路。"伊斯兰国"的危险性其实远高于基地组织，而美国人认为"伊斯兰国"实际上是现代的政治组织，只不过穿着宗教的外衣。美国用这样的眼光来看待"伊斯兰国"，显然是一个重大错误。

因为"伊斯兰国"真正强调信仰的纯粹性，严格遵循穆罕默德先知的一切言行，对经书的较真更是达到了无以复加的程度，遵行的是公元630年原汁原味的伊斯兰教教法。比如，"伊斯兰国"对于叛教者的定义极其严格，叛教者都要被处死。伊拉克人口的大多数属于什叶派，而什叶派就符合这些叛教定义，因为"伊斯兰国"认为什叶派篡改经书《古兰经》就是否认其原始的完美性，所以什叶派的人都算是叛教者，按照他们的逻辑，什叶派的人都应该被清除掉。另外，惩罚方式还有钉十字架、奴隶制、斩首等。可以说，"伊斯兰国"是要把中世纪的理念原封不动地搬到现代社会。这么一定义的话，很多人都会受到惩罚，所以"伊斯兰国"占领的地区频繁地出现有关屠杀的信息。

"伊斯兰国"的"较真"让基地组织也望尘莫及，基地组织毕竟还要顾及公众反应，也要适当考虑国际社会的态度，因此像奴隶制这样的律

麦加　　　　　　　　　　　　　　　　麦地那

法，他们还是有意回避的，他们也不能做到100%的纯粹。沙特的瓦哈比教派应该算是相当严格的伊斯兰教教派了，但很多原始的教义也会打折扣，比如伊斯兰教义强调财富公平分配，但沙特的贫富差距很明显。所以，"伊斯兰国"对基地组织和瓦哈比教派都不屑一顾，认为他们言行不一，都是修正主义。而正是由于"伊斯兰国"这种100%执行中世纪伊斯兰律法的态度，吸引了很多国外的狂热教徒前去效力。

其实，"伊斯兰国"的信仰越坚定，他们的行为就越可预期。但是对于美国而言，"伊斯兰国"太让人头疼了，比基地组织还要危险。因为按照他们的教义，在叙利亚的大比丘会爆发末日大决战，"伊斯兰国"的对手是"罗马人"，这里的"罗马人"指的就是以美国为首的北约部队。根据他们的教义，他们首先要做的就是一定要夺取沙特的两大圣城。同时，他们还要攻陷土耳其的伊斯坦布尔，最后还要在耶路撒冷进行总决战，然后，先知会重返人间，来拯救大家。

拿很多国际事件来举例，我们可能会觉得很奇怪，但是根据这套教义来分析的话，就一点都不足为奇了。比如沙特的清真寺爆炸了，土耳其边境上也出现了爆炸事件。这是因为教义中说"伊斯兰国"会在土耳其和沙特两个方向发展进攻。

像这种高度而纯粹的信仰，号召力一旦成型，尾大不掉的话，可能基地组织最后都要被迫加盟他们；整个中东世界的极端武装分子，最后可能也会纷纷投靠他们的名下。那个时候他们的战斗力和凝聚力就会达到一个空前的高度，而他们又是反西方的，特别是反美的。到时候，整个中东局势就会失控，这是美国最忧虑的一件事情，因为他们觉得"伊斯兰国"比基地组织厉害得多，战斗力和精神信仰都要高一个层次。

美国要想对抗"伊斯兰国"，自己是不可能出兵的，因为美国在打了阿富汗和伊拉克战争之后，美国人不可能同意政府再出兵跟"伊斯兰国"打，美国只能出空军。所以地面部队只能由别的国家出。沙特、土耳其都是逊尼派，他们跟"伊斯兰国"眉来眼去的，并不愿意真的出力剿灭"伊斯兰国"。在地面力量如此不乐观的情况下，美国唯一能够借助的力量就是伊朗，因为伊朗是什叶派，而这帮少数极端派全部是逊尼派的。美国一定要借助伊朗什叶派的力量来平衡整个中东逊尼派的少数极端分子。这就是为什么美国要做出对伊朗战略重大调整的原因。

2003 年 3 月 20 日，在美国正式宣布对伊拉克开战后，多个城市爆发了反战游行

三、核协议引发伊朗内部连锁反应

既然伊朗是政教合一的神权国家，那么宗教领袖显然是最高权威。自 1979 年爆发革命以来，伊朗国内形成了宗教和世俗两大势力集团。宗教力量包括了庞大的宗教基金会体系和伊朗革命卫队，居于顶峰的就是宗教领袖。但是他们又不完全采用集权制度，宗教领袖面对的是国内各种势力集团的数千精英分子代表，每个集团都有自己特殊的利益诉求，都到宗教领袖这儿来反映，宗教领袖则要在众多的利益集团中做一个平衡，这是他们这套体制的核心。

所谓革命卫队，包括了海陆空全部兵种，与伊朗陆军建制平行。革命卫队是捍卫宗教集团的军队，其控制权不在政府，而是直接掌握在宗教领袖的手中。宗教基金会和革命卫队并不仅仅从事宗教和军事工作，它们实际上掌握着伊朗主要的经济命脉，如金融、电信、采矿、制造、农业、建筑业的主要企业，基本都被这两大宗教力量所控制，其经济规模大约占到伊朗 GDP 的 85%，处于绝对优势地位，而且大都具有免税特

2013 年 6 月 15 日，鲁哈尼当选伊朗总统

权。与之相反，世俗派的伊朗民营经济就弱小得多了，在市场中完全处于依附地位，大型企业寥寥无几。

宗教集团其实就是伊朗强硬派的大本营，他们反对与美国谈判，反对开放国门，其主要动机是不想丧失经济上的既得利益。

改革派则代表着世俗力量，包括社会中下层人士和广大学生，他们不想永远生活在封闭和隔绝的世界里，渴望融入现代社会，他们虽不掌握经济资源，但由于人数众多，强大的民意也会对宗教集团形成巨大的压力。这就是鲁哈尼 2013 年成功当选总统的原因，因为人民要求改变。宗教领袖最终选择了支持鲁哈尼的谈判。

1. 伊朗改革开放面临诸多挑战

虽然改革派已经占了上风，但伊朗的经济问题却不是一开放就万事大吉了，这中间困难重重。

首先是伊朗人的观念问题。伊朗人在长期被封闭之后所形成的很多奇怪的观念会阻碍改革和开放，比如他们认为经商就是个零和博弈，如果利润分给了你，我就少了，他们没有共同创造新价值的思维方式。

在石油勘探方面也有着同样的问题。很多欧美大公司都想进入伊朗，因为那儿有油气，但是伊朗的回购协议给出的条件很差，如果外国石油公司要进伊朗勘探石油、钻井，所有风险得是外方石油公司扛着，如果没有发现油气，那么外方的投资就打水漂了；如果发现油气的话，外方石油公司就要和伊朗方面一起生产，而且经营期很短，只有 5 — 7 年的时间。最后给外方石油公司的好处是：外方石油公司打出来一个油田之后，伊朗政府以比较低的价格回购过来，然后给外方石油公司的钱就相当于对方赚一个辛苦费。这样的话，国际大石油财团当然不愿意去做这个事，冒这么高的风险，结果自己的收益还这么低。所以说，伊朗外部投资少的问题并不完全是由于美国的经济制裁造成的，也由于伊朗人的这种观念，阻碍了很多国际大公司去伊朗投资。

现在伊朗才开始转变思路，在这个领域中推出了一个叫利润分享的新办法。也就是外部投资冒风险之后，如果发现了油气田，在未来更长的时间段里，给你赚钱的空间，比如20—25年，生产出来的石油产量伊朗可以和发现油田的国家按照一定的比例分成。这个条件就比伊朗周围的其他产油国要好很多。所以欧美很多大的石油财团都因为这个原因跃跃欲试。

伊朗在整个经济运转过程中，还有大量思路没有转过来的案例。比如我有一个伊朗朋友，他说过一件事情，一家中国公司给伊朗投资，实际上就是给伊朗提供资金贷款，中方公司就问："我给你贷款，你能不能反过来买我一些设备或者向我采购一些东西？"伊朗人不同意，因为他们觉得既然你把贷款给了我，这就是我的钱了，我再从你那儿采购，这不是肥水都流到你们那儿去了吗？他们一直有这种非常强烈的意识，生意就不好做了，因为这违反了我们很多日常做生意的原则。

另外还有一个例子：在伊朗国内，伊朗民众对中国产品的质量怨声载道，中国货的口碑不太好。其实这个问题是一个经济问题。比如中国消费者经常埋怨，日本人把最好的产品卖给了美国人，差一点的产品卖给了欧洲人，最差的产品卖给了中国人，大家觉得日本瞧不起中国人。这种观点是有问题的。为什么呢？这是因为中国的进口商把价格压得太低，进口商只肯出这个钱。既然采购商把价格压得这么低，日本商人在正常的质量下就没利润可赚了，但是日本商人又想做这个生意，所以他们只能按照采购商出的低价格来降低产品质量，比如把某个汽车零件给你拆了或者换成别的材质的。结果，进口到中国来的日本汽车的质量自然有问题。中国人就抱怨说，这是日本汽车商对中国消费者的歧视。其实，所有国家都会有类似的问题。中国产品在进入中东国家的时候，情况同样如此。

伊朗的进口商来中国采购的时候也是把价格压得很低，中国商人想做生意只能按照伊朗进口商人出的低价格，选择质量不太好的原料制造的商品卖给伊朗。另外，这些伊朗进口商在进口中国商品的时候，由于进口关税很高，他们就把成品拆成零部件运进伊朗，因为零部件的关税比较低，然后他们再重新组装，组装的过程中难免会出纰漏，这也造成了商品的质量问题。

还有一个朋友举了这样一个例子：他的伊朗朋友在伊朗市场上买了一个中国的挂钟，很漂亮，结果挂在墙上走两天就不动了。伊朗人很生气，说中国产品的质量简直是太差了。后来他到中国义乌，却还是买中国商品。因为在义乌买到的中国商品的质量要比在伊朗买到的好得多。所以，口碑的背后都有经济上的原因。

说到口碑，伊朗人对德国货是情有独钟的，主要原因就是德国人做生意"很轴"，不吃压价这一套。德国出口商认为，德国的产品必须保证质量和品牌，既然你们伊朗进口商出的价格太低，德国没办法保证品质，那这个生意就算做不成也不能坏了牌子。说来也奇怪，德国出口商越是坚守原则，就越能让伊朗人尊重，久而久之，大家反而习惯了德国货不能压价。因此，德国货的品牌在伊朗消费者心目中的地位崇高，伊朗人习惯了德国货的高价位和高品质。

与"很轴"的德国人相比，中国、日本、阿拉伯商人都太灵活，没有底线，很容易对伊朗的采购商做妥协，尽量满足被压得很低的价格，长期来看，这样做生意得不偿失。

除了观念问题，伊朗经济缺乏动力的另一个重要原因是投资严重不足。大量宗教基金会和革命卫队的产业都不纳税，这迫使伊朗只能依赖石油出口，而油价太低，再加上经济制裁，石油收入严重不足，伊斯兰国家又不愿过度负债，所以只能靠印钞票解决财政问题，这就导致了严重的通货膨胀和货币贬值。国家财政收入不足，就没有办法进行大规模的基础设施建设，例如修路、修桥、修地铁等。德黑兰有很多烂尾工程，就是因为资金短缺修不下去了。基础设施投资不足，严重制约着伊朗经济增长的潜力。

2. 伊朗股市开放，总统鲁哈尼有妙招

要改变伊朗的经济现状，就必须进行大规模的投资，但是伊朗政府

没有钱，这怎么办呢？在油价低迷的情况下，政府只有启动改革。新总统鲁哈尼新政首先推行税务改革，不管你是宗教基金会的企业还是革命卫队的企业——所有企业都要交税，即取消宗教集团的免税特权，这涉及伊朗GDP的85%，可谓惊天动地。这一招比较狠，因为这等于直接去宗教强硬派的嘴里掏食，可想而知，这一政策肯定会面临强硬派的强烈反对。政府要动宗教强硬派的奶酪，就必须使用两手政策，打一巴掌还要给一块糖吃。

鲁哈尼想到了中国模式的经验，搞活伊朗的资本市场——股票市场。他准备把革命卫队和宗教基金会的很多宗教资产进行股份化，然后上市。以前革命卫队和宗教基金会就是靠走私或者一些其他不正当的手段赚取高额利润的，但是那些利润严格说起来是宗教财产，虽然强硬派可能在中间得到不少好处，但毕竟宗教财产不属于私人。如果把这些宗教资产进行股份化之后，强硬派的人就摇身一变成为股东了，从此可以合法地把宗教财产放进自己的腰包。这样一来，强硬派中有很多人一听搞活股票市场，马上就开窍了。他们觉得这是好事，对他们个人是有很大利益的，所以这些人开始由极端反对改革开放变成了支持鲁哈尼。也正是因为这样，伊朗跟美国的谈判才能进行得下去，强硬派没有严厉阻挠，同时，财税改革才能真正启动。

3. 伊朗股市水很深

伊朗股市的总市值现在才1000亿美元，也就是6000多亿人民币，比中国小太多了，市盈率只有6倍，每天成交量不过2亿美元，堪称是一个"迷你市场"。鲁哈尼总统大力推行股份化，把宗教财产逐步释放到资本市场中，这是一个高招。让强硬派缴税肯定会激起激烈反弹，但搞股市改革，让一部分人先富起来的思路却很可能会奏效，因为股份化的诱惑太强大了，宗教基金会和革命卫队控制下的资产是国有资产，但股改后的上市公司却可以给宗教精英人士带来惊人的私人利益，权衡缴税的损失和股改的利益，大部分强硬派宗教人士也会倒向改革派的阵营。鲁哈尼如果能成功地执行这两手政策，就很可能巩固改革派的势力，并将伊朗引导到经济改革的道路上来。如果是这样的话，伊朗的股票市场就会具有巨大的吸引力。

虽然伊朗股市的潜力很大，但是那里的水也很深。因为伊朗的大量上市公司都跟宗教基金会和革命卫队有着千丝万缕的联系，如果投资人不了解上市公司的后台，贸然买进了这些股票，那就很可能会被套牢。中国股票市场已经搞了二十多年了，我们经历过大小非解禁，经历过同股同权的斗争，斗争了这么多年，直到前些年才搞定；伊朗才刚刚开始改革开放，所以如果不幸买中了革命卫队和宗教基金会的资产，很可能会被套在那儿很多年。

四、伊朗核协议的签署将影响中东地缘政局

伊朗与美国达成核协议使沙特的自尊心受到了很大打击。沙特本来是美国的盟友，又是中东伊斯兰世界的领袖，结果这次美国跟伊朗走得这么近，把沙特的利益完全置之于不顾，这对沙特来说是很受伤的一件事，面子上也很下不来台。当然，沙特也不是吃素的。既然你不仁，那就别怪我不义。

于是，沙特的第二王储——国王萨勒曼的儿子，跑去与俄罗斯普京打得火热，并亲自促成了沙特在俄罗斯的 100 亿美元的农业投资，这是俄罗斯历史上最大的外资项目。很明显，沙特这是甩脸色给美国看。

1. 伊朗与沙特关系走向的两种可能

从鲁哈尼的执政思路来看，如果他能够坐稳总统的位置，那就意味

着改革派和强硬派取得了共同利益，他会采取什么样的对外策略呢？我认为有两种可能。

一种可能是伊朗会像 20 世纪 80 年代中国的改革开放一样，采取经济发展优先的国策，对内在核武问题上保持自律，对外发展和平外交。简单地说，就是弱化 1979 年以来的宗教革命色彩，缓和与地区霸权之间的关系。

除去宗教因素，伊朗是波斯人，沙特是阿拉伯人，土耳其是突厥人，人种不同，伊朗也从没想过要去领导阿拉伯人和突厥人，如果伊朗放弃争当伊斯兰世界的老大，那么沙特敏感而焦虑的心态就能得到极大的缓解，沙特对伊朗、伊拉克、叙利亚、黎巴嫩和也门什叶派的新月包围的恐惧也会逐步淡化，而伊朗则会逐步减少对输出宗教革命的热情。如果情况朝着这个方向发展，那么中东地区就有可能出现难得的宗教和解局面。这是最理想的情况。

另一种可能是，伊朗跟沙特之间的矛盾升级。伊朗内部强硬派的整体思路是比较左的，鲁哈尼在国内始终处于宗教强硬派的压力之下，即便经济改革使两派都获益，但意识形态的矛盾依然强烈。鲁哈尼被迫在对外政策上保持强硬，继续与沙特对着干。

因为伊朗的石油可以重新出口了，经济也开放了，国力又上升了，这种时候，如果伊朗按照强硬派的要求照做，再去跟沙特争天下，这会让沙特备受刺激，甚至会牵连整个的中东形势都会复杂化。

2. 伊朗与以色列的关系很微妙

除了以上这些国家之外，可能最纠结的还是以色列。沙特与伊朗相争，两个伊斯兰大国斗得死去活来，以色列本可以坐山观虎斗，成为最大的赢家。现在，以色列正处于最佳状态，它主要的中东对手全都倒下了，如埃及、利比亚、伊拉克和叙利亚等，尽管有的是美军进去推翻的，有的是因为阿拉伯之春而倒下的。所以，对以色列来说，这是前所未有的和平时期，在军事上，以色列军队占绝对优势地位，剩下的唯一敌手就是伊朗。美国与伊朗之间达成核协议，这对以色列来说并不是好消息。

以色列与伊朗的关系也很有意思，伊朗号称要把以色列从地图上抹掉，而以色列则声言要军事打击伊朗的核设施。但是，这两个国家从未发生过战争。伊朗人就是波斯人，当年正是波斯帝国的居鲁士大帝灭掉了新巴比伦之后，释放了"巴比伦之囚"，让犹太人重返迦南，甚至还支持他们重建圣殿。二战期间，还有伊朗的外交官冒着危险帮助数千犹太人逃离欧洲，很多犹太人为了避难移民到了伊朗，应该说波斯人对犹太人还是有恩的。以色列建国前后，居住在伊拉克和其他阿拉伯国家的犹太人都被驱赶了出去，而伊朗境内的犹太人则安然无恙，一直居住到现在，而且犹太人在伊朗过得还是比较滋润的。虽然不能跟最主流的民族相比，但是伊朗对犹太人没有特别的歧视。所以伊朗在宗教上其实还是很包容的，伊朗和以色列的这种矛盾，应该是一种奇怪的而且明显的政治矛盾，而不是民族之间的深仇大恨。由于相隔很远，只要以色列不追求绝对安全，即铲除所有中东潜在的对手，那么改革开放的伊朗与空前安全的以色列之间就不会爆发激烈的冲突了。

五、伊朗核协议背后获得巨大利益的三大赢家

对大国而言，伊朗核协议的成功落地首先会使中国和欧盟获利。

中国获利的原因很简单，因为中国的新丝绸之路必经伊朗，伊朗要是和平稳定了，新丝绸之路战略就多了一分胜算。其二，不管是现在还是未来，中国都急需天然气来替代煤，中国北方的雾霾问题必须靠天然气才能根本解决。天然气主要来自土库曼斯坦和作为第二大天然气储备国的伊朗，所以核协议达成，伊朗即将解除制裁，这对中国而言是一个大利好。

　　欧盟自然也极度渴望获得伊朗的天然气，以化解被迫依赖俄罗斯的不利局面。另外，伊朗有这么多的油气资源，欧盟这些国家打破脑门都想冲进去圈地、淘金，所以欧盟也是乐见伊朗核协议达成。

　　如果俄罗斯的天然气和伊朗的天然气都去欧洲市场上销售，伊朗的天然气可能对俄罗斯形成一定的竞争压力。不过，伊朗的天然气沿着东西走向的管道已经完工，直达巴基斯坦边境。这条管道未来将与中巴经济走廊的天然气管道对接，伊朗气会被直接导向中国。同样，印度也很有可能插根管子进来从巴基斯坦导入伊朗天然气。因此，伊朗天然气未来可能主要是满足中国和印度的强大需求，而没有更多的天然气去欧洲市场上与俄罗斯竞争，所以俄罗斯并没有感到有压力。伊朗的核能技术主要仰仗俄罗斯，未来想进一步跨进核大国门槛，美国和欧洲显然是坚决反对的，只有进一步依赖俄罗斯。另外，普京最重要的战略就是团结中亚国家、伊朗、巴基斯坦和印度，当然还有中国，在中亚地区形成地缘战略的合力，共同对抗美国的影响力，既为自保，也为今后俄罗斯重新崛起打造稳固的腹地。

　　一旦伊朗被经济解冻之后，未来会形成什么局面？很明显，俄罗斯、中国、伊朗、巴基斯坦和印度这五个国家会在中亚地区实现油气管线大会师，地点就在巴基斯坦的中巴经济走廊上，伊朗—巴基斯坦管线将全线贯通，该管线将继续向两个方向延伸，一个通向中国，另一个通向印度。这样一来，五国将在中亚形成一个地缘战略合力。

　　虽然短期来看，伊朗核协议的签订使奥巴马赢得了政治资产，但就长远而论，美国输了一场关键的中亚地缘战略的布局。

阿以缘何冲突不断

随着 2015 年伊朗核协议的最终签订，媒体也曝光了以色列曾三次策划攻击伊朗核设施的计划，以色列与阿拉伯国家的矛盾再次引起了全世界的关注。困扰中东地区多年的阿以矛盾看似由来已久，但却是老牌资本主义强国英国一手造就了如今的现状。那么，历史究竟是怎样的？未来阿以关系又将如何发展？

一、全世界的心理中心：圣殿山

在讲中东问题时，阿拉伯和以色列之间的冲突始终是我们回避的一个话题。因为这个话题涉及面太宽，历史关系错综复杂。而阿以冲突是整个中东矛盾的核心，当代中东的每个问题几乎都受到阿以冲突的影响。

说到阿以冲突，我以前都是看书本上的信息，但是亲身到了以色列之后，就真的碰上了一次冲突事件。

前不久我去以色列的耶路撒冷考察，特意去参观了圣殿山。

有人说，耶路撒冷是世界的中心，而圣殿山则是耶路撒冷的中心。当然，这里说的"中心"不是地理上的"中心"，而是心理上的"中心"。我们都知道，耶路撒冷是犹太教、基督教和伊斯兰教这三大宗教的圣城，圣殿山就是圣城的心脏。这里所发生的一切冲突，都将震撼全世界数十亿基督徒和穆斯林的精神世界。美国第一个登上月球的宇航员阿姆斯特朗第一次踏上圣殿山的土地时，就曾感慨道，他此刻的心情比登上月球的瞬间还要激动。

1. 有可能挑起世界大战的神圣地域

当我们靠近圣殿山大门的时候，心情还是有点小紧张的，我看到不少荷枪实弹的以色列士兵守在门口，用警惕的眼神仔细打量每一个人，看得人心里有点发毛。进去之前，当地朋友再三吩咐，包里绝不能带十字架、《圣经》、佛珠之类的物品。因为圣殿山的管理权属于伊斯兰教，

圣殿山位于耶路撒冷老城的宗教圣地，在不到 14 公顷的地方，保存着众多的宗教遗迹，是伊斯兰教、犹太教和基督教的圣地

任何有其他宗教象征的东西都不能带进去，否则可能会被没收。

进入圣殿山大门之后，我们发现，外面虽然是以色列士兵在站岗，里面却是巴勒斯坦的警察在维持秩序。大家可能觉得很奇怪，以色列不是在第三次中东战争时攻占了整个耶路撒冷吗？怎么圣殿山还控制在穆斯林的手中呢？为什么犹太人不能进到圣殿山里面去做祈祷而只能待在外面的哭墙呢？

首先，从法律和财产权的角度来讲，从萨拉丁时代开始，圣殿山就已经是伊斯兰教的资产了，里面的两个清真寺——阿克萨清真寺和岩石圆顶清真寺，都是伊斯兰教的资产，所以不管后来发生多大的变化，从财产角度来说，它都是属于伊斯兰教的。

第二个问题是圣殿山的宗教敏感性。要知道如果使用武力，以色列可以分分钟夺下圣殿山，但它为什么不这么做呢？因为如果这么做了，第二天全世界十几亿的穆斯林就会发动圣战，第三次世界大战就爆发了——这是一颗没人敢轻易触碰的"宗教核弹"。所以，直到今天犹太人仍然只能在圣殿山外面的西墙祈祷，不能进入圣殿山。圣殿山里面都是巴勒斯坦人的武装警卫，很有点国中之国的架势。

2. 圣殿山亲历阿以冲突

　　通过了防卫森严的门卫，我们总算踏上了圣殿山的土地，我的心情无比激动。我们来到岩石圆顶清真寺，只见蓝天之下的金色屋顶熠熠生辉，美得让人心醉。我赶紧让优酷的摄制人员架起机器，准备畅谈一番圣殿山和清真寺的历史，可能由于太激动了，我对着镜头连说带比画，结果引起了一个巴勒斯坦警卫人员的注意，这个阿拉伯小伙子走过来，警惕地问我：你在说什么呢？我回答我在介绍这座清真寺的历史，但我犯了一个致命的错误，顺嘴蹦出了 Temple 这个词，就是神庙、圣殿的意思，结果这个巴勒斯坦的警卫气得暴跳如雷，冲着我们直嚷嚷说，这不是 Temple，这是 Mosque，不允许你们在这里拍照，立刻离开！我这才反应过来，糟了，用错词了！我本来是在介绍清真寺的历史，但鬼使神差蹦出个 Temple，Mosque 才是清真寺，这个警卫误以为我在说这是犹太人第二圣殿原址，这可犯了阿拉伯人的大忌了。我再解释也没用了，对方已经陷入了歇斯底里的状态，就是不让拍，瞧那架势他还想抢我们的机器。在此之前，我本以为自己已经弄懂中东历史了，但是在日常生活中，一不留神，用错一个词都会激起对方这么大

岩石圆顶清真寺，于公元 688—691 年建立，是保存最完好、最为重要的伊斯兰早期建筑杰作

的愤怒，说明我们对这个问题还是不够敏感。

正在这时，旁边又出事了，原来是有几个犹太人摸进了圣殿山，结果被阿拉伯人发现了，双方激烈对骂，巴勒斯坦警卫们立刻赶过去，门口的以色列士兵也端着枪冲过来，气氛十分紧张，险些打起来。后来那几个犹太人被以色列士兵带走，这才避免了冲突升级。

后来一路上我们都在讨论这两件事，有人说巴勒斯坦警卫太粗鲁了，很不礼貌。不过我倒觉得，这说明我们以前低估了以色列和阿拉伯之间矛盾的敏感性，用错一个词竟然让那个巴勒斯坦人如此歇斯底里，这得是多大的怨恨啊。我们不能理解对方的激动情绪，这只能说明我们在历史认知上存在着重大盲点。

二、宗教差异非民族矛盾导火索

其实，犹太人和阿拉伯人是同文同种的，他们都属于闪米特人，语言都属于闪米特语族，而且都承认亚伯拉罕是他们共同的祖先。

从宗教角度来看，他们也没有很大的差别。先知穆罕默德是非常尊崇犹太人的大卫王和所罗门王的，称犹太人是有经典的人。实际上，伊斯兰教是以犹太教的合法继承人自居的，只不过他们认为犹太人已经被上帝抛弃了，他们才是正宗，才是被安拉所选中的人。

在历史上，伊斯兰教和犹太教本身也没有什么尖锐的冲突，本来穆斯林对犹太教是比较宽容的，无论是阿拉伯帝国，还是奥斯曼帝国，只要犹太人和其他宗教的信徒缴纳人头税，穆斯林通常都会保护他们的身家财富，这个人头税也不完全是歧视，因为犹太人在伊斯兰国家里不用当兵打仗，可以看成是交钱免兵役，这个政策对其他宗教也同样适用。

其实，穆斯林从来没有发动过宗教上的排犹活动。那么，犹太教跟谁有真正的矛盾呢？是基督教。原因很简单，因为犹太人不承认耶稣是救世主——而这恰恰是整个基督教的基础，没了这个基础，基督教就会坍塌。所以基督教对犹太人是非常不宽容的，历史上发生的所有排犹行动都是欧洲的基督教发动的。所以，本身从教义上来说，伊斯兰教和犹太教并没有水火不相容的冲突和矛盾。

三、现代民族主义的兴起：国家的起源

阿拉伯人和犹太人水火不容的矛盾并不是历史上的常态。在 1300 多年里，双方相处得还不错。现在我们看到两方掐得死去活来，这种情况也就是最近 100 多年才出现的新问题。矛盾的源头就是现代民族主义的兴起。

民族主义号称是"现代世界的宗教"，它在西方的概念中是指一大批属于相同民族的人们，对创造或维持一个共同的独立国家，拥有自己的统治者、法律和政府机构的渴求，这种民族主权的国家成为所有人的效忠对象。它指的不是传统的民族概念，而是国家的治理方式。注意，这与我们通常所说的"非我族类，其心必异"是显著不同的，那是个纯粹的民族概念，而民族主义的内涵是国家治理模式，外延是共同民族所形成主权国家的对外利益。

民族主义最早出现于地理大发现时期的欧洲。在中世纪，欧洲并没有民族主义的概念，如果你问一个欧洲人你是什么人？他会首先回答，我是一个天主教徒，然后是某个封建领主的臣民，最后才是法兰西人或德意志人。因为中世纪时，欧洲老百姓心目中是没有民族主权国家这个概念的，他们不知道自己是谁，只知道自己是天主教教徒。那个时候罗马教皇和教会是老大，各国国王和封建贵族是老二，这是一个教会和封建地主联合执政的体系，教会遍布欧洲各国，控制了四分之一的耕地，可以说是欧洲最大的地主，各国的王公贵族是较小的地主。教会是自成一体的，各国贵族们都是亲戚，民族主权的观念不重要，只有统治者和被统治者。

其实，中国也一样。在清朝以前，历朝历代对疆域的概念都是很模糊的，人们从来没有去丈量过自己的边疆，也没有去打过界碑。因为边界的概念是西方民族主义主权国家兴起之后才产生的，以前就是传统的势力范围，不讲究去搞铁丝网和界碑。所以，现在我们脑子里对国家和主权的认识，都是近代以后才形成的。

1. 民族主义思潮席卷中东

随着新大陆的发现，商业革命和工业革命拉开了序幕，商人和资本家崛起了，他们拥有的经济资源越来越强大，开始动摇传统的统治模式。他们先是拉上王权斗倒了神权，然后再动员底层民众斗垮王权，最后建立起了现代的民族主义主权国家的全新统治模式。

19 世纪末，这种民族主义的思潮也开始冲击犹太人和阿拉伯人，双方都想当家做主，建立自己的民族主权国家。所以阿拉伯人和犹太人之间的尖锐矛盾冲突实际上是 19 世纪末期才开始的。因为民族主义的兴起使他们产生了主权国家的意识：我们要当家做主，我们之间会有国家利益和主权国家的冲突，这才是问题的根本。宗教不过是作为一个放大器，把这种矛盾进行了高倍放大，让它变得更加不可收拾而已。

2. 英国介入中东政局

阿拉伯人接受了民族主义思潮之后，就想建立自己的阿拉伯国家，从奥斯曼土耳其的统治之下解放出来，这就导致了第一次世界大战时期的阿拉伯人大起义，有部电影叫《阿拉伯的劳伦斯》，讲的就是这段历史，阿拉伯人在英国人的帮助下发动大起义，推翻了土耳其人对阿拉伯地区长达数百年的统治。

与英国人合作的就是汉志国王侯赛因，汉志在阿拉伯半岛西侧，

汉志王国国王侯赛因·伊本·阿里

汉志王国濒临红海，在阿拉伯西侧，境内有麦加和麦地那两大圣城

靠近红海，包括了麦加和麦地那两座圣城。侯赛因可是先知穆罕默德的直系后代，号称圣族后裔，他们家族世袭麦加守护人的地位。

先知穆罕默德只有一个女儿法蒂玛，后来嫁给了穆罕默德的堂弟阿里，他们的两个儿子，一个叫哈桑，一个叫侯赛因。后来，侯赛因被倭马亚人杀死了，导致了什叶派的分裂。哈桑所传下来的这一脉，到了第三十七代，就是这个汉志王国的国王侯赛因。所以侯赛因是正宗的先知血脉传人，其地位在整个阿拉伯世界非常崇高。所以当时虽然土耳其人统治着中东，但他们也是逊尼派的信徒，所以对侯赛因家族还是敬让三分，毕竟那是先知穆罕默德的血缘后代。

在一战中，英国人在中东地区与土耳其人打得很艰苦，迫切需要一支援军，就派劳伦斯与侯赛因的几个儿子谈判，希望阿拉伯人能起义帮助英军打败土耳其军队。侯赛因说，帮忙可以，但有一个条件，就是战后英国要同意阿拉伯地区完全独立，建立统一的阿拉伯王国，这个大阿拉伯国家包括现在的沙特、叙利亚、伊拉克、约旦、巴勒斯坦、以色列和黎巴嫩。

3. 英国人的瞒天过海之计

当时英国人答应了侯赛因的条件，但还有一定的保留，就是有些区域要划出来，但具体哪些地区也说得不清不楚，正是这些没谈清楚的条件涉及后来很多引发争执的地方。答应了阿拉伯人之后，狡猾的英国人又与法国人达成了一项秘密协定，瓜分了已经承诺给侯赛因的土地，实际上留给侯赛因的就只有现在的沙特了。正是由于英国人玩的"一女二嫁"，留下了贻害至今的中东问题。

在英国人与法国人的协定中，伊拉克由英国人自己占，叙利亚的大部分割让给法国。那么，对后来中东问题至关重要的巴勒斯坦分给谁了呢？侯赛因认为巴勒斯坦理所当然地是英国承诺给他的，因为那里的绝大多数居民都是阿拉伯人。但是英国人当时耍了一个滑头，在跟阿拉伯人谈判的时候，没有明确同意也没有反对。实际上，英国人准备把巴勒斯坦划成英国的托管区。他们想要用巴勒斯坦地区去钓另一条大鱼——犹太人。

西方的民族主义传到了阿拉伯世界的同时，也传到了中东地区的犹太人社区。犹太人在19世纪末也受到了民族主义的影响，也想要当家做主建立民族国家，这就是19世纪末犹太复国主义兴起的原因。但他们的困难在于没有一块属于自己的土地来建国。不过，犹太人当时已经成为世界级别的超级富豪了，左右着各国的金融和财政，不论是在欧洲还是美国，都可以说是财雄势大。有了钱，还怕找不到土地建国吗？问题是犹太复国主义一定要在巴勒斯坦建国，我以前提到过犹太人对信仰的超级执着，既然神将迦南，也就是巴勒斯坦地区应许给了犹太人，他们就必须按照与神的契约来执行，其他任何地区都不予考虑。这是犹太复国主义的基本精神。

4. 德裔犹太人资助以色列建国

在一战之前，犹太复国主义运动的中心在德国的柏林。别看二战时德国把犹太人往死里整，其实历史上德国对犹太人的政策是欧洲最友善的。自 1618 到 1648 年经历了 30 年惨烈的宗教战争之后，地区经济垮了，十室九空。当时的普鲁士想要称雄德意志民族，就必须得招商引资，而犹太人很有钱，所以，普鲁士以及很多其他德意志的小城邦，给犹太人提供了大量的优惠条件，让他们到德意志地区来投资和生活。从 17 世纪到 19 世纪的 300 年中，德国在整个欧洲对犹太人的政策是最优惠的，大批犹太人移民德国，而德裔犹太人后来成为了现代犹太人中的精英。当今全世界的金融大家族，如雷曼兄弟、高盛等银行的老祖宗，全部是德裔犹太人。在犹太人的鼓动下，德国皇帝威廉二世是愿意帮助犹太人在巴勒斯坦建国的，而且也曾经为此游说过奥斯曼土耳其的苏丹，提出犹太人在巴勒斯坦建国对土耳其有两大好处：第一，奥斯曼帝国面临财政破产，只要把巴勒斯坦给德裔犹太人，他们就可以对奥斯曼帝国进行大规模金融资助，奥斯曼的国力就强大了；第二，奥斯曼是德国的盟国，加在一起力量就更强大，足以挑战英国了。可是土耳其人说，我是个多民族的大帝国，我要是同意犹太人独立建国，那其他民族也会纷纷要求独立，那我的帝国不就土崩瓦解了吗？威廉二世一听也对，总不能为了犹太人复国就让奥斯曼帝国解体吧？土耳其可是德国最重要的盟国啊。所以，在一次大战中，德国因为与奥斯曼帝国结盟，从而无法支持犹太复国主义。德国本来是最有条件获得美国德裔犹太金融家的大力支持的，但是由于土耳其的关系，他们不能走这一步。这个机会就留给了英国人。

5. 英国背信弃义，汉志覆灭

第一次世界大战打到 1917 年时，德国和英国的经济都已经濒临全面破产，这时候美国支持谁，谁就能取得战争的最后胜利。而在美国参战的问题上，美国犹太金融家的影响力非常巨大。

本来美国的犹太人是比较同情德国的，因为他们当中的很多人，特别是能量巨大的银行家们都是德裔犹太人，他们对德国很有感情，德国皇帝从前对他们也还不错。另一个原因是他们都特别讨厌沙皇俄国，因为沙俄对犹太人的迫害政策相当严酷，而英国居然和沙俄结盟打德国，这让美国的德裔犹太人很是不爽。

英国人非常明白，没有美国人参战，他们就无法打败德国，所以问题的关键是如何打动美国的犹太银行家。很简单，英国必须在犹太复国主义的问题上有个明确的态度，于是，1917年，英国政府公布了一个非常有震撼性的文件——《贝尔福宣言》。其实这只是一封简单的信，加在一起就几句话。写信者是当时的英国外交大臣阿瑟·詹姆斯·贝尔福，收信人罗斯柴尔德勋爵是当时犹太复国主义联盟的名誉主席。在著名的《贝尔福宣言》中最重要的话只有一句：英国政府支持在巴勒斯坦建立犹太人的民族家园，并将竭力促成这一目标的实现。这份现代史上极为重要的外交文件堪称是犹太复国主义的奠基性文件。

有了这个文件的保证，美国很快就加入了战争，向欧洲战场投入大量兵力。最终英国打败了德国。不过，在赢得一战之后，英国却对各方都违背了诺言。阿拉伯人发现被欺骗了，侯赛因国王拒绝接受《贝尔福宣言》。那么英国人是怎么

《贝尔福宣言》是英国政府表示赞同犹太人在巴勒斯坦建立国家的公开保证，是世界主要国家正式支持犹太人回归巴勒斯坦的第一个宣言

内志地区的酋长——伊本·沙特，也就是沙特阿拉伯的老国王

对付从前的盟友的呢？既然战争已经结束了，阿拉伯人没用了，你们不配合我们大英帝国？那就换人。

在侯赛因统治的汉志东边，也就是阿拉伯半岛中部叫内志的地区，有个著名的酋长叫伊本·沙特，此人就是沙特的老国王，现代沙特的各位国王就是他的儿孙们。

当时英国人分成两派，在伦敦的英国政府倾向于支持汉志的国王侯赛因，但是在印度的英国总督则比较支持内志的沙特。现在侯赛因不配合了，英国人就放弃了对他的支持。沙特本来就与侯赛因不对付，双方一直在争夺阿拉伯半岛的霸权，英国人放弃了对侯赛因的支持，转而扶持沙特，结果沙特的军队攻下了麦加和麦地那，侯赛因被赶走了，沙特家族统一了阿拉伯半岛，建立起了沙特王朝。

四、哈希姆王朝的建立

汉志的老国王侯赛因虽然跑了，但是他的两个儿子非常厉害。一个叫阿卜杜勒，他一看胳膊拧不过大腿，赶紧向英国人服软，军政、外交拱手献上，英国人一看孺子可教，于是把他立为约旦国王，我们以前老听新闻中提到约旦国王侯赛因，那就是他的亲孙子，这一位可是先知穆罕默德的嫡传血脉。

另一个儿子叫费萨尔，他在阿拉伯世界很有威望。在一战结束之前，他带领阿拉伯起义部队攻入了叙利亚首都大

侯赛因的儿子阿卜杜勒一世，于1946 年 5 月 25 日成了约旦的国王

马士革，本来想当叙利亚国王，但英国人已经把叙利亚划给了法国人，费萨尔不服，但又打不过法国人，最后被赶到了伊拉克，当上了伊拉克国王，这就是费萨尔王朝。费萨尔国王在整个阿拉伯世界中的地位和声望还是比较高的。后来一直到1958年，费萨尔王朝被推翻，这才有了伊拉克共和国和后来的萨达姆。

约旦国王侯赛因，阿卜杜勒一世的孙子，唯一的穆罕默德先知血脉传人

伊拉克与约旦国王那是亲兄弟，因为他们都是先知的血脉，都是圣族后裔。因为先知穆罕默德所在的家族叫哈希姆家族，所以这两个国家被合称为哈希姆王朝。

英国人对阿拉伯人背信弃义，那他们对犹太人又怎么样呢? 同样是背信弃义。正是由于英国人的背信弃义，最终导致了当今世界最大的难题之一——中东的阿以冲突。

阿以发飙玩坏
大英帝国

据媒体报道，巴勒斯坦希望 2015 年 9 月可以在联合国升旗，此举引发了犹太人团体的反对，因为在联合国升国旗是成员国才有的"特权"。巴勒斯坦部分领土现在由哈马斯控制，该组织仇视以色列，而美国和以色列都反对承认巴勒斯坦的国家地位，称这会破坏中东和平协议谈判的努力。那么，阿以冲突究竟因何而起？有没有解决之道呢？

一、解决阿以冲突的难点

　　曾经有个美国记者讲过一个笑话，如果上帝死了，那一定是为解决阿以冲突给累死的。虽然这是一句搞笑的话，但是反映出全世界有了一种共识，就是阿以冲突问题实在是太难搞定了。那么，阿以冲突的难点究竟在哪儿呢？最本质的问题不是所谓的宗教冲突，而是主权国家间的民族主义矛盾冲突，也就是国家利益的矛盾冲突。而宗教问题被高倍放大了之后，使这种冲突陷入了一种难以解决的困境。

　　从国家发展的角度来看，以色列的转型是比较成功的，犹太人以前一直是一个流浪民族，被罗马人灭国之后，近两千年来从未曾拥有过一处固定的领土，现在却直接跨入了现代发达国家的行列，所以转型非常成功。但是，直到今天，阿拉伯国家的转型一直都没有实现彻底的成功，他们还在痛苦的摸索之中。在这个过程中，难免会产生一种焦虑和敏感，甚至是一种偏执。

　　回顾历次中东战争，阿拉伯国家都没有打赢过以色列，这种挫败感又放大了他们的焦灼和偏执。而这个时候，以色列越成功，反而越强硬、越不妥协，这就好比是往阿拉伯人心灵的创口上撒盐，搞得他们备受刺激，变得更加暴躁，更加固执。以色列人和阿拉伯人双方都没有妥协的余地，于是就形成了双方僵持的状态。

　　关于这个问题，我们如果换位思考一下就容易理解了。比如说当年中国人看到日本明治维新成功了，而中国的洋务运动失败了，结果中日一爆发战争，差点被日本打得亡国灭种。在那种情况下，中国全社会也陷入了集体的歇斯底里。我们认为我们以前做的一切都是不对的，老祖宗的东西都不要了，孔家店要打倒，一切东西全都要推翻，整个国家都陷入了巨大的焦虑和迷茫之中。现在我们好像自信心恢复了，那是因为中国其实已经走上了一条成功的转型之路，所以我们现在心态比较平和，自信心快回血满格了。但即便是在这种情况下，如果日本人哪天放出一句挑衅性的话或做一个挑衅性的行为，中国人同样会暴跳如雷。人同此心，所以中国人对阿拉伯人那种深刻的挫败感应该有深刻的体会。从1915年开始直到现在，阿拉伯国家历经了100年的时间，转型还在摸索之中。中国从1840年到现在，都170年了，也才刚刚转型到正确的轨道上。

任何一个古老的民族，或者有深厚历史的民族，在转型过程中都会感到极度痛苦。所以我们在看待中东历史的时候，需要把心态放平衡，一方面我们得看到以色列自身成功的地方，另一方面也要深入去体会阿拉伯人的挫败感；如果不能做到这一点，我们就看不清中东问题的复杂性。

二、在一战中不择手段的英国人

英国人为了打败德国，夺取一战的胜利，可谓不择手段。他们采取了一种欺骗策略，把巴勒斯坦地区同时应许给阿拉伯人和犹太人，既欺骗了阿拉伯人，同时也欺骗了犹太人。而英国人实际上不可能把巴勒斯坦地区给犹太人，也不可能给阿拉伯人。这是为什么？

在一战结束之后，英国打败了最危险的竞争对手德国之后，整个欧洲大陆发生了天翻地覆的变化。首先是法国人变得非常软弱，像打了蔫儿的茄子；最大的竞争对手德国垮了；长期以来英国潜在的对手沙俄爆发了十月革命，国内战争连绵不绝；奥匈帝国作为中欧一个强大的势力集团，土崩瓦解了；奥斯曼土耳其帝国也崩溃了；而美国人在一战中相当于帮英国人打短工，活干完了，英国人就把美国人打发回家了。所以

1878年的奥斯曼帝国版图：1877年至1878年的俄土战争正式确立了塞尔维亚、罗马尼亚、黑山及保加利亚的独立，波斯尼亚被奥匈帝国占据，巴尔干其他地区仍旧置于奥斯曼帝国的控制

在那段时期，整个欧洲大陆上都是英国人说了算。

在中东地区，英国人获得了巨大的利益，他们在奥斯曼土耳其帝国的原有领土上进行了大规模的扩张，伊拉克被英国占领了，巴勒斯坦被英国人托管了，英国的势力范围甚至已经渗透到了伊朗以及波斯湾的很多地区。与此同时，英国还有很多亚洲殖民地，比如被称为"英国王冠上的明珠"的印度。殖民地东边有足够的原材料供应，同时中东又有丰厚的能源。所以从英国的势力范围一直贯穿到中东，再到亚洲，这是一套完整的能源和原材料的供应大通道，也是个通畅的贸易大通道。在整个通道链条中，最重要的枢纽就是苏伊士运河及其临近的巴勒斯坦地区，这是连通欧洲部分的英国和它整个亚洲的庞大殖民帝国之间的关键桥梁。

如果有人切断了苏伊士运河，占领了巴勒斯坦地区，就等于打断了大英帝国的脊梁，英国是绝对不能容忍这个地区被别人染指的，这就是为什么英国既不可能把巴勒斯坦地区让给阿拉伯人，也不可能让巴勒斯坦独立变成犹太国家的原因。

　　一战结束后，英国人对阿拉伯人已经是明目张胆地违约了，英国人不承认曾经把这个地方应许给阿拉伯，而且态度坚决，这就使阿拉伯人觉得英国人背信弃义，他们非常厌恶英国人，认为英国人自大、傲慢，还很冷漠、非常自私，其实所有霸权国家都是这副德行，如果不这样，英国也成不了霸权国家。

1. 英国人对犹太人态度的转变

　　英国人对犹太人的承诺充分表现在 1917 年发表的《贝尔福宣言》上。这份宣言中间有一句最重要的话，就是英国承诺要帮助犹太人建立民族家园，英国人很高明地使用了 National Home 这个词。它可以有两种解释，一种是指一个国家的概念，一个国家的家园；一种是指一个民族的家园。在这个问题上，英国人不好明确违约，但是却跟犹太人玩起了文字游戏。因为仗已经打完了，犹太人已经没有利用价值了，所以，英国人就说，犹太人在巴勒斯坦地区可以有个自己的家园，但不一定要有一个国家。全世界的犹太人一听就气炸了肺，认为英国是故意违约；而英国人说，我没有违约，民族家园不一定是国家，这解释没毛病啊。但实际上，大家当时都清楚，英国人当时确实是承诺要帮犹太人建国的。

　　除了建国这条之外，英国还答应了一条，就是要帮助犹太人移民到巴勒斯坦。对于这件事，英国也逐步往后撤，先是限制人数，把移民配额降到了每年只能有 15000 人移民巴勒斯坦。从 1939 年到 1944 年，每年只有这么一点额度。那段时期正是纳粹疯狂迫害犹太人的时期，犹太人非常需要英国人打开移民这个口子，要不然他们就没处去了，但是英国人反而卡住了这个"脖子"。

　　除此之外，英国人还表示，1944 年之后，所有犹太移民的配额需要经阿拉伯人同意才能够延续，这就意味着犹太人的移民不可能再延续下去了，因为阿拉伯人不可能同意犹太人继续大举移民。1939年英国发布的白皮书，其实基本上已经背离《贝尔福宣言》了，实际上英国执行的是反对犹太复国主义的政策。

英国还承诺，英国对于巴勒斯坦委托的统治，将维持到十年之后，也就是到1948年5月，英国就会撤出巴勒斯坦。其实英国经常玩这种花招，比如说在苏伊士问题和埃及问题上，总是说要帮他们独立，但是还要附加若干限制条件，让你独立的前提是要答应这些条件。其实最后还是英国人说了算。

为什么在1939年的时候，英国的态度明显地偏向了阿拉伯人呢？这是因为1939年二战就要爆发了，这对于英国人来说是一个重大挑战。希特勒太厉害了，当时在中东地区，沙特阿拉伯在1938年就已经发现了大油田。如果阿拉伯人要跟德国人联手，对英国来说麻烦就大了，所以英国人在1939年这个关键的时间点上必须要拉拢阿拉伯人。要拉拢阿拉伯人，就必须给他好处，给他一种独立自治的希望，同时还要限制犹太人移民，这样才能让阿拉伯人投靠英国人的阵营。

那么英国人为什么对犹太人敢如此苛刻呢？因为当时希特勒在迫害犹太人，所以犹太人在战争中并没有其他选择，他们只能跟着英国人干，难道还能去配合希特勒吗？不可能。这就是英国人做事的特点，算盘打得非常精，可以说是老谋深算。但是别忘了，一个人的聪明是需要实力的，否则你光聪明却没有实力，那一定会聪明反被聪明误。二战结束之后，大英帝国的殖民体系崩溃了。在这种情况之下，犹太人和阿拉伯人开始起来追讨以前英国违约所欠下的道德债务。

2. 大卫王酒店爆炸事件：犹太人对英国人的报复

在二战前，阿拉伯人坚决反对英国的统治，搞了很多暴动和起义，遭到了英国的血腥镇压。二战之后，犹太人起来闹事了，因为经过二战的洗礼，犹太人发展了很多地下武装，不少人参加过盟军作战，所以犹

二战中英国最能打的将军伯纳德·劳·蒙哥马利，以成功掩护敦刻尔克大撤退而闻名于世，由他所指挥过的著名的阿拉曼战役、西西里登陆、诺曼底登陆，为其军事生涯的三大杰作

巴勒斯坦伊尔贡组织的领导人梅纳赫姆·贝京，1978 年因为埃及的萨达特突然宣布和以色列和解，两人共获当年的诺贝尔和平奖，1982 年他发动了第五次中东战争

太人的作战能力得到了极大的提升。当时犹太人在巴勒斯坦地区有好几个地下武装，他们不断袭击英国在巴勒斯坦的很多军事和民用设施，比如机场、火车站等。英国军警伤亡惨重，还有很多官员被炸死了，英国人一看这还了得？他们指责犹太人在搞恐怖主义，是恐怖主义就一定要镇压。于是英国政府当时把二战中英国最能打的将军蒙哥马利调到了巴勒斯坦。

蒙哥马利是英国陆军元帅、帝国参谋总长。他奉命来镇压犹太人，可以说英国人对犹太人的恐怖袭击已经非常重视了。1946年，蒙哥马利在巴勒斯坦全面部署了一个大规模的行动——黑色安息日行动。在这个行动中，英国出动了大量的军队进攻犹太复国主义的武装，在整个巴勒斯坦地区抓捕了 3000 多名犹太恐怖主义分子。这件事情严重震惊了全世界的犹太人，犹太人听闻英军对自己人动手了，扬言一定要报复。当时，在巴勒斯坦，犹太人有一个非常重要的地下武装，叫伊尔贡。伊尔贡就对外宣称，我们一定要策划一个震撼世界的报复性袭击，给英国人一个教训。于是，1946 年 7 月 22 日，伊尔贡的人把 500 磅烈性炸药装在一个牛奶桶里，运到了耶路撒冷城中一个最著名的酒店——大卫王酒店。在 1946 年，大卫王酒店是英军统治巴勒斯坦的指挥中心。这个酒店有个侧翼，英国政府当时把整个侧翼全部都包下来了，行政人员和各个政府部门，包括统治机构和军情五处，全部在那里办公。

这些炸药被悄悄地放进了地下室，谁都不知道。当然，伊尔贡的这些人还是比较文明的，他们在爆炸之前给英国人打了电话，说这个地方即将爆炸，你们赶紧疏散人员。英国人一听，不可能啊，查了半天没查着，对这个消息就没太重视，认为伊尔贡不过是虚张声势而已，所以没有做大规模疏散。中午 12 点 37 分，轰然一声巨响震撼了整个耶路撒冷，大卫王酒店的侧翼被炸成了废墟，当场炸死 91 人，受伤的就更多了。英国的一些重要官员、行政人员、军官以及军情五处的很多特工都被炸死了，其中也有很多阿拉伯人和犹太人。

3. 道高一尺，魔高一丈：英国和犹太人的冲突不断升级

大卫王酒店爆炸事件就好比是 1946 年的"9·11"事件。因为在此之前，全世界都没有爆发过这么大规模的恐怖袭击，所以英国人被气疯了，说这帮犹太人简直丧心病狂，敢于公开袭击英国的统治机构，而且是个宾馆，英国决定一定要对犹太人进行血腥镇压。于是，英国人当时就组建了别动队，在街上只要看见犹太人就让他停下来搜查，不停的话，别动队有权当场开枪将其射杀。

当时有个著名事件，一名身上没有武器的犹太少年被几个英国军官给抓住严刑拷打，然后把这个少年弄到了郊外，绑到了树上，甚至还拿石头把他的头给砸碎了。可是最后尸体没找着，据说是被野狗给吃了。

这个事件曝光之后，引起了全世界的震撼，伊尔贡这帮人看到英国人如此残害犹太人，决心一定要报复。于是他们就查是哪些军官干的，查到之后就往他们的家里寄邮件炸弹，结果当场就把英国军官的家属给炸死了。当然，这只是英国和犹太人冲突中的一个例子。还有英国人抓

住伊尔贡的成员马上将其作为恐怖主义犯立刻绞死的事情发生。既然英国人绞死了伊尔贡的成员，那犹太人就埋伏在街上抓英国的士兵，你绞死我几个人我就绞死你几个人，这是一种血腥的对抗。当然英国这边继续血腥镇压，伊尔贡也不是吃素的，针尖对麦芒，1946 年 10 月，伊尔贡把英国驻罗马的大使馆给炸了。英国这边更加气急败坏，加大镇压力度，结果犹太人也越来越强悍地进行报复。双方这种血腥的对抗把全世界都惊呆了。

三、英美二人转：英国撤退，美国登场

当时的美国国务卿乔治·卡特利特·马歇尔（任期 1947 年 1 月 21 日 –1949 年 1 月 20 日），美国军事家、政治家、外交家、陆军五星上将，为美国制定了"先欧后亚"的军事战略，在冷战中推行了"马歇尔计划"

后来，英国人承受的压力越来越大，因为大英帝国垮了，1947 年，连印度都独立了，巴勒斯坦这条通向英国王冠上的"珍珠"的咽喉要道也就失去了意义。所以英国人玩到 1947 年，终于玩不动了。于是，英国就给联合国打报告，说到 1948 年托管期结束，我立马就撤，你们谁爱管谁管，反正我是管不了这事，英国人神经崩溃了。

这时，英国把美国人推向了巴以冲突的舞台中央。开始阿拉伯人一听美国人要来，很高兴，充满了希望，为什么呢？首先，阿拉伯人恨透了英国人，觉得英国人不公平，偏袒犹太人，而且对阿拉伯人出尔反尔；而美国人很好，美国人历来就没有殖民统治的野心，对其他国家的领土也没有兴趣；而且从历史上来看，美国人对中东很多问题的看法还是比较中立的，所以阿拉伯人非常希望美国人接替英国人来主掌中东政策，这跟"远香近臭"的道理是一样的。

　　美国人进入中东之后，政策很快就定下来了，就是坚决支持犹太复国主义。这件事情让阿拉伯人痛心疾首。他们没想到美国人竟然会支持犹太人。其实这个政策在美国内部也引起了极大的争议，美国当时的国务院国务卿乔治·马歇尔和国防部长詹姆斯·福莱斯特所代表的两个核心部门，都是坚决反对犹太复国主义的。道理很简单，他们属于美国国家利益派，当时中东已经发现了大油田，美国将越来越多地依赖中东的油田，这个时候为了以色列复国而得罪了全天下的穆斯林，这笔买卖不划算。其实当时的总统杜鲁门也比较纠结，他也知道这个事情的轻重，如果倒向以色列，就势必得罪整个阿拉伯世界。但是犹太复国主义游说集团非常强大，成天到总统这儿来软磨硬泡。

　　有一天，杜鲁门实在是被缠得不行，就放话说："就算是当年耶稣在世的时候都很难讨好犹太人，你们

第33任美国总统哈里·S.杜鲁门，他制定了联合国宪章；二战中签署命令在长崎、广岛投放原子弹，加速了二战结束进程

巴勒斯坦分治图——根据分治决议的蓝图，阿拉伯国国土约占当时巴勒斯坦总面积的43%，犹太国国土约占巴勒斯坦总面积的57%，阿拉伯人认为联合国第181号决议明显偏袒以色列而拒绝该决议

怎么能指望我有这么好的运气呢？"他这句话的意思就是犹太复国主义游说集团提的条件太高，很难满足，但是又很难不满足。你要不满足他，下届你就不要再想当总统的事了。因为他们掌握着媒体、社会影响力、政治资金，你如果得罪了这伙人，当总统的概率就会大大下降，杜鲁门总统没办法，最后只得委曲求全，向犹太复国主义游说集团妥协了。

这个妥协就是1947年联合国的181号决议——分治决议。当时，在巴勒斯坦有120万阿拉伯人，60万犹太人，阿拉伯人比犹太人多一倍，而且阿拉伯人在巴勒斯坦居住在94%的地区，犹太人居住区只占6%。但是181号决议最后划分给犹太人的土地占到了57%，给阿拉伯的土地只占43%，而且给犹太人的土地都是靠近沿海的肥沃土地，而给阿拉伯人的土地则分成两块，首尾不能相连。所以这个协议一公布出来，马上就引发了阿拉伯世界的激烈反应，说如果这么干的话，那就一定会导致战争——阿拉伯人放话了，因为这太不公平了。

四、第一次中东战争爆发：阿拉伯人多势众却不敌区区以色列

1948年5月14日，这是一个重要的日子，这一天是英国人在巴勒斯坦统治的最后一天，他们即将撤走。他们撤走的当天也就是以色列的诞生日。同时，这一天也是中东和平的最后一天，因为隔天就爆发了第一次中东战争。可能很多人都很了解这段历史，但是一直想不通一个道理：犹太人在以色列的全部人口不过60万，一开始当兵的也就两三万人，最多的时候也就10万人，这么多阿拉伯国家怎么会打不过以色列呢？

这中间有一个重要的原因就是，由于我们不太了解中东的历史，所以没有看透这中间的问题出在什么地方。阿拉伯联盟失败的最重要原因，

就是因为内部不团结。当时出兵的有 5 个主要的阿拉伯国家，分别为埃及、约旦、黎巴嫩、叙利亚和伊拉克。这五国联军在理论上的兵员号称有 16 万大军，沙特说我也要出兵，要支持伟大的事业，沙特给了 4 万人，所以加在一起，阿拉伯联军号称是 20 万大军，当然这只是理论上来说，实际上没有这么多。

但是，最后阿拉伯人却被以色列打得一败涂地。经过这场战争之后，本来联合国划分给以色列的土地占 57%，结果 80% 的巴勒斯坦都被以色列占领了。

1. 三大股阿拉伯势力无法团结一致

要搞清楚阿拉伯联盟为何内部不团结，我们应该首先来分析一下阿拉伯势力的几大块力量。

当年阿拉伯世界中的老大是埃及，地位类似于现在的沙特。为什么是埃及？因为埃及人口多，是数千万人口的大国，而且是最早进行西化改革的阿拉伯国家。在 19 世纪的时候，埃及的改革应该说在伊斯兰世界中是最成功的，国力发展很快，实力甚至超过了奥斯曼帝国，虽然奥斯曼帝国是埃及名义上的宗主国，但是真正打起来的话，奥斯曼帝国不是埃及的对手。如果不是当年列强拉着，埃及军队险些灭掉奥斯曼帝国统一阿拉伯世界。当然最后埃及还是没打过英国，被英国制服了，那是后话。不过，在

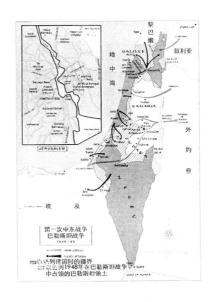

第一次中东战争 – 巴勒斯坦战争：由联合国第 181 号决议引起的矛盾，从 1948 年 5 月 15 日凌晨开始（冲突从 1947 年 11 月开始），为争夺巴勒斯坦地区，以色列和阿拉伯国家之间发生了大规模的战争

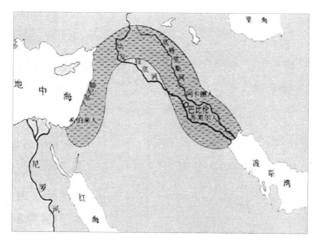

新月沃土地区，约旦和伊拉克两兄弟分别都有统一新月地区阿拉伯五国的想法

中东战争爆发的时代，埃及仍然是阿拉伯世界中首屈一指的强国。

阿拉伯世界的老二就是哈希姆王朝。哈希姆王朝是由约旦和伊拉克两国组成的。约旦国王阿卜杜勒的想法是通过这场战争，吞并巴勒斯坦的领土，占得越多越好，然后以此为跳板，再吞并黎巴嫩和叙利亚。他的梦想是要建立一个包括叙利亚、黎巴嫩、巴勒斯坦和约旦在内的大叙利亚国家。当然，作为约旦的兄弟，伊拉克也有自己的想法——它想建立一个新月形的阿拉伯五国联盟，由伊拉克、叙利亚、黎巴嫩、巴勒斯坦和约旦组成，其中，伊拉克作为领袖，亲兄弟明算账。这说明，俩兄弟分别都有统一新月地区阿拉伯五国的想法。如果哈希姆家族两兄弟的力量合在一起，他们的实力在整个阿拉伯国家里应该排第二。

那么老三是谁？就是沙特。沙特跟哈希姆家族是有世仇的，当年沙特把这两个国王的父亲——老国王侯赛因给赶跑了，还抢了他们的圣城——麦加和麦地那，而且还把人家世袭这两个地方的看守地位也剥夺了，这样一来，沙特国王跟哈希姆家族之间就结下了不共戴天之仇。如果约旦和伊拉克这两个国家要合在一起，那对沙特是非常不利的。所以沙特对哈希姆王朝的崛起是非常警惕的。不仅沙特警惕，埃及也很警惕。

一个好端端的阿拉伯世界被分裂成了三大股势力，这三大股势力还各有各的想法，彼此之间是相互防范的，所以在联盟打仗的时候怎么能协调一致？怎么能同心同德地去对付以色列呢？

2. 阿拉伯国家参战各怀目的

我们再来看看战争中发生了什么。战争中，约旦的主要目的就是为了抢夺约旦河西岸的巴勒斯坦领土。为了达到这个目的，约旦不惜跟以色列事先暗中勾结，只要让约旦占领约旦河西岸，约旦就承认联合国的181号协议——分治协议，还可以承认以色列的合法存在。以色列一听这事好，至少还拉住一个不是死对头的国家，这两家实际上已经有秘密协议了。

埃及参战的主要目的与其说是打以色列，不如说是防止哈希姆王朝的崛起。每个国家的动机都不单纯。沙特跟巴勒斯坦中间隔着约旦，没有直接接壤，沙特觉得这事打成打不成对自己的好处都不是太大，我为什么要出兵给别人做嫁衣裳呢？所以沙特答应给4万人，结果从1948年的5月打到10月，沙特才派去了700多人，只是象征性地出了点儿兵。

叙利亚参战也有自己的目的，叙利亚特别担心约旦国王吞并了约旦河西岸的巴勒斯坦地区之后，下一个要灭的就是他了。所以他结盟的国家是埃及和沙特，他不跟约旦结盟，也不跟伊拉克结盟，甚至还跟约旦军队作战，整个阿拉伯地区几个国家之间都打乱套了。每个国家都有自己的想法，这还怎么打仗？这就是阿拉伯联军失败的最重要的原因。这是一个非常可悲的现象，20万大军，其实真正能到达前线的只有几万人而已；而犹太人一开始只有两三万人，但是越打越强，最后打到了10万大军。实际上，在很多次战斗中，以色列人是占着人数上风的，而就组织和作战能力而言，犹太人就更强了。对于阿拉伯国家来讲，这场惨败是一个深刻的教训，如果阿拉伯世界不统一协调起来，将很难打赢以色列。

约旦参战的主要目的就是为了抢夺约旦河西岸的巴勒斯坦领土

五、被抛弃的巴勒斯坦难民

在历次中东战争中，最悲惨的是谁？是巴勒斯坦难民。没有一个阿拉伯大国是真正考虑他们的利益和需求的。

1948年战争一爆发，巴勒斯坦几十万人流离失所，跑到各个国家边境上的难民营里待着，以为战争结束之后就可以返乡，重新开始正常生活。但战争结束后，以色列不同意他们返乡。从1948年开始，这个问题一直拖到现在，已经有六七十年了。

历次中东战争的结果，使巴勒斯坦的难民已达到300万—400万人。我们可以想象一下，本来以色列一共才800万人，如果这300万—400万人都返回故乡的话，以色列的人口比例就会发生重大变化，犹太人就可能成为少数民族。其他的几个阿拉伯国家也是没有一个国家愿意接受这些难民。

这几百万人几十年来就蹲在难民营里头，像现在年轻人所说的创业、发财致富，跟这些难民营里面巴勒斯坦的年轻人一点关系都没有，他们

贾拉佐尼（Jalazone）难民营，位于约旦河西岸城市拉姆安拉以北，由联合国1951年建立，用于安置因以色列建国而失去家园的巴勒斯坦难民

从生到死就一直住到难民营里面，有很多人从来没有走出过难民营。

换位思考一下，如果你是生活在难民营里的一个巴勒斯坦年轻人，你会有什么想法？你会觉得完全绝望，没有任何希望。所以，那里成了恐怖主义的温床。各个恐怖主义组织都到难民营去招人，一招一个准，谁不想拼命？这种生活有什么意思？活着还有什么价值？这是巴勒斯坦难民最悲惨的现状，对生活彻底绝望。

回过头来看以色列和阿拉伯两种民族主义，如果做一个对比你会发现，从建国以来，以色列一直在全世界征召犹太人移民回以色列，甚至中国的很多河南人也移民到了以色列。为什么？只要你有犹太血统，或者你母亲是犹太裔，或者你已经皈依了犹太教，都可以移民去以色列。不管你生活在世界的哪个角落，只要是犹太人，以色列都会接收。但是阿拉伯国家的情况是，没有一个阿拉伯大国愿意接受巴勒斯坦难民，可见，阿拉伯国家的民族主义从一开始就处在相对不利的位置上。

06 ▶

以色列全民皆兵

　　以色列建国初期，面临着内忧外患的重重困难，以色列的领导者通过社会主义的经济改革稳固了新生的国家政权，而团结一致的以色列安全体系更是有效地抵抗了来自外界的频频入侵。关于以色列立足中东不败之谜，本章内容将为您一一讲解。

一、以色列的安全体系无懈可击

对于以色列而言，第一次中东战争是他们的独立战争，犹太人经过了近 2000 年的大流散，终于建立了自己的国家，而且成功地将其发展成了一个现代化国家。经济体系完成了工业化和信息化，整个国家的运行效率非常高，组织严密，动员能力强大。

1. 以色列航空的超级安检

在这里，我举个例子进行说明。我的一个朋友是专门做网络安全的，当年在美国创办了自己的企业，在美国互联网界也赫赫有名。他有一次跟我讲了一个故事，几年前他去以色列，坐的是以色列航空，大家都知道以色列航空是全世界最安全的航空公司，从来没有出过任何事故。以色列航空对安检有非常高的要求，每个乘客必须提前四个半小时到达机场进行安检。他按要求提前了四个半小时到了机场，以航的安检果然比正常安检严很多。历经千辛万苦终于检查完所有东西，在上飞机之前，他又被一个高大威猛的人堵住了，看起来很像传说中的"摩萨德"。"摩萨德"开始盘问，去以色列的目的，他就说去以色列是参加一个会议，顺便考察以色列的高科技公司。然后"摩萨德"接着问是从事什么行业的，他回答是做网络安全的。"摩萨德"居然锲而不舍地追问了无数技术细节，我这个朋友大吃一惊，没想到以色列安全人员对网络安全的技术问题都如此了解。

CheckPoint，全称 CheckPoint 软件技术有限公司，成立于1993年，总部位于美国加利福尼亚州红木城，国际总部位于以色列莱莫干市，全球首屈一指的互联网安全解决方案供应商

世界上第一批写计算机病毒程序的黑客之一、以色列的天才程序员尼尔·祖克 (NirZuk)

盘问了了十几分钟，"摩萨德"竟然还没完事，他说既然你是搞网络安全的，那么我们以色列的公司你了解吗？我朋友说当然了解，你们最大的网络安全公司 Check Point 是我的主要竞争对手。"摩萨德"说既然你知道这家公司，那你知道这家公司里有个人叫尼尔·祖克吗？朋友说跟他很熟。尼尔·祖克是世界上第一批写计算机病毒程序的黑客，是以色列的一个天才程序员，现在是以色列家喻户晓的 IT 英雄，公司在纽约上市即创下了 120 亿美元的天价，尼尔·祖克在美国时，曾是朋友的下属，这次到以色列就是会见此人。

那个安检人员一听朋友认识尼尔·祖克，就说你现在就给尼尔·祖克打一个电话，朋友一看时间，是以色列的半夜三点钟，就说现在给人家打电话不太礼貌吧？"摩萨德"可不管这一套，只说请你配合我们的工作。朋友没办法，只能拨通尼尔·祖克的电话，结果电话一拨对方马上就接了，说早就料到上飞机安检一定会被盘查，所以手机压根就没关，一直在等盘查电话。这让我的朋友大吃一惊，真没想到，以色列全民上下对安全检查如此重视，想起来还有点吓人。在整个谈话过程中，只要有一个细节对不上，就会陷入大麻烦。

最后总算上了飞机，过了一会儿，"摩萨德"过来给乘客分发水，我朋友问，你不是以色列安全部门的人员吗，怎么会上来给我们送水呢？这个人笑着说自己不是安全人员，只是一个普通的空中客服人员。这一惊可非同小可，一个普通的服务员怎么会问这么多问题，还问得那么细。那个人回答，因为我的命跟这架飞机的安全是绑在一起的，如果我的安检工作出了疏漏，我就会跟这飞机一块儿栽下去。

以色列摩萨德，全称为以色列情报和特殊使命局，与美国中央情报局、英国军情六处、俄罗斯联邦安全局（克格勃）一起，并称为"世界四大情报组织"

这件事情说明，以色列的安全工作不是靠某个人尽心尽力，它是一个高效运转的完善体系。不只是某个安检人员勤勤恳恳，做事认真，而是类似尼尔·祖克一样在以色列很牛的人，也会不关机等着安检盘查电话，这是很惊人的。它说明以色列整个国家的人都对这套安全体系非常熟悉，而且相当配合。

2. 以色列大使馆请我去喝茶？

其实，关于以色列安检我自己也有亲身体会。以色列安检不仅是上飞机的时候要做安检，其实上飞机之前就已经开始安检了。2015年5月18日，我在微博上发了一个消息，说我6月份要去以色列。发出这个微博之后，不到5分钟时间，马上收到了一封以色列大使馆发来的私信。私信中说，宋先生，很高兴您要到以色列来访问，我们非常欢迎，那么您到以色列后的行程是怎样的，什么时候启程，如果您在以色列要做一些调研工作的话需要我们帮忙做些什么配合，你要有空能不能到我们以色列大使馆来喝喝茶。这说明，在我还没动身的时候，甚至连机票都还没定，只是表达了一个要去以色列的意愿，5 分钟之内就被以色列大使馆发现了，这当然不是人工所能做到的，很可能是高度的人工智能的程序在扫描微博信息。

我去过这么多国家，有发达国家、也有发展中国家，从来没有遇到过这种事。以色列大使馆的效率侧面反映了整个国家运作的效率。

二、以色列建国初的中东劲敌——埃及

以色列刚成立就陷入了五个阿拉伯国家联军的围攻，以色列之所以能够打败对手，组织严密和动员能力强大是关键因素。反过来看，阿拉伯国家之间的内部矛盾重重，打仗不齐心，这是失败的根源。

埃及的第二任总统纳赛尔，被认为是历史上最重要的埃及领导人之一

从 20 世纪 50 年代以色列建国初期直到 20 世纪 70 年代的 30 年间，以色列最危险的对手就是埃及。埃及是阿拉伯世界的盟主，沙特那时还不行。

埃及是阿拉伯国家中人口最多的大国，而且它西化的时间最早，从 19 世纪就已经开始了西化，而且发展得非常深入。因为那时埃及出了一个非常了不起的人物——纳赛尔，而导致纳赛尔上台的一个重要原因就是第一次中东战争，埃及和阿拉伯国家的联军被刚刚成立的以色列所击败，这对阿拉伯世界是一个奇耻大辱。

　　自从伊斯兰教兴起的 1300 多年来，阿拉伯人始终有一种优越感。因为在中东地区的犹太人一直都是被穆斯林统治的臣民，非常老实听话，所以阿拉伯人一贯认为，犹太人做做生意，倒腾点高利贷还行，要说打仗，怎么可能是骁勇善战的阿拉伯人的对手呢？结果，刚建国、人口只有 60 万的以色列却战胜了人口是它几十倍的周围阿拉伯国家。这次惨败深深地刺激了阿拉伯人的自尊。

　　这种刺激的程度可以与 1894 年的甲午战争日本打败清朝相比。当时大清国也是举国沸腾，打不过西洋人大家还想得通，可是打不过小日本就对中国人的刺激太大了，这导致了中国现代民族主义意识的崛起和民族主义的觉醒，孙中山提出了"驱除鞑虏，恢复中华"的革命口号，清王朝的垮台就是中国现代民族主义觉醒的必然结果。

　　1952 年，埃及出现的情况也是一样。阿拉伯人的民族主义被第一次中东战争的惨败所激发，直接导致了埃及的法鲁克国王被推翻。1954 年，纳赛尔登上了中东的历史舞台。

　　纳赛尔一上台，就提出了自己的一整套思想体系，也就是我们现在所说的纳赛尔主义或者泛阿拉伯主义。他高举反帝反封建的民族主义大旗，立志要把阿拉伯世界统一起来，抗击西方列强对中东的支配。纳赛尔把以色列建国看成是西方强加在阿拉伯人身上的殖民枷锁，阿拉伯人要获得完全的独立，就必须团结起来，与以色列开战，把西方势力彻底赶出中东地区。这就是泛阿拉伯主义的兴起。

　　阿拉伯人以前是没有这种高度的民族主义意识的，也没有这样的视野。一听纳赛尔的理论体系，耳目一新、心明眼亮，都觉得纳赛尔说得对，都要跟着他走，所以纳赛尔提出的泛阿拉伯主义在整个中东世界就形成了一种巨大的思想潮流。中东各个国家的年轻人，尤其是年轻军官，非常向往和追随纳赛尔的这套思想体系。特别是许多巴勒斯坦人，把纳赛尔看成他们的救星，他将带领大家重回家园，就像萨拉丁在 1187 年将十字军赶出耶路撒冷一样。

　　以色列对纳赛尔的号召力非常担心，纳赛尔的泛阿拉伯主义在巴勒斯坦、叙利亚和黎巴嫩受到热烈追捧，就连沙特、约旦和伊拉克的国王们也难以抗拒纳赛尔的影响力，这些人虽然不喜欢反封建的口号，但对于赶走西方势力，打败以色列还是支持的。如果纳赛尔完成对阿拉伯力量的整合，那可是以色列最大的噩梦。

三、建国初期以色列艰苦奋斗

建国初期的以色列困难重重，虽然赢得了独立战争，但国家经济却濒临破产。阿拉伯国家对刚建国的以色列进行严密的经济封锁，连接周边国家的铁路公路全被切断，进出以色列的飞机不能飞越阿拉伯国家的领空，以色列的船只不能通过苏伊士运河，也不能停靠阿拉伯港口，埃及还封锁了以色列的一个主要出海口——亚喀巴湾，阻绝了以色列与亚洲和非洲的海上贸易。除此之外，不仅周边国家都不与以色列通商，甚至在以色列经营的外国公司在阿拉伯国家都受到抵制。因此以色列刚建国就面临着巨大的经济困难。

在这么困难的情况下，以色列仍然接受来自世界各地的大量犹太新移民，很多犹太移民都是二战后从欧洲集中营里面跑过去的。还有相当多的人是被巴勒斯坦和伊拉克等阿拉

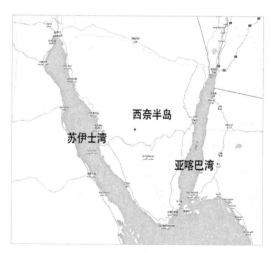

亚喀巴湾是红海的一个海湾，位于西奈半岛以东，阿拉伯大陆以西，靠近的国家有埃及、以色列、约旦和沙特阿拉伯

伯国家赶出来的犹太人，光是这批人就多达 60 万，相当于以色列建国初犹太人口的总和，建国一两年之内来了这么多人，仅安置就是个大问题，就业问题就更是雪上加霜了。当然，对以色列人而言，生存高于一切，新移民可以迅速增加人口，强化军队的实力。

一边要备战，一边要抓生产，同时还要接纳如此众多的移民，解决移民的安置和就业问题。这就导致了以色列政府赤字太大，入不敷出，货币严重贬值。这时以色列想要生存，就必须依赖三大外援：首先是美国政府的援助；二是世界各国犹太人的捐款援助；三是西德政府的巨额战争赔款。如果没有了这些强大的外援，以色列在建国初期的经济困境中恐怕很难生存下来。

中国人常说，"救急不救穷"，也就是说援助固然重要，但长期发展还是要靠自己。以色列站住脚跟之后，就把大量的援助资金投入到现代化经济发展的重要基础上，对交通、港口、水利、电力、通讯等领域进行大规模扩建和技术更新。以色列在巴勒斯坦地区，在二战之前几乎是没有工业的，只有一些简单的农具修理，那都是上不了台面的。二战时，巴勒斯坦作为英美盟军的一个供应基地，开始发展供应盟军的纺织、服装、食品等产业，有了这些基础，以色列在建国的前十几年重点发展轻工业，如食品加工、纺织、家具、化肥、制药、橡胶、塑料、五金制品，这些都是投资少、见效快，可以大量吸纳就业的领域。

总之，以色列的思路就是尽快增强经济实力，减少对外援的依赖。大量的投资和高素质人才造就了以色列的经济奇迹，在头 25 年里，以色列经济增长率平均高达 10%，与日本、西德并驾齐驱。

这是由于以色列时刻面临着战争危险，不优先发展重工业怎么应付打仗呢？其实犹太人把这个问题想得很透，虽然犹太人的素质很高，但当时，以色列的人口才一两百万，资源贫乏，国土狭小，国内市场不够，所以发展重化工业没有条件，这叫因地制宜。至于先进武器和军事装备，打起仗来就靠美国的军事援助。这也是以色列比较高明的地方，它没有优先发展重工业，而是选择轻工业使经济很快复苏，国家富裕起来了，只要有了钱，就可以出口，只要有了外汇，就能换武器，这是以色列人非常现实主义的一种态度。

四、没有宪法，没有国教的社会主义共和国

在政治制度上，以色列建国初期有四大特点：它是一个没有宪法、没有国教、没有上帝的社会主义共和国。

1. 明确的政教分离和社会主义性质的经济制度

大家看到这儿可能会觉得很奇怪，一个国家居然没有宪法，这是怎么回事呢？其实犹太人的精神宪法是他们的《圣经》，那是人与神定下的契

以色列国父戴维·本·古里安

约，比人与人定的契约可靠多了，他们认为自己根本不需要普通宪法。这是他们的传统。这可能也是所有民主国家中唯一的特例。

其次，以色列为什么还没有国教和上帝呢？虽然犹太人是非常信仰犹太教的，但是这个问题跟政治不是一回事，所以国教和上帝要与政治分开，即政教分离。从以色列的建国者们来看，如本·古里安和他的追随者们，在他们的私生活中，他们都不信仰犹太教，也并不遵守全部犹太律法，他们叫世俗犹太人。他们从建国之初就已经把现代国家的构架想清楚了，就是政教要彻底分

开，绝不允许宗教干预政治。宗教的拉比不能插手国家的决策和权力。以色列的《独立宣言》中也没有提到上帝。以色列有 800 万人口，信仰犹太教的正统犹太人大约有 100 万人，不过才占总人口的八分之一，绝大部分犹太人都是世俗犹太人，政教分离是现代国家的核心原则。

最后，说以色列是社会主义是指以色列经济的社会主义性质。在它的经济体系中，国有比例的经济成分非常高。以色列搞的是一套混合经济模式，即国家控制、合作经营和私人经营（普通企业一般为私营）相结合，国有经济为主导，合营经济、私营经济为次要。在有关国计民生的重要领域，如自然资源、国防军工、公路铁路、邮电通信、银行、电力、农田排灌、水利、绿化等，均由国家垄断。很明显，在强敌环伺的外部环境下，政府不垄断关键性的经济资源，是难以进行战争和军事动员的，国家也就无法生存。在以色列建国之初，其社会主义特点非常明显。

2. 以色列的基布兹：社会主义特色的集体农庄

在农业领域，以色列也明显具有社会主义特色，犹太人创造了一种社会主义模式——基布兹。

"基布兹"在希伯来语中的意思就是"集体"，它很像中国 20 世纪六七十年代的人民公社，一切生产资料归集体所有，任何人都没有私人财产，吃饭就吃大锅饭。儿童抚养全部是上公共的幼儿园，一切的社会活动全部是在集体的活动中进行。

他们的分配原则就是各尽所能，各取所需，这是典型的社会主义原则。大家可能会觉得很奇怪，为什么以色列会实行"人民公社"这样性质的制度呢？其实，以色列搞"人民公社"是有历史渊源的。这套体系就是以色列的犹太人发明的。早在 1909 年，俄罗斯已经有很多人具有共产主义思想了。而以色列的很多犹太移民是从俄罗斯过来的，所以他们就在以色列创建了基布兹这样的集体农庄，到现在已经发展了 100 多年了。很多基布兹现在非常有钱，而没有像中国的人民公社一样走向了失

以色列基布兹所发明的先进滴灌技术

败。比如以色列先进的滴灌技术，这个技术就是基布兹研究、发明和创造出来的，已经在全世界已经赚了很多钱了。

基布兹对于吸收大量犹太新移民起到了重大作用。二战以后，很多犹太人从集中营里被救出来，也就是从死人堆里爬出来，他们的亲人全部死光了，就剩自己了。历尽千辛万苦到了以色列，参加了基布兹之后，他们觉得自己每多活一天都是上帝的恩赐，所以带有一种强烈的感恩心态。他们虽然已经没有了任何亲人，但是能跟大家生活在一起，跟集体生活在一起，让他们觉得幸福感很强烈，这就是基布兹跟中国人民公社截然不同的地方。

在以色列建国之初，大量的犹太移民进入，跟当地的阿拉伯人产生了激烈的冲突，甚至发生军事冲突。所以为了保护自己，遍布各地的基布兹成员组建了哈加纳，这是一种准军事组织，然后他们把分散的指挥权集中起来，成立了最高司令部和参谋部等机构，后来发展成了以色列的国防军。哈加纳的战斗力非常强大，有2.5万作战人员。而且在这些基布兹成员组成的军队里，有大量人员是来自苏联的移民，因为斯大林一度相信这可以把以色列变成苏联在中东的社会主义桥头堡。为了强化其战斗力，苏联曾鼓励本国参加过二战的犹太人老兵举家移民以色列。在哈加纳拥有的2.5万战斗人员中，苏联裔占到了1/3。

在哈加纳中，像坦克兵、炮兵、飞行队等这样的专业兵种都是苏联裔犹太人，他们工作中只能用俄语交流。在第一次中东战争中，阿拉伯人以为他们是在与犹太农夫作战，其实，他们遭遇的很可能是身经百战的苏联正规军，只不过是换了身军装罢了。

五、对付纳赛尔，围绕苏伊士运河的博弈

经过前十年的发展，以色列终于站住了脚跟，经济有所发展，政治基本稳定，国防力量初具规模。经济上去了，政治稳定了，实力也增强了，再加上欧美的军事援助，以色列开始准备收拾埃及这个最危险的对手。当时纳赛尔的发展势头非常猛，再发展下去将会对以色列构成重大威胁。

1. 纳赛尔苏伊士运河国有化惹怒英法

1956 年，以色列人等待的时机成熟了。纳赛尔宣布将苏伊士运河国有化，这激怒了英国和法国。

苏伊士运河一直是英国的生命线，连接着它的东方殖民地和英国本土，虽然大英帝国散架了，但是英国、法国以及欧洲其他很多国家的石油从中东波斯湾运过去必须经过苏伊士运河。所以，对英国来说，苏伊士运河战略地位极其重要。

苏伊士运河属于苏伊士运河公司，19 世纪初，埃及人搞改革开放的时候，政府就开始投资，兴建了苏伊士运河。但是 19 世纪中叶，埃及的财政陷入了困境，政府只能抛售苏伊士运河的股份，这些股份就被英国和欧洲的投资人给买下了。收购苏伊士运河的大规模交易是由罗斯柴尔德家族主持的，罗斯柴尔德家族也是因为这件事情在英国变得非常有名。

因此，苏伊士运河的主要股东是英法投资人。自 1869 年通航以来，

阿斯旺水电站，位于埃及境内的尼罗河干流上

公司收入的绝大部分一直流向欧洲，埃及人并没有得到什么好处。纳赛尔上台之后，对这个事情非常不满。这时，纳赛尔也在搞基础设施建设，最大的工程就是阿斯旺水电站，本来说好了美国提供贷款，但美国后来反悔了。因为美国发现纳赛尔的独立性太强，他要是把埃及发展起来，很有可能会脱离美国的控制，所以在1950年，美国突然宣布不给他们投钱了，让他们自己想办法。这逼得纳赛尔决定将苏伊士运河国有化，用运河收入来补贴阿斯旺水电站的建设。

纳赛尔和阿拉伯人的观点是，埃及已经独立，运河本来就在埃及的领土上，英法已经赚了80多年的钱，英、法通过苏伊士运河得到的利润早就够开发运河好多倍的收益了，它们早就捞够了，现在该补偿英国殖民埃及这么多年给埃及造成的痛苦了。但英国人、法国人一听就急了，合同就是合同，当年是因为你们埃及无能，所以我们把你殖民了，合同到今天必须仍然有效。你现在如果敢对苏伊士运河进行国有化，我还揍你，这就是1956年法国和英国的态度。当然对英法的态度，所有阿拉伯世界都非常愤怒，战争一触即发。

2. 第二次中东战争：以色列联手英法企图推翻纳赛尔政府

以色列发现这是个出手的好机会。于是就跟英法联手，英法抢运河，以色列拿下西奈半岛，双方两面夹攻，纳赛尔非垮台不可，从此除掉这个心腹大患。这就是1956年的第二次中东战争的国际背景。

英法联合出兵占领了赛德港，并控制了运河地区；以色列占领了埃及的西奈半岛。埃及又被打败了，阿拉伯人简直愤怒到了极点，二战都结束十年了，殖民帝国和它们的帮凶还如此猖獗，公然侵略主权国家。让以色列大跌眼镜的是纳赛尔非但没有垮台，反而成了阿拉伯世界的超级英雄，因为他是第一个敢于以武力对抗帝国主义侵略的阿拉伯领导人。这次战争纳赛尔虽然在军事上打败

第二次中东战争，又称苏伊士运河战争，英法为夺得苏伊士运河的控制权，与以色列联合，于1956年10月29日，对埃及发动的军事行动，英法以三国的行动遭到国际社会的普遍指责，美苏两国均介入此事件，并对三国施加压力

了，但政治上却打了个大胜仗，整个阿拉伯世界为他沸腾了。

最后，美国觉得再闹下去恐怕不好收场了。因为如果阿拉伯世界全部反对英、法，这会连带着使他们敌视整个西方。而且中东可能集体倒向苏联，影响全球战略布局。美国不惜采取经济制裁的手段警告英国收兵，最后，英法以三国被迫罢手。

3. 纳赛尔成中东政治灯塔

纳赛尔成功地收回了运河，赶走了西方势力，人气爆表，在整个中东的声望和地位都得到了空前的提高。在国际上，纳赛尔与印度总理尼赫鲁、南斯拉夫总统铁托共同发起了著名的不结盟运动，成为第三世界声名赫赫的领袖。

第二次中东战争之后，泛阿拉伯主义的情绪空前高涨，反帝反封建的呼声席卷中东。1957年，约旦一批少壮派军官发动兵变，围攻了约旦

不结盟运动是一个松散的国际组织，它成立于冷战时期的 1961 年 9 月，其成员国奉行独立自主、不与美苏两个超级大国中的任何一个结盟的外交政策

国王侯赛因的王宫，准备废除王朝，建立共和制度，这些人全都是纳赛尔的铁杆粉丝。亲西方的约旦国王侯赛因差点被军事政变推翻。约旦的领土完整是美国的核心利益，美国是不会让约旦王朝统治被推翻的。

不过，1958 年，伊拉克的军事政变却成功了，国王被一批年轻的军官枪毙了，伊拉克成了共和国。约旦和伊拉克国王本是兄弟，都是先知穆罕默德的直系血脉，哈希姆王朝曾经一度是中东三大势力之一，现在算是彻底歇菜了。阿拉伯世界只剩埃及和沙特双雄并立。

此时，纳赛尔和泛阿拉伯主义的影响力达到了巅峰。1958 年，叙利亚全民公决，决定与埃及合并，成立一个阿拉伯联合共和国，两国人民几乎一致选举纳赛尔担任新国家的总统。纳赛尔斗争取得的巨大成绩，使他成为了整个中东的灯塔和灵魂人物。叙利亚开了先例之后，也门也加入进来，于是国名更改为"阿拉伯合众国"，连伊拉克都跃跃欲试。这是一个翻天覆地的变化，阿拉伯人真的差一点就实现了超级民族主义大团结。

4. 纳赛尔险遭沙特刺杀

伊拉克的哈希姆王朝已经垮掉，约旦国王也自身难保，现在的中东阿拉伯世界已经变成了埃及和沙特的两强相争。沙特国王看埃及的势头太猛了，像他们这种革命性如此强的政府，如果在中东得势的话，随时都有可能颠覆沙特王朝。作为先知后裔的伊拉克国王都被抓起来毙了，如果沙特也闹革命，沙特王室能有什么好下场？所以沙特国王就要破坏纳赛尔统一阿拉伯世界的努力。

1953 年，伊本·沙特老国王去世后，他在世的长子沙特即位。这个新国王对纳赛尔的影响力非常嫉妒。他曾经贿赂叙利亚的一个部长，让他暗杀纳赛尔，以破坏埃及与叙利亚的统一，这就是谋杀纳赛尔事件。这个消息曝光后在阿拉伯世界掀起一片痛骂，甚至可能威

老国王伊本·沙特的长子沙特·本·阿卜杜勒·阿齐兹

胁到沙特王室的生存，沙特王公们赶紧迫使国王交出权力，由他的弟弟费萨尔摄政。六年之后，沙特国王被废，弟弟费萨尔继承大统。

六、阿拉伯合众国终成泡影

费萨尔国王虽然表面上对纳赛尔很尊重，承认纳赛尔是革命灯塔，沙特也支持纳赛尔。但是，沙特不准备加入阿拉伯合众国，就连新生的伊拉克政府最后也没有加入。这是为什么呢？当然是利益——巨大的石油利益让阿拉伯人在最接近统一的时候却轰然崩溃了。

泛阿拉伯主义强调阿拉伯人必须实现政治统一，才能增加在世界上的财富和权势。纳赛尔认为，在阿拉伯国家历史上，中东地区本来是一个完整的联合体，帝国主义和王朝斗争，将阿拉伯人肢解为 12 个国家，由于分崩离析，阿拉伯人才会在 1948 年失去巴勒斯坦，而且一直遭受外国阴谋的侵害。如果阿拉伯国家想要重新崛起，就必须完成政治上的统

沙特阿拉伯第三位国王兼首相费萨尔·本·阿卜杜勒·阿齐兹·阿勒沙特

一。少数世袭君主和外国公司控制了阿拉伯世界的石油收益，这些钱本该由阿拉伯人所共享。如果不推翻这些封建王权的话，阿拉伯世界的统一进程就难以推动。

这种观点当然吓坏了海湾国家的国王们，他们指责纳赛尔要推行埃及帝国主义，企图控制其他国家，为自己捞好处。其实，本质上这就是石油利益的问题。闹革命的这些国家，像埃及、叙利亚和也门，都是贫油国，也不是说他们没有石油，而是他们的石油跟中东的其他大国相比太少了；而海湾国家，如伊拉克、沙特以及其他国家，都是富油国，有大量的石油收入。如果说他们要搞合并，变成一个阿拉伯合众国的话，那就等于是把富油国的石油收入平分给这些穷阿拉伯兄弟们，而国王们凭什么愿意共享呢？

1958年，纳赛尔的泛阿拉伯主义革命到了高峰期，但也遭遇了一股强大的逆流。阿拉伯合众国本身是一种主义，但石油利益更是一种本能。当主义跟本能发生矛盾时，本能往往会战胜主义。

07 ▶

埃及沙特抢夺中东老大

　　在前两次的中东战争失利之后，本应同仇敌忾的阿拉伯民族，却再次陷入了不同利益国家的矛盾纠纷之中，埃及领袖纳赛尔主导的泛阿拉伯民族主义运动引起了部分王权国家的担忧，埃及和沙特围绕阿拉伯世界老大的地位率领各自的阵营展开了较量。本章内容将为你讲述鲜为人知的阿拉伯盟主争夺战。

一、革命的埃及 VS 保守的沙特: 阿拉伯新格局的形成

1956 年的第二次中东战争催化出泛阿拉伯主义的巅峰时代, 这就是阿拉伯合众国的诞生。不过好景不长, 巨大的石油利益很快就瓦解了阿拉伯世界的凝聚力。其中, 埃及与沙特的矛盾日益恶化, 双方甚至发展到兵戎相见的程度。

1. 埃及与沙特的对垒: 也门内战的历史根源

1962 年, 也门爆发政变, 一群少壮派军官在纳赛尔主义的感召下, 推翻了君主政体, 宣布建立共和国。

纳赛尔非常振奋, 他一贯认为阿拉伯的世袭君主们为了自己的私利, 阻碍阿拉伯世界的政治统一, 他不仅要对外反帝, 同时还要对内反封建, 每推翻一个君主政体, 纳赛尔就欢欣鼓舞。

不过, 也门的巴瑞德王子并没有被杀死, 而是逃到了山区, 当地保皇派的部落仍然效忠于他们的伊玛目。他们继续支持巴瑞德王子进一步跟新政府斗争, 双方发

阿卜杜拉·萨拉勒, 1962 年推翻巴德尔王朝的 "九·二六" 革命领导人, 也门共和体制的缔造者

生了激烈的内战。这就是现在也门内战的历史根源。

　　沙特对此非常紧张，生怕在自己的南部边界出现一个纳赛尔式革命性的共和国，所以大力支持巴瑞德王子。纳赛尔则派遣了埃及的精锐部队进入也门支持新政府。于是，沙特和埃及进行了长达5年的代理人战争，一直打到1967年的第三次中东战争爆发前夕。

2. 革命高于一切的时代

　　巴瑞德政府其实是什叶派，而造反的军官是逊尼派，沙特当然是逊尼派，那么，沙特国王居然去支持一个什叶派的国王，而反对逊尼派的叛乱者，这在今天看来简直不可思议。这说明一个问题，在20世纪五六十年代，当民族主义革命的精神席卷整个中东的时候，阿拉伯民族主义的情绪完全压倒了宗教派系的矛盾，当时的主要矛盾是保守的沙特与革命的埃及之间的矛盾。

　　这些年轻军官根本不管你是什叶派还是逊尼派，这都不重要，他们就要革命，要推翻王朝统治、推翻帝国主义，这是当时整个中东社会的普遍思潮。在这种强大思潮面前，所有的宗教派别以及其他各派根本就没有发言的余地。

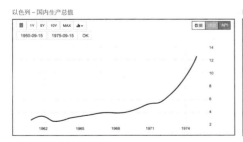

1950–1975 年以色列国内生产总值

1950–1975 年以色列人均国内生产总值

二、不掺和也门内战，以色列的经济发展迅猛

在纳赛尔闹革命时，以色列却在埋头抓生产。从 1950 — 1955 年，也就是建国的头五年，以色列经济增长率高达 15%，在之后的 15 年里保持了近 10% 的增长率。以色列的人均收入在 1950 年时仅为美国的 25%，到 1970 年时已经达到美国的 60%，这说明以色列不仅实现了经济规模的巨大飞跃，而且经济质量也大幅提高了。

1. 头 25 年，以色列政府主导经济模式创造奇迹

以色列在现代国家建设中创造了一个真正的奇迹，不仅是经济规模的空前扩张，同时人均收入的增长也代表以色列经济增长的质量得到了大幅提升。

创造这 20 年经济奇迹的主要原因有两个。第一，犹太人有着非常高的劳动力素质。众所周知，犹太人自古以来非常重视教育，强调读书的

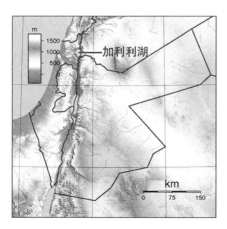

以色列北部有加利利湖，所以降水量比较多；而南方是沙漠地区，较为干旱

重要性，所以犹太人的劳动力素质非常高。联合国曾做过一个全世界各国成年人阅读率的统计报告，报告得出，中国成年人一年平均只读 4.54 本书，而以色列的犹太人平均每年阅读 64 本书，是中国的 10 倍以上。正因如此，犹太人的劳动力素质应该是比阿拉伯国家高很多，这导致以色列劳动生产率的提升非常迅猛。

第二，以色列政府的干预发挥了主要作用，特别是对基础

设施的大规模投资，极大地提高了以色列的经济潜力。比如，为了解决以色列全国降雨量不均匀的问题，国家输水工程将北部加利利湖的水通过管道输送到南部干旱的沙漠地区。投资本身不仅刺激了经济增长，而且南部的经济潜力也得到了有效释放，把南方本来无法发展经济的地区变成了可以发展经济的地区。

另外，基布兹公社住房的快速发展也刺激了建筑和民用工业的大发展，使建材、五金、家具等行业都得到了全面振兴。在重工业方面，汽车工业和飞机制造业的诞生，也是政府支持的结果。在以色列当时的条件下，发展这种重工业是很难靠私人资本建立起来的，我们看到现在以色列能造战斗机，这是当年政府打下的基础。

2. 以色列经济转型未能实现

其实，任何一个落后的国家要实现超越式发展，都必须经过一个时期的政府强力干预，主要是集中投资，大幅改善基础设施，例如水利、桥梁、交通设施等，因为私人是不会投资的，风险太大，投资回报太慢。不过，当经济发展过程中所需要的大型基础设施投资趋于饱和时，私人企业就该登场了，因为他们的特长就是在越来越复杂的市场中发现新的机会。拿中国举例，中国目前的经济发展已经到了新常态阶段，政府连续投资基础设施30多年了，该建的已经建得差不多了，这时就应该开始进行转型了。以色列也是这种情况，到1966年，以色列具备了从中央计划经济向市场经济转变的条件，经过近20年的大规模投入，主要的大型基础设施投资都接近尾声。1966年全年，以色列没有新的投资目标，这导致以色列经济第一次遭遇了零增长。

当时，以色列跟现在中国的经济发展模式是比较相近的，都是投资拉动型经济增长。现在以色列的经济学家在回顾当年经济史的时候就提出，那个时候政府应该进行经济转型了，要退出经济的第一线，把经济资源释放出来，让民营企业施展拳脚，但是，实际上以色列并没有转型。

因为正要转型的以色列经济碰上了 1967 年突如其来的第三次中东战争。

其实，埃及和以色列双方都没有做好挑起战争的准备，这是一次典型的战略误判。纳赛尔希望赢得一场不流血的胜利，他摆出了气势汹汹的开战架势，却根本没有做好战争准备；而以色列则面临着要么先发制人发动打击，要么就等着亡国的命运，别无选择。

从埃及方面看，纳赛尔与沙特在也门的代理人战争已经拖了 5 年之久，埃及最精锐的部队深陷也门内战，早已师老兵疲，此时绝对不是发动对以色列战争的最佳时机。从另一个角度看，纳赛尔的革命激情在 1958 年达到巅峰之后，就一直处于衰退之中，泛阿拉伯主义的理想在利益和内斗的折磨下，已经开始退潮了，纳赛尔把注意力更多地集中在本国经济发展上。但纳赛尔身为阿拉伯世界的盟主，不得不摆出战争姿态来声援自己的战友——叙利亚。

就以色列方面来说，其实它也不想打仗。原因很简单，它的大哥美国当时正深陷越南战争的泥沼，几十万美军被套牢在越南动弹不了，所以美国人强烈警告以色列不要打，因为要是打得不顺的话，美国没有能力增援。在丧失美国外援的情况下，以色列内部对是否开战很犹豫。

三、第三次中东战争：不情愿地开战

当时以色列的经济正面临着转型的问题，所以并不想跟埃及打仗，但就在双方都无心开战的情况下，竟然打了起来。主要原因来自当时埃及的一个战友——叙利亚。叙利亚曾要求跟埃及合并，建立阿拉伯联合共和国，这件事情一开始是成功了，1958 年双方也合并了，但是纳赛尔的政策是偏左的，他统一了埃及和叙利亚之后，所执行的政策是国有化政策，将叙利亚的银行、大型基础设施，甚至企业都收归国有，这个政策激起了叙利亚很多民族资本家的强烈反对，本来坚决拥护纳赛尔的这些人就动摇了，因为动了他们的奶酪。所以，到1961年，埃及和叙利亚的共和国就散架了。

1. 叙利亚内部再次兵变引以色列空袭

　　1966年，叙利亚再次发生政变，属于什叶派分支的阿拉维教派的极端分子掌了权。为了获得多数逊尼派的支持，他们采取了对以色列更加冒险的政策。埃及与叙利亚结成了军事同盟，纳赛尔并不是为了开战，而是希望能管住这些冒险的战友。但叙利亚当权者为了巩固自己的地位，越来越激进，他们不仅大力支持巴勒斯坦的武装人员不断攻击以色列，而且在1967年4月直接卷入了与以色列的空战，结果遭到惨败。

2. 埃及老大哥无奈出手帮助叙利亚

　　纳赛尔不得不出面为小兄弟找回面子，于是进行战争动员，将埃及军队开进了西奈半岛。在第二次中东战争结束后，以色列就退出了西奈半岛，为了防止以色列和埃及再打起来，联合国的部队一直驻扎在西奈，形成一个"防火墙"，将埃及军队与以色列隔开。纳赛尔

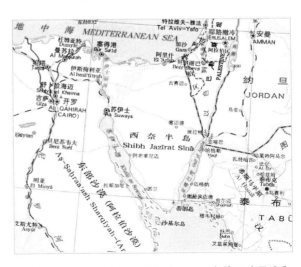

西奈半岛西濒苏伊士湾和苏伊士运河，东接亚喀巴湾和内盖夫沙漠，北临地中海，南濒红海

联合国第三任秘书长吴丹

觉得，埃及出兵西奈半岛，是在"防火墙"之后的，这样做不会引起冲突，而且还能"秀"个政治姿态——虽然埃及对叙利亚人是支持的，但纳赛尔并不是真想打仗，而且当时埃及也真的没有实力打这场仗。

沙特人嘲笑埃及军队总是躲在联合国军队的身后，不敢动真格的，这算哪门子好汉，还充盟主呢？纳赛尔受不了这种刺激，于是 1967 年 5 月 18 日，埃及外交部部长通告要求联合国撤军，这本来只是秀个姿态而已。

没想到联合国秘书长吴丹不知吃错了什么药，也没跟安理会商量，就命令联合国部队撤军了，连纳赛尔也大吃一惊。这是一个历史谜案。联合国部队一撤，纳赛尔就面临着打还是不打的问题。要是光说不上的话，就说明埃及是尿包，全世界看得很清楚，所有阿拉伯兄弟也都在盯着埃及看。纳赛尔简直是骑虎难下，只能无奈地表示，既然联合国的部队撤了，那咱们埃及就上吧！所以埃及军队就占领了联合国军队撤出后的阵地。

3. 以色列应战先发制人，横扫阿拉伯大国

在联合国撤军之后，埃及占领了当时联合国驻军的一个重要城市——沙姆沙伊赫，封锁了亚喀巴湾。而以色列军队则驻扎在亚喀巴湾最北端的城市之一——埃拉特。由于不能使用苏伊士运河，埃拉特港是以色列进行亚洲和非洲贸易唯一的出口。因此，埃拉特港、亚喀巴湾以及红海的贸易线，对以色列来说都非常关键。

当时以色列国内人口几百万，国内市场过于狭小，经济发展必须要靠对外贸易，以色列的对外贸易占 GDP 的比例高达 50% 以上。

对于以色列来说，埃及在占领沙姆沙伊赫后又封锁了蒂朗海峡，这

就等于卡住了以色列人的脖子。这个时候以色列就别无选择了，不打也会亡国。

约旦此时也必须选边站，如果不支持埃及和叙利亚，它就会成为阿拉伯人的叛徒，以后在中东就会混不下去。约旦曾占领约旦河西岸和耶路撒冷的一半，这是它在巴勒斯坦冲突中所得到的最大好处。以色列的北边是叙利亚，

沙姆沙伊赫是一个位于西奈半岛南端的沙漠城市，濒临西奈半岛东南端的亚喀巴湾，扼蒂朗海峡要冲，控亚喀巴湾通红海门户，建有炮台和军事要塞，战略位置重要

西边是埃及，东边还有约旦，这就形成了三面夹攻以色列的态势。以色列要是打得不好，三个方向遭进攻，美国又帮不上忙，就真有亡国的可能。

这次犹太人发了狠，二战之后，他们的性格发生了很大的变化。当年纳粹迫害他们，并把他们赶进毒气室时，没有一个人反抗，而这种迫害差点使犹太人灭种，所以经历过二战，犹太人明白了一个道理：当面临生死存亡的时候，一定要拼死一搏，说不定还有机会，绝不能坐以待毙。

1967年6月5日，以色列空军先发制人，仅用一个小时就摧毁了埃及和叙利亚的空军，6天击败了埃及、叙利亚和约旦。以色列不仅占领了西奈半岛和加沙地带，而且夺下了叙利亚的戈兰高地，将约旦赶到了约旦河东岸，完全控制了西岸和耶路撒冷，圣殿山也落入了以色列的手中。经过6天的战争，以色列的国土扩大了三倍。这是军事战争史上的一个奇迹，以色列在没有其他国家帮助的情况下，凭借自身力量横扫了阿拉伯世界的几个国家！其实，以色列之所以胜利，有一个重要原因是，当

时的埃及在战略上没有做好战争准备；叙利亚则是军事冒险主义，闹得厉害但基本功不行。

四、战争胜利拖后以色列经济转型

以色列本来要进行经济转型了，结果突发的战争使国土面积扩大了3倍，于是马上又开始建设基础设施，在戈兰高地修公路、铁路，在其他地方修道路、桥梁、电力等。1967年，以色列的基础设施投资增加了7倍。于是以色列又开始走投资拉动型经济发展的老路，经济转型又被拖后了，而且一拖就拖了十几年。20世纪70年代赶上了石油危机，全球经济萧条；80年代初又赶上了第五次中东战争。直到1985年，以色列才开始真正的转型。以色列的经济转型已经耽误了很长时间，至今尚未完成。

1. 巴勒斯坦解放组织逐渐崛起

1967年，虽然以色列在第三次中东战争中大获全胜，但是它也给自己"刺激"出了一个新的敌人，而且直到现在都是最顽固的敌人，这就是巴勒斯坦解放组织。

以前阿拉伯世界并没有"巴勒斯坦人"这一说法，他们是住在巴勒斯坦的阿拉伯人，他们的情感认同从属于埃及、约旦或叙利亚。从1947年到1967年的20年里，巴勒斯坦人经历了三次中东战争，每次战争他们都是最大的受害者，他们失去了家园、失去了财产，以色列拒绝他们返回家园，阿拉伯国家也不愿接受他们，他们不得不一直生活在难民营里，成为所有人眼中的麻烦。这种悲惨的经历促使他们形成了一种新的身份认同，即巴勒斯坦人，而非普通的阿拉伯人。面对阿拉伯正规军的无能，巴勒斯坦人终于明白，别人是靠不住的，他们只能自己发展武装，并用武力夺回自己的家园。

于是，巴勒斯坦的难民营里就崛起了一股新力量——阿拉法特领导的法塔赫——巴勒斯坦解放组织，巴勒斯坦解放组织真正走到了中东舞台的最中央，在后来的各种冲突事件中曝光率都很高。阿拉法特腰挎手枪，身穿卡吉布军装，头戴阿拉伯头巾，四处打击以色列人，当时，他那种很酷的形象风靡全世界。

亚西尔·阿拉法特，1959 年他建立巴勒斯坦解放组织的最大派别法塔赫并担任领导人

这股敌对力量的兴起给以色列人带来了几十年的头痛问题。以色列虽然在第三次中东战争中取得了军事上的胜利，但是巴勒斯坦解放组织给它带来了严重的副作用。

五、第三次中东战争严重打击纳赛尔

如果要问，第三次中东战争对谁打击最大？答案肯定是纳赛尔。他的声望在阿拉伯世界中受到了重创。埃及对内没有搞定沙特，对外屡次被以色列打脸，而且每次都被打得鼻青脸肿，三次战争一次也没打赢过。经过这次惨败，纳赛尔可以说是心力交瘁，觉得闹革命这条路确实很难走，埃及的经济也没发展起来，埃及老百姓对生活也并不满意。不过，虽然纳赛尔在军事上失败了，但整个阿拉伯世界还是认他是旗帜和灯塔。纳赛尔自己开始担心起来，他深感自己的革命事业后继无人。

1. 纳赛尔看好卡扎菲

1969 年，利比亚爆发了革命，又一帮信仰纳赛尔的年轻军官起来造反，推翻了王朝，建立了共和制。这时，年轻军官卡扎菲上校开始崭露头角，当时他还不到 30 岁，口若悬河，革命激情四溢，最后夺取了利比亚的统治权。

卡扎菲是纳赛尔的铁杆粉丝，纳赛尔的《革命哲学》一书对卡扎菲的影响仅次于《古兰经》。他革命成功之后，立刻跑到埃及拜见纳赛尔，对卡扎菲来说，纳赛尔就是大哥，卡扎菲好几次提出要让利比亚与埃及合并，由利比亚来打头阵，两国团结起来一起灭掉以色列，这是他一辈子最大的梦想。纳赛尔对卡扎菲很欣赏，觉得他很像自己年轻时的样子，充满革命激情。

2. 随时随地刷存在感的卡扎菲

不过，卡扎菲性格不太稳定，有点神叨叨的，他经常不经邀请就突然跑到埃及，对着埃及人长篇大论地发表演讲，如阿拉伯人抗击以色列义不容辞、穆斯林妇女的地位、开罗夜总会乌七八糟等等话题，搞得埃及人不胜其烦。

这其中还有一个有关中国代表团的故事。在穆巴拉克时代，中国的一个国务院代表团到埃及开罗去谈判，卡扎菲又是突然不请自来，本来两国正在召开国事会议，结果突然有工作人员告诉总统说卡扎菲来了，穆巴拉克说我没请他，他怎么又来了？然后穆巴拉克只能向中国代表团道歉，先去招待卡扎菲再回来接着谈判。

卡扎菲的革命热情非常高涨，他的政权成立之后就立刻派军队支援埃及，参加埃及跟以色列在苏伊士运河防线上的军事冲突；他还派自己的军队直接到了黎巴嫩和叙利亚，支援约旦和黎巴嫩的敢死队，参加游击武装，跟他们并肩作战。在整个阿拉伯世界中，卡扎菲成了最活跃的一股力量。

3. 出师未捷身先死: 纳赛尔的历史地位和影响

纳赛尔本来想培养卡扎菲，但 1970 年纳赛尔的身体就彻底垮了。几次中东战争的接连打击，加上统一阿拉伯世界的目标没有达成，最后纳赛尔出师未捷身先死。

纵观整个中东近代史，纳赛尔是第一个、也是唯一一个受到了全部阿拉伯世界共同认可的领袖。1970 年，纳赛尔去世，参加葬礼的人数超过了 400 万人，打破了吉尼斯纪录。对阿拉伯世界来说，纳赛尔是一座灯塔，是一面旗帜。纳赛尔的死，标志着泛阿拉伯主义的革命精神走向了尽头。

六、萨达特上台: 激情燃烧的岁月结束

纳赛尔的接班人是萨达特。萨达特跟纳赛尔有着很大的差别，萨达特是个务实派，没有强烈的革命理想，也没有那种激情，也不具备那种人格魅力。他的主要特点就是务实，主张埃及应该先过好自己的小日子，发展本国经济，他对阿拉伯的革命大业没兴趣。

同年，叙利亚的哈菲兹·阿萨德夺权成功，这就是现在叙利亚总统巴沙尔·阿萨德的父亲老阿萨德。此人也是务实派，他也想夺回戈兰高地，收复国土之后专心进行经济发展。

七、为了收复失地——第四次中东战争爆发

埃及和叙利亚要发展经济，面临的一个最大问题——埃及的西奈半

岛和叙利亚的戈兰高地仍然被以色列占领着。在领土都还没收复的情况下就要搞经济发展，国内民众的怨气会很大。所以萨达特和老阿萨德商议策划了一场新的战争，主要目的是为了夺回各自失去的土地，这就是第四次中东战争。

这场战争的主要目的并不是为了消灭以色列，何况埃及和叙利亚的实力加在一起也消灭不了以色列。这场战争实际上是以战促和——埃及拿回西奈半岛，叙利亚拿回戈兰高地。所以这场战争一定得是一场有限战争，不能扩大化。这就是务实派在策划战争时跟革命激情派的不同之处，他们落到了实处。

1. 借力周边阿拉伯国家

环顾整个阿拉伯世界，唯一有革命激情的就是利比亚的卡扎菲了，他成天催着萨达特搞埃及和利比亚的合并，然后进攻以色列。萨达特觉得卡扎菲难以控制，很不靠谱，他是以消灭以色列为目标的，让他打前锋的话，他会把战争打得无限大。所以利比亚不能作为一个主要的盟友，帮帮忙、跑跑腿、搞搞后勤还行。

自从伊拉克王权垮了之后，约旦国王侯赛因就很孤独。他没有势力了，这个时候他要么跟着埃及干，要么跟着叙利亚干，如果不参加这场战争的话，他很可能会成为阿拉伯世界的一个弃儿，大家今后都不带它玩。

2. 拧成一股绳的中东大国

除了以上几个国家，萨达特还转向老对头沙特寻求合作。萨达特是想和以色列打一仗的，不是为了消灭以色列，而是为了在战场上赢得优势，以更有利的条件进行和谈。但是三场中东战争下来，埃及经济损失巨大，不得不依赖沙特的经济援助才能维持经济运转，于是，埃及与沙特的地位开始逆转了。萨达特还亲自去了趟沙特，表示埃及要专心发展国内经济，但是为了发展国内经济必须打赢这场仗，如果打赢了，阿拉伯世界的盟主让沙特当，而且埃及不支持也门了，不搞革命输出了，也不准备颠覆沙特了，埃及要闷头苦干，发展经济。

接着，埃及、叙利亚、约旦又聚在一起商议进攻计划，这次是务实派第一次合作，计划更实在也更严谨，他们不仅考虑了军事战场，而且想到了经济战场上的石油武器。在前三次中东战争中，沙特、科威特等产油国并没有出太大的力气，只是出了钱，这次务实派要求沙特等国配合正面战场，发动石油战争，对敢于支持以色列的西方国家进行石油禁运。所以第四次中东战争时，中东这几个大国真正拧成了一股绳。

八、第四次中东战争过程

1973 年 10 月 6 日，第四次中东战争爆发了，埃及和叙利亚同时对以色列动手。因为 10 月 6 日是犹太人的赎罪日，这是犹太人一年中最重要的日子。这一天，所有人都要回到家，反思自己，想想这一年自己干了什么错事。这一天不能开车，也不能用电，一切东西都要关机，前线部队的战士要回到自己家里闭门思过，以色列全国处于停顿状态。所以这一天以色列在西奈半岛和戈兰高地的战线上都没有配置多少兵力，是以色列作战能力最虚弱的时刻。

1. 以色列开局失利损失重大

于是，中东几个大国选择在这个日子在北、西、东三条战线上同时开打。埃及大举进攻苏伊士运河，横扫以色列的阵地，以色列防线崩溃；北线叙利亚猛攻戈兰高地，以军阵地接连失守。以色列立刻就傻眼了，由于前三次中东战争都打得顺风顺水，以色列就有了骄傲自大的情绪，

☐ 1949-1967 年非军事区
▨ 联合国脱离接触观察部队
— 1967 年线
＝ 1949 年线
⋯ 1923 年线

黎巴嫩

叙利亚

戈兰高地
（以色列占领
叙利亚声索）

胡拉湖
（已沼泽化）

1967 年 6 月 4 日线

1923 年国界线
（委任统治线）

1949 年停战线
（叙利亚要求界）

以色列

10 米走廊

太巴列湖
（加利利海）

N

0　　　10 英里
0　　　10 公里

约旦河　　约旦

1923-1967 年戈兰高地军事动态，1967
年以色列占领了全部戈兰高地

觉得他们的军事力量天下无敌，根本没有把阿拉伯军队放在眼里。但这次不同，两个务实派国家再加上几个中东大国拧成了一股绳，准备相当充分，而且战略战术都非常对头，所以一开始以色列被打得灰头土脸，整个战线崩溃。这时候以色列就急了，马上开始全国总动员，虽然军事力量很快就动员起来了，但是头两天的战争失利使以色列蒙受了重大损失。如果按照伤亡和人口比例来算的话，以色列这两天的损失等于美国二战的损失比例，这可是一个非常惊人的比例。

阿拉伯军队在头两天里打得顺风顺水，两个方向都突破了以色列的防线，一扫前三次中东战争惨败的局面。

埃及人在初期得手之后，并没有深入西奈半岛，而是转入防御。因为萨达特打的是政治仗，目的在于以战促和。老阿萨德这边也是打的政治战。但是以色列经过分析之后，发现这两条战线的重要性是不一样的。以色列看明白埃及的用心之后，先集中兵力打垮戈兰高地的叙利亚，因为戈兰高地对以色列的战略地位非常重要，它是一个宽阔的平台式高地，在上面可以俯视以色列整个内陆，如果叙利亚拿下了戈兰高地，很有可能继续进攻，深入以色列的内地。经过评估后，以色列认为，叙利亚的危险性更大，他们必须发动反突击，调动军事力量全部向北，击破叙利亚。

当以色列开动起军事机器之后，它的战争力量是非常强大的，结果叙利亚被打出了 1967 年的停火线，以色列占领了全部戈兰高地。由于戈兰高地离叙利亚首都大马士革最近的距离只有 60 公里，如果以色列军队从山上直扑大马士革，要打得顺手的话，60 公里一天就拿下了，但

签订《戴维营协议》，《戴维营协议》是埃及和以色列达成的关于和平解决中东问题的原则性协议

是他们打到一半距离的时候就停住了，原因是伊拉克和约旦的军队上来了，伊拉克的坦克部队滚滚而来，以色列没有想到这帮人来得这么快，双方就陷入了胶着的对峙。

第二个原因是因为当时苏联严厉警告以色列，你要再往前打我就要出兵了，并声称核弹头已经运到了埃及的亚历山大港，再打就是第三次世界大战了。在这种压力下，以色列决定见好就收，停止了继续向大马士革的推进。

这时，以色列再回兵收拾埃及。埃及的战略战术非常保守，因为它只想打政治仗，所以军事部署有问题，战线中间的豁口被以色列发现了，以色列大军就横贯这个豁口，从另外一个方向越过了苏伊士运河，对埃及形成了合围，埃及的第三军团差点被"包饺子"。以色列如果坚决要打的话，是可以吃掉这个军团的。当时，美国派国务卿基辛格到中东去调停，警告以色列不要消灭第三军团，消灭了就没有谈判的余地了，埃及只能血战到底。以色列权衡利弊之后，给第三军团留了个口子，保证了饮用水、食物的供应，第三军团才免遭覆灭的命运。然后双方就进入了漫长的谈判。从 1973 年到 1978 年，谈判一谈就将近五六年，最后《戴维营协议》终于签订。

2. 埃及拿回西奈半岛，完美实现战略目标

从战场上看，以色列最后总算转败为胜。从政治上看，《戴维营协议》谈判的结果是，埃及实现了自己的战略目标，双方停火之后，西奈半岛全部归还埃及。这说明萨达特打政治仗的思路是对的，但代价是必须承认以色列的合法存在。1977年，萨达特破冰之旅访问了耶路撒冷，这就意味着阿拉伯国家里面已经有一个大国正式承认以色列的存在了。这也是埃及为了收回西奈半岛所做出的重大让步，正是这个让步使得埃及原本的阿拉伯盟主地位一落千丈，再也没能恢复。而叙利亚却没有收回戈兰高地，这个问题直到今天仍没有解决。

在这场第四次中东战争的较量中，由于沙特、科威特这些国家一起宣布对援助以色列的欧洲国家进行石油禁运，所以欧洲没有国家敢再向以色列提供援助了，有些国家甚至连美军供应以色列的飞机都不让停靠，只有美国继续向以色列提供军备。这就激怒了阿拉伯人，于是开始对美国进行石油禁运。1973年，美国的加油站频繁断油，等待加油的汽车足足排了一两英里的队伍，整个经济全乱套了，结果是石油价格暴涨、美元暴跌，经济陷入严重的滞涨。

3. 基辛格的政治智慧：石油美元体系的建立

为了化解美国的石油危机，基辛格去中东沙特斡旋。基辛格是个犹太人，一开始阿拉伯人并不买他的账，但是基辛格非常聪明，他善于找到双方共同利益的交点。

基辛格跟沙特国王说，你们沙特的主要竞争对手是埃及，革命风潮很激烈，很可能会把你们的王室统治推翻。要想使你们沙特王室永续存在，你们需要我们美国的军事帮助，美军可以确保沙特王室世世代代的安全。沙特早就被纳赛尔主义闹怕了，所以愿意接受美国的军事保护。但是美国提出的交易代价是沙特得游说其他所有海湾国家出口石油的时

候只能用美元结算，而不能使用其他任何货币，这就是我们现在看到全世界买卖石油、能源全部要收美元的原因。基辛格谈的另外一个条件就是允许沙特石油价格涨价 4 倍，但沙特得把赚来的石油美元用来购买美国国债。这样，美国和沙特双方就达成了协议。这就是为什么沙特、科威特这些国家愿意跟美国走的根源。

1971 年，美元在脱离了金本位之后大幅贬值，所以美国急需给美元寻找一个新的价值之锚，这个价值之锚就是石油，黄金美元转化成了石油美元，美元才得以巩固自身的价值。这实际上跟中国当年搞的商品货币制是一个道理，只不过美国人比中国晚了 40 年。这一套新的货币体制确保了美元霸权，石油美元体制一直运作到今天。

九、阿拉伯民主义失败的原因

从 1948 年 5 月的第一次中东战争，一直到 1978 年 9 月的《戴维营协议》，在这 30 年里，以色列与中东各国总共打了五场中东战争，双方谁也没有取得决定性胜利，以色列没有得到和平，阿拉伯国家也没有收回土地，双方仍然处于充满敌意的"冷和平"状态。同时，这 30 年也是阿拉伯民族主义兴起和逐渐衰落的时期，阿拉伯人没有解决向现代国家转型的根本问题，也没有完成民族认同和政治统一。经过与以色列 30 年的反复较量，阿拉伯人的挫败感反而越来越强，如果民族主义解决不了问题，阿拉伯人和整个伊斯兰世界势必开始寻找新的复兴之路——这就是伊斯兰教势力的重新崛起。

08 ▶

"伊斯兰国"资金
从何而来

　　美国主导的中东反恐战争和反恐政策持续了多年，然而随着叙利亚战乱的延续，IS 恐怖组织居然发展成了占据两国部分领土的庞大势力，这令人感到非常不安。美国大棒之下，恐怖组织为何反而壮大？IS 恐怖组织的庞大经费来源是什么？本章内容将以经济视角解读美国的中东大战略和 IS 组织经济内幕。

一、巴黎暴恐事件的背后，
"伊斯兰国"的丧钟开始敲响

2015 年 11 月 13 日的"黑色星期五"，法国巴黎遭到了一次连环恐怖袭击，伤亡人数高达 400 多人，其中死亡 132 人。这次行动是"伊斯兰国"发动的欧洲版"9·11"，不仅成了一个标志性事件，也成了一个重大的转折点——全世界反对"伊斯兰国"的统一战线终于形成，"伊斯兰国"的丧钟已经开始敲响。

那么，为什么"伊斯兰国"会发动这样一场恐怖袭击呢？2015 年 9 月底，普京突然出手，在叙利亚发动了空袭，俄罗斯的介入使得整个叙利亚的战场局面发生了逆转："伊斯兰国"的进攻态势明显受到了遏制，而且它所控制的区域开始逐步萎缩。短短一个月的时间，俄罗斯的猛烈轰炸就造成了重大的杀伤力，使得美国和西欧国家面子上挂不住了，因为他们已经进行了一年的轰炸，效果并不好。于是，在俄罗斯的刺激下，美国和欧盟国家的轰炸力度也开始强化。而地面上，伊朗的革命卫队、黎巴嫩的真主党以及叙利亚的政府军，三军联合起来发动反攻，所以战场局面发生了巨大的变化，使得"伊斯兰国"处在生死存亡的危机之中。

在这种状态下，"伊斯兰国"做了一次重大的战略调整，也就是发动外线作战，准备把战火引向海外，在其他国家制造恐怖袭击。这样就会使欧美的许多国家处于人人自危的状态，时间一长，老百姓自然就会起来要求政府停止对"伊斯兰国"的军事打击，这是"伊斯兰国"的目的。

其实巴黎的恐怖袭击并不是一个孤立的事件，在它前后还发生过一系列的恐怖袭击事件：2015 年 10 月 31 日，俄罗斯客机在埃及上空坠落，这与"伊斯兰国"是有关联的；在巴黎恐怖袭击案的前一天，黎巴嫩发生了大爆炸，死伤人数高达 280 多人，这也是"伊斯兰国"发动的。除此之外，马里发生了枪击案，喀麦隆也出现了恐怖袭击。这些事件并不是孤立而分散的事件，而是"伊斯兰国"在进行战略转变，开始外线作战，这是其整体战略中的有机组成部分。所以，巴黎暴恐事件只是拉开了一个序幕，未来还会有新的恐怖袭击，比利时、英国、美国、俄罗斯等都不断地接到过"伊斯兰国"恐怖袭击的威胁。

二、"伊斯兰国"外线作战实则棋差一步

但是，"伊斯兰国"的外线作战调整，结果可能会适得其反。因为它犯了两个大忌："伊斯兰国"之所以能够存在是因为各大国在反恐问题上还有争议；"伊斯兰国"与基地组织的差别之处在于"伊斯兰国"有领土，容易遭到报复性打击。这两条大忌已经注定了"伊斯兰国"败亡的命运。

1. 第一大忌：各大国形成反恐共识

大国间在反恐问题上的不配合是"伊斯兰国"得以生存的重要条件。美国、沙特、卡塔尔等国家以前之所以资助"伊斯兰国"，就是想借"伊斯兰国"之手除掉叙利亚的阿萨德政权，用的是"驱虎吞狼"之计。当然，"伊斯兰国"的首领巴格达迪也不傻，他知道自己有被利用的价值，所以只要阿萨德存在，他就有价值。

巴格达迪的想法是，不管谁在利用我，我只专注于经营自己的地盘，只要占领叙利亚和伊拉克的一部分地区，就要把这块地盘经营扎实。这样，未来他就是一方诸侯了。所以，之前"伊斯兰国"并没有去海外打

打杀杀,而是全力以赴地扩大地盘。同时,对叙利亚的阿萨德政权,"伊斯兰国"并没有去死拼烂打,或者投入全力作战。正如我们看到的,双方从来都是打打停停,这就是为什么叙利亚战争僵持不下的原因。

经过了四年的消耗,叙利亚政府军的实力已经被大大削弱,而"伊斯兰国"则是三心二意,打得并不认真,同时,叙利亚反对派武装的真实实力非常脆弱,这样就形成了一个三家对耗的局面,整个战局僵持不下。2015 年 9 月底,普京的突然出手,再加上伊朗军队的介入,马上打破了这个脆弱的平衡。在这种情况下,巴格达迪急了,做出了战略调整,想要把战火烧到其他国家去,但这反而会压缩"伊斯兰国"的生存空间。

2. 第二大忌:"伊斯兰国"难以逃脱失去领土就亡国的命运

"伊斯兰国"与基地组织最重要的区别就是本·拉登领导的是地下恐怖袭击,打完就跑,想要有效报复非常困难,但"伊斯兰国"不一样,它是有领土的。巴格达迪自己号称"哈里发",要知道,历史上必须拥有土地才能成为哈里发。全世界的极端分子之所以投靠这个哈里发,就是因为他们认为"伊斯兰国"是有信仰和领土的国家。如果"伊斯兰国"的领土不断被压缩的话,那原来的威信和号召力就会消失。众所周知,在"伊斯兰国"的作战部队里,有一半成员都是从海外投靠过来的。"伊斯兰国"连吃败仗和领土损失,将会大大影响其招募海外极端分子的能力。也正是因为这样,它才要发动恐怖袭击以扩大影响力。

本·拉登所领导的基地组织打完之后就可以转入地下,但是,哈里发是不可以转入地下的,这就要求"伊斯兰国"组织必须死守城市和领土,这是"伊斯兰国"的一个致命死穴。虽然打完了巴黎,制造了恐慌,但是法国一定会报复,美国和俄罗斯一定会加强轰炸,这样一来,"伊斯兰国"的城市、领土、军事设施、油井等等都无处隐藏,只能硬扛越来越猛烈的轰炸。

三、经济战争将影响反恐成败

2015 年 11 月 15 日，美军已经在叙利亚东部对"伊斯兰国"的运油车队展开了轰炸，"伊斯兰国"有 116 辆运油卡车被摧毁，这标志着美国要开始真正打击"伊斯兰国"的要害了，这是典型的经济战打法，核心目的就是打击对手的财政。

1. "伊斯兰国"的收入来自哪里？

有关"伊斯兰国"的经济运转状况，我们很难从外界真正了解，只能做一个大致的分析。

"伊斯兰国"的占领区主要是在叙利亚东部和伊拉克西部，大概占到叙利亚领土的四分之一和伊拉克领土的三分之一。2015 年时，"伊斯兰国"控制了 800 多万人口，这就是它的幅员和经济潜力。

我们都知道，战争从来打的就是钱粮、后勤和财政，这是自古以来颠扑不破的真理。"伊斯兰国"要想运转一个庞大的军事机器，同样离不开财政。那么，"伊斯兰国"的财政状况究竟如何呢？

伊斯兰国控制区域主要是在叙利亚东部和伊拉克西部

2014 年 是 "伊斯兰国"起家的一年，它的总收入约 14 亿美元。其中 6 亿美元是靠征税和勒索得来的；5 亿美元是占领了伊拉克的很多银行后打劫来的，这也是一笔巨大的收入；还有 1 亿美元是它的石油收入。同时，通过绑票还获得了 2000 万美元的收入。除此之外，还有一些倒卖古董赚的钱和海外资助等等。

媒体上经常有"伊斯兰国"将人质斩首的报道，他们这样做有明显的经济目的，抓人质就是为了要赎金，作为它财政收入的一个重要来源。而把这些残暴的视频放到互联网上，就说明这是一种赤裸裸的经济敲诈了，它想让被要挟的国家看着，人在他们手上，不付赎金的话，就要把人质砍头。

2. "伊斯兰国"面临经济困境

有了"收入"，那么"伊斯兰国"的支出呢？

2014 年，"伊斯兰国"最主要的花销在于武装分子的工资和福利。综合各个方面的信息来看，"伊斯兰国"武装分子的平均收入大概是每月500-600 美元，整个军队的兵员支出大概是 3.6 亿美元。根据这样的规模，我们基本可以倒着推算出"伊斯兰国"作战部队大概有 5 万 — 6 万武装分子，这个规模是很大的。

2014 年，"伊斯兰国"收入 14 亿美元，开销并不大，而且它刚刚崛起，还在开疆辟土的过程中，财政负担比较轻。所以这一年，"伊斯兰国"的日子过得还不错。

但是到了 2015 年，情况发生了变化。"伊斯兰国"占领了大量的领土，这些领土的总规模相当于英国，而且还有 800 万人口。要统治这些领土，就会有统治的成本，比如在占领地区必须提供最基本的公共服务，包括电力、自来水、加油站等等，如果不提供这些基础服务的话，当地经济就会瘫痪，老百姓就会饿肚子，大家必然反对它的统治。"伊斯兰国"之所以能够这么顺风顺水地占领很多地区，很重要的原因就是当地民众支持"伊斯兰国"。不管一个政府有多残暴，只要你统治了这个地区，你就必须得给当地提供基础的公共服务。

然而，"伊斯兰国"对基础设施的投入基本是零。道理很简单，就是修好了这些基础设施后，第二天就可能会遭到轰炸，修了也白修，而且战场经常易手，今天你占，明天我占，所以投入基础设施没有意义。

四、战乱中的奇葩事件——"一国两制"

说到电力、自来水以及油气的提供，这就比较有意思了。2014 年，"伊斯兰国"占领了叙利亚东部的大片领土，还有伊拉克的北部和西部地区。在这些地区，"伊斯兰国"所实施的实际上是一种类似于"一国两制"的措施。某种意义上，"伊斯兰国"是在跟叙利亚政府和伊拉克政府进行合作。

1. "伊斯兰国"借鸡下蛋，叙利亚甘当冤大头

叙利亚出现了很奇怪的现象："伊斯兰国"的武装分子们占领了很多大型工厂、水坝，还有大量的油气田，他们并没有破坏工厂，也没有进行大规模屠杀，而是在这些大型工厂的外围负责站岗放哨，保护着里面叙利亚的国有企业。国有企业的员工们则继续上班，叙利亚政府照发工资。

不仅如此，由于机器出故障，这些工厂有时候会停工，叙利亚政府还会派遣自己的工程师和专业人员深入到"伊斯兰国"占领区，带着零部件，去帮助他们修机器，而"伊斯兰国"还会给这些人开一个绿色通道，不仅会放他们过去，还会派兵护送。

战争有时候是非常有意思的，叙利亚政府跟"伊斯兰国"在某种意义上竟然存在着一种共生的关系，这也算是战场上的一个奇葩事件了。

其实，"伊斯兰国"这一招非常高明，我们可以称之为"借鸡下蛋"。"伊斯兰国"其实心里明白，他们即使占领了叙利亚的大型工业企业，也无法正常运转。如果把那些工程技术人员都杀光，谁来给你运作工厂？"伊斯兰国"根本没有人才和技术力量。而它又必须得给统治区域提供

最基本的电力、自来水、油气等公共服务。所以，他们跟阿萨德政权达成了某种协议，实际上是进行产出分成，生产成本由叙利亚政府来承担，而好处"伊斯兰国"分享，这个算盘打得非常精。

"伊斯兰国"所占领的油田的石油产出全归它；而天然气则两家分成，"伊斯兰国"要先拿走一部分给占领区居民做饭等生活使用，剩下的部分叙利亚政府主要用来发电，但"伊斯兰国"也要向它的统治区提供电力，所以它还要使用一部分叙利亚政府所发的电，之后剩下的部分，叙利亚政府才能向全国提供电力。

为什么叙利亚政府愿意当冤大头呢？它来负责生产成本，好处却是"伊斯兰国"先拿？其实，叙利亚也是不得已，因为叙利亚的全国电网离不开这些地区的发电量，否则，叙利亚的整个电网就会瘫痪，国民经济也会瘫痪，政权立刻就会垮台。

"伊斯兰国"就是抓住了阿萨德政权的命脉，如果它真要痛下杀手摧毁那些电厂，叙利亚政府会很快垮台。不过，如果真是这样鱼死网破的话，"伊斯兰国"虽然能够成功摧毁叙利亚政权，但同时也将摧毁自己。更重要的是，留着阿萨德政权，"伊斯兰国"才能够有存在的价值。因此，"伊斯兰国"并没有做出这个同归于尽的选择。这说明，"伊斯兰国"的决策者虽然残暴，但绝不愚蠢。

2. 拿伊拉克政府的工资，却对"伊斯兰国"上缴所得税

类似的情况，在伊拉克地区也同样存在。"伊斯兰国"在攻占了伊拉克的北部大城市摩苏尔后，城里的几十万上班族，包括伊拉克政府的公务员、国有企业职工、教师、医生、警察以及消防队员等，在"伊斯兰国"的统治之下，照样每天上下班，生活一点都不受影响。他们为"伊斯兰国"生产商品，同时提供社会公共服务。然而却由伊拉克政府来负责他们的工资、福利、退休金和养老金等。为此，每年伊拉克政府要支出 6 亿美元的巨款。这些钱到了"伊斯兰国"之后，"伊斯兰国"政府要向这些人

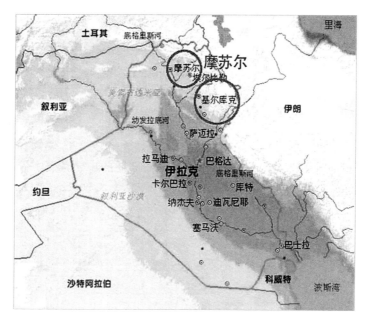

伊拉克北部重镇摩苏尔和石油工业城市基尔库克

征收 50% 的收入所得税，这样，"伊斯兰国"还白捞了 3 亿美元。

在"伊斯兰国"的统治区内，公共服务的成本主要是由叙利亚政府和伊拉克政府来承担，而"伊斯兰国"不用在这方面花太多钱，甚至还能够赚钱。"伊斯兰国"的算盘打得相当精明，这说明这些人不是只会一味地打打杀杀，他们还是有一定经济头脑的。

五、反恐的关键是打破财政平衡

1. "伊斯兰国"的财政刚性支出从 10 亿增长到 16 亿

2015 年，"伊斯兰国"有 5 万 - 6 万人的兵力，军费支出至少要 3.6

亿美元。同时，"伊斯兰国"还要考虑伤亡抚恤金，以及海外招募人员等费用，人员开支预估会达到 4 亿美元左右，这是刚性成本。除此之外，就是武器弹药的支出。2014 年，"伊斯兰国"的武器弹药支出较小，因为它当时是在大发展时期，缴获了伊拉克军队的很多装备，还有大量仓库里的美军装备，包括火炮、坦克、各种口径的机关枪、步枪等，还有防弹背心，甚至包括美国的黑鹰直升机。但是，由于美军的长期轰炸，再加上后来俄罗斯空军的加入，使得"伊斯兰国"的重型装备损失殆尽。当然，"伊斯兰国"还是有一些武器弹药的库存的。所以，2015 年，"伊斯兰国"不得不打节约型的"经济适用战"。但是，不管再怎么省，弹药消耗总是很快的："伊斯兰国"的军力规模是沙特阿拉伯的十分之一，按此规模比对军费开销，5 万 - 6 万人的兵力起码也得要 5 亿 - 6 亿美元的开支。人员和军火这两项相加，"伊斯兰国"的刚性支出至少是 10 亿美元。

2015 年 7 月，伊拉克政府终于忍无可忍了，它发觉如果继续向"伊斯兰国"占领区的工作人员提供工资或者福利的话，简直就是变相资助自己的敌人了，这是一种非常荒谬的做法。于是，伊拉克政府下令停止向敌占区的人口支付工资。这样一来，"伊斯兰国"马上就少了 6 亿美元的流入，其中 3 亿美元是"伊斯兰国"的税收，另外 3 亿是老百姓的购买力，一下子都没了。同时，伊拉克把摩苏尔和其他占领区从全国电网中切了出去，伊拉克不再向"伊斯兰国"占领区供电，这就迫使"伊斯兰国"只能让老百姓或社区自己买发动机发电，电力一天只能供应几个小时。电力供应严重不足也导致了自来水、油气、燃料等供应不足。本来这些地区是支持"伊斯兰国"的，但见它连公共服务都提供不了，所以这些地区的老百姓就开始怨声载道，内部反对"伊斯兰国"的情绪就慢慢酝酿起来了。

既然伊拉克政府已经停止向摩苏尔等占领区提供工资支付，这就导致"伊斯兰国"占领区的公共服务现在必须得由"伊斯兰国"自己来承担。这个开支是大约是 6 亿美元，相当于以前伊拉克政府负担的那部分，也就是说，要想保持同等质量生活的话，至少得花这么多钱。所以，"伊斯兰国"的财政开支就从 10 亿的刚性开销涨到了 16 亿美元。

2. 屋漏偏逢连阴雨:"伊斯兰国"未来收入情况亦不乐观

　　展观未来,"伊斯兰国"的收入情况也很不乐观。由于战争局面发生了逆转,"伊斯兰国"的领土开始收缩。2014 年,"伊斯兰国"挣了 14 亿美元,但在这 14 亿美元中,一半左右是一次性打劫收入,比如抢劫伊拉克占领区的银行所抢来的现金和没收的财产,还有一些古董的走私,但是,这都是一次性的收入。如果领土不继续扩大,那"伊斯兰国"的打劫收入就难以维系了,这是它最大的问题。而在 2015 年,在占领区收缩的情况下,"伊斯兰国"的内部税收已经很难达到 10 亿美元了,如果它再不采取涸泽而渔的措施,收入恐怕会不到 10 亿。要知道,内部的税收可是它的第一大收入。

　　"伊斯兰国"的第二大收入就是石油收入。"伊斯兰国"在叙利亚和伊拉克地区所控制的油气资源,其原油产量大概是每天 4 万桶,低价倾销每桶 20 – 30 美元。这样,"伊斯兰国"一天大概能挣到 100 多万美元,一年的石油收入大概是 3 亿 – 4 亿美元。如果按这样来计算的话,石油收入仅仅能够满足"伊斯兰国"的 5 万 – 6 万军队日常的工资和福利。石油收入和税收这两个加在一起,不会超过 13 亿 – 14 亿美元,而"伊斯兰国"2015 年的开销至少是 16 亿。当然,它还有其他办法去筹够经费,比如绑架人质、古董走私以及海外资助等。在"伊斯兰国"建立之前,海外资助占比很大,但它的政权建立起来之后,海外资助就越来越少了,每年只有 1 亿 – 2 亿美元。所以,这样算下来,"伊斯兰国"在 2015 年的收入,实际上也就是 16 亿美元左右。所以"伊斯兰国"的财政状况处于一种紧平衡的状态下,收入和支出大致都是 16 亿美元。如果美国、俄罗斯要对"伊斯兰国"进行经济战,打破这种脆弱的财政紧平衡,让"伊斯兰国"陷入巨大的收支不平衡,严重的入不敷出,就能达到从经济上摧毁"伊斯兰国"的效果。

六、如何掐断"伊斯兰国"的经济收入？

在中东的反恐斗争中，掐断"伊斯兰国"的经济收入是关键。

1. 第一步：掐断"伊斯兰国"的贸易税收

在"伊斯兰国"内部税收中，最关键的是贸易税收。自古以来，叙利亚和伊拉克这两个地区都是丝绸之路的贸易重镇，也是地中海贸易的核心枢纽。几千年以来，分布在这些地区的部族已经形成了一种贸易传统。直到今天，这些地区的社会结构也是以部族为基础，并且都以贸易为生。这个地区的部落非常强悍，所以伊拉克和叙利亚的历代统治者，要想建立稳定的统治，必须依赖这些部落的力量，要跟他们合作，否则就没有办法统治。

伊拉克曾经的强人萨达姆·侯赛因和叙利亚的老阿萨德，也不得不去寻求贸易部落的合作。所以，萨达姆和老阿萨德都很少干预这些部落的内部事务，而是专注于跟他们搞好关系。

这些贸易部落控制着伊拉克和叙利亚广大地区的远程运输网络和商贸网络。"伊斯兰国"崛起之后，当然它也要与这些贸易部落合作——给他们好处，才能赢得这些部落的支持。"伊斯兰国"给的好处比当年萨达姆和阿萨德政权还要多，比如更优惠的贸易税。贸易部落的运货车队，在通过"伊斯兰国"控制区的关卡时，把守关卡的人会把每个卡车上的货值进行估算，然后收取 10% 的贸易税收。同时，收完税之后还会给开一张完税凭证，这张完税凭证可以让你在下一个关口免于重复征税。

比较有意思的情况是，叙利亚政府和伊拉克政府的关口往往在"伊斯兰国"关口几百米之外，也就是说，政府也要收税。到了这些政府军控制的地方，"伊斯兰国"的完税凭证也是可以放行的，而叙利亚和伊拉克政府所开的完税凭证"伊斯兰国"也认。所以，战争有时候是比较有意思的，我们认为战争就是你死我活，但是在战争中双方还是需要进行贸易和物资交换的。

只要不切断贸易，当地的经济就会持续运行下去，就会源源不断地产生大量的税收。"伊斯兰国"的战斗力之所以不衰减，就是因为这种持续的贸易带来了持续的经济活动，进而创造了税收。切断"伊斯兰国"的贸易税收是打击"伊斯兰国"财政最困难的挑战。

如果这些贸易部落的生意受到重创，他们就会立刻成为"伊斯兰国"最凶险的对手。因为这些贸易部落都非常彪悍，而且有大量的武装。他们从来不管是谁来统治他们，只在意自己的生意是否能照常进行，谁影响他们做生意，他们就要推翻谁。这是这些贸易部落长期以来形成的惯性。

那么，具体怎样做才能让这些贸易部落起来推翻"伊斯兰国"呢？我们可以参照一下当年蒋介石在经济围剿苏区时所实行的贸易禁运，这是一个很有效的措施。

贸易禁运会使整个"伊斯兰国"的贸易税收迅速下降。更重要的是，没有了贸易所产生的物资交流，"伊斯兰国"控制区内的经济就会萎缩和瘫痪。这样，商业税、各种地产税和所得税等一切税收的基础都会被削弱，这就是进行贸易禁运的重要性。不过，这样做的代价是控制区内的 800 万人口将会面临生活的灾难，这就需要大国的政治领袖权衡利弊了，两害相权取其轻。

2. 第二步：掐断石油收入

美国其实很早就意识到了这个问题。2014 年之后，他们一直在轰炸"伊斯兰国"境内的油气资源设施，包括临时炼油设施和油气井等。但是效果很差，因为美军的轰炸就跟上下班一样，定时定点，上午 10 点钟来轰炸，炸完之后就回去吃午饭、喝咖啡了。这样，"伊斯兰国"就会在美军来轰炸之前就做好掩护；美军炸完之后就马上紧急抢修，很快就能修复。这就是为什么美国炸了一年效果还不好的根本原因。

更重要的是，"伊斯兰国"的石油收入并不是靠炼油，所以轰炸它的炼油设施意义不大，它主要的石油收入来源是靠卖原油给油贩子，这些油贩子来自四面八方，如土耳其、库尔德、伊拉克、叙利亚以及约旦等，他们纷纷到"伊斯兰国"的油井旁边排队，以20－25美元廉价抢得原油，再开着运油车穿越漏洞百出的边境，到达了土耳其或其他地方，转手就可以卖到40美元——这可是一倍的暴利。正是由于这个原因，所以来自四面八方的油贩子集中到了"伊斯兰国"，一个油贩子往往会雇佣几百辆卡车，有的油贩子运油卡车纵队可能长达10几公里，可以用"浩浩荡荡"来形容。

2015年以前，美国只炸石油设施和油井，不炸运油队，这是一个重大的失误。所以，2015年以来，美国开始对油贩子的运油车队进行轰炸，截至2015年11月16日，摧毁了约116辆运油车，这就打中了问题的要害。当然，俄罗斯也意识到了这个问题，但是他们以前不敢轻易动手，因为炸油贩子的车队很有可能会伤及平民，那些司机都是老百姓，俄罗斯不敢去炸。结果，美国一出手，俄罗斯马上也跟着炸了。两个强国用空军袭击运油车队，最终炸得没有人敢开运油车了。这就达到了掐断"伊斯兰国"石油收入的效果。

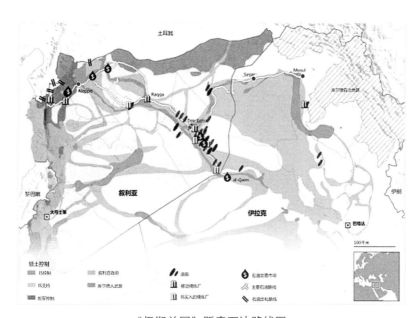

"伊斯兰国"贩卖石油路线图

七、进退两难："伊斯兰国"填补财政窟窿也会面临重重危险

这样一来，对"伊斯兰国"同时进行贸易禁运和石油收入打击，将重创"伊斯兰国"的财政收入。哪怕只达到一半的成效，也会使"伊斯兰国"出现6亿－7亿美元的巨大财政亏空。"伊斯兰国"的财政出了这么大的窟窿，它只有两个办法来填补，要么是大幅加税，让老百姓日子过不下去，这是涸泽而渔；要么就得拼命压缩公共服务的提供，减少水电气的供应，而这样的话，统治区内的老百姓就会产生怨恨情绪，削弱支持"伊斯兰国"的力度。

如果采取贸易禁运的话，还会使当地的物资短缺，进而引发物价飞涨。在"伊斯兰国"境内，一个普通人的收入大约是每月110美元左右，光吃面包就会消耗全部收入的三分之一，如果再加上恶性通胀的话，那老百姓日子就没法过了。其实，2015年"伊斯兰国"就已经出现了这种趋势，普通老百姓生活太差，已经贫困到了极点，只有加入"伊斯兰国"才能生存。所以，大量的年轻人被迫参加"伊斯兰国"的武装。

加入"伊斯兰国"武装之后，这些年轻人的家人每月就可以领到50美元的补贴，而且孩子的教育和医疗费用全免，自己还能每月拿到500－600美元，这就比当地人的生活水平高出很多。

不过，这种情况会使"伊斯兰国"的养兵成本大幅上升，与此同时，财政收入却在下降，这就导致了生产系统和战争系统之间的失衡，长此以往，迟早会出问题，这也是对"伊斯兰国"经济战的根本目标之一。

总之，"伊斯兰国"所发动的外线作战是典型的"搬起石头砸自己的脚"。它这么做只会导致生存空间受到极大压缩，全世界形成反恐统一战线，它的日子未来会越来越不好过。如果美国、俄罗斯和欧盟能够有效地进行合作，在军事战场和经济战场同时下重手，"伊斯兰国"的灭亡就只是一个时间问题。当然，这也是全世界热爱和平生活的人们的共同愿望。希望这些大国不会让人们失望。

中东乱局的历史根源

2015 年 5 月 18 日凌晨，在 5 天的人道主义停火结束以后，沙特阿拉伯领导的联军恢复了对也门什叶派武装的空袭。停火期间，伊朗曾派出一艘"人道救援船"前往也门海域，并放言伊朗将与任何拦截赴也门"人道救援船"的国家开战。双方矛盾的根源到底在哪里，中东乱局究竟还要持续多久？

一、在中东地区，沙特和伊朗之间较量不断

2015 年开始，沙特纠集了 10 个国家对也门开始大规模的轰炸，也门局势严重恶化。除此之外，联军还组织了 15 万大军，枕戈待旦，随时准备杀入也门。

沙特的军队如果从也门的北方打进来，对中东问题的复杂化可以说是推波助澜。

那么，沙特为什么要打也门呢？因为也门是沙特的南大门，是通往地中海的咽喉，所以他不能容忍胡塞武装控制也门。但为了战争的合法性和正义性，他们打着教派的旗号干涉别国内政。

但是大家可能会很奇怪，什叶派和逊尼派都是穆斯林，都信仰伊斯兰教，都读《古兰经》，为什么经过上千年了却还是如此互相搏命地残杀呢？要理解这个问题，就要理解什叶派和逊尼派矛盾的根源到底在哪儿，这就必须提到伊斯兰教的传播者——安拉的使者穆罕默德。当时他留下的谁是继任人的问题。

也门位于沙特以南，且是连接欧洲与亚洲、美洲的重要关口

二、安拉的使者穆罕默德

1. 幼年的穆罕默德历经苦难

穆罕默德先知在麦加出生，也就是沙特阿拉伯靠近红海一侧的城市。他从小就是一个孤儿，父母很早就去世了，外祖母把他带大。后来祖父把他送到了旁边的贝都因游牧部落去寄养。所以他的童年应当说是相当坎坷，经历了很多的苦难。后来他的祖父去世了，他的伯父领养了他，他的伯父是个商人，所以穆罕默德十几岁的时候就开始跟着伯父走南闯北做生意，经常到叙利亚一带（包括耶路撒冷）跑生意。穆罕默德为人诚实谦虚，办理公道，乐善好施，赢得族人的赞誉和信任，被誉为"艾敏"（即忠实可靠者）。

有一次，穆罕默德的伯父让他去帮助麦加城里的女富豪赫蒂彻打理生意。这个女富豪是个寡妇，在这个过程中，她跟穆罕默德的关系越来越亲近。经过观察，她发现穆罕默德精明能干，而且很诚实，长得也一表人才，所以就暗暗地爱上了穆罕默德。有一天，赫蒂彻问他，你愿不愿意娶我为妻。穆罕默德一想，自己的生活一直颠沛流离，家里也是一贫如洗，跟这个女富豪结婚之后，对他来说地位是有所提升的。所以虽然赫蒂彻已经年近40岁了，而穆罕默德才25岁，年龄差距比较大，但是穆罕默德还是毅然决然地冲破了很多阻力，跟赫蒂彻结婚了。这样一来，他在麦加的地位以及声望就得到了很大的提升。从那以后，穆罕默德才真正获得了在社会上受人尊重的地位。

2. 安拉晓喻他"你是安拉的使者"

但是穆罕默德不是个贪图享受的人，虽然日子过得不错，但是他经常跑到郊外的一个山洞里去苦思冥想。在他40岁那年，有一天他照常到山洞里思考时，山洞里面突然出现了一片白光，之后出现了一个天使。这个天使对他说，你是安拉的使者，你一定要大声说出来，要把安拉的旨意说出去。穆罕默德一听，说我不识字，所以不知道安拉说的是什么。这个天使就把穆罕默德紧紧地抱住。有关这段历史有很多版本，但是包括《古兰经》在内，都是认同这个版本的。穆罕默德被天使抱得很紧，喘不上气来，后来天使把他放开，穆罕默德怀疑自己是不是走火入魔了，吓坏了。然后赶紧跌跌撞撞跑回了家，蒙头大睡，虽然盖了好几床被子，还是觉得心里"怦怦"直跳。他的妻子赫蒂彻就问他是不是病了，怎么会突然变成这样？穆罕默德就把在山洞里的经历一五一十地告诉了赫蒂彻。他妻子一听也吓了一大跳，认为是不是碰到了什么走火入魔的事，或者碰到什么妖怪了，就跑到她的堂兄家去问。这个堂兄是一位精通基督教和犹太教的牧师，他听了之后说，穆罕默德是真的碰到了天使了，他说穆罕默德就是《圣经》里预言的即将出现的尊贵的使者。赫蒂彻回到家后就成了穆罕默德的第一个信徒。

　　一开始，穆罕默德还将信将疑，担心要是把这件事说出去，大家会怎么看我啊？但是后来反复出现神迹后，穆罕默德就下定了决心，要把这件事情说出来。所以他就开始在麦加城里传教了。

3. 显贵对穆罕默德逐渐不满

　　这时候，城里的很多显贵就非常不高兴，因为麦加这个城市比较独特，他们虽然是阿拉伯人，本应该是住帐篷，骑着大骆驼到处去乱逛，但其实不是，麦加是个商业城市，位于红海的旁边，当时拜占庭王朝和波斯人常年在整个中东地区的北部打仗，双方的战争持续不断，所以中国传统的丝绸之路在这个地方就被阻断了，只好改走海路，也就是经过印度洋再到亚丁湾，然后到也门卸货——就是现在闹得最凶的也门，它是个贸易中转站，历史上曾经非常繁华。大量的货物在也门卸货之后，由于当时红海海盗非常猖獗，所以转而走陆地，大量的骆驼队就沿着沙特西部的狭窄陆地向北一直运到叙利亚，然后经船运卖到欧洲。这是当时国际上的一条主要商道。麦加正好在这条商道的关键要冲上，所以是一个非常重要的贸易集散地。在麦加的阿拉伯人，叫古莱氏部落，他们不是游牧民族，而是在城市定居的商人。

当时的麦加还有一个特点。由于阿拉伯很多传统的多神教都把祭祀的中心放在了麦加，所以好几百个偶像都在麦加城内，逢年过节大家都来祭拜，这就带来了大量的朝圣人群，旅游收入很丰厚。既有贸易利润，又有旅游收入，所以这个城市非常富裕。

但是这些显贵一看穆罕默德在这儿传教，而且传的是一神教，万物之中只有一个真主安拉，其他都不是神灵，这就会导致多神教的人不到这儿来朝拜了，那不就会损失旅游收入吗？所以这些人对穆罕默德非常不满，想除掉他。

三、阿拉伯部族血亲复仇的传统

阿拉伯部族有个传统叫血亲复仇，就是这个部族中如果有人受到了伤害或被人杀害，整个部族的人都会发动起来把凶手给干掉。所以说，如果在阿拉伯部族中有人保护你，那就没人敢欺负你，如果没人保护，那就很危险了。当年穆罕默德的伯父相当于他的监护人，给他提供保护，他们的家族叫哈希姆家族，也是古莱氏部族的一支，所以其他家族要想动穆罕默德，还是有顾虑的，因为如果动了穆罕默德，整个哈希姆家族就会全族来报复，这个战争就打大了。所以他们不能不容忍。

随着穆罕默德传教的范围越来越广，有很多贵族和老百姓也相信了，而且南来北往的很多商人一到麦加，穆罕默德就传教，这些人也就陆陆续续把他的思想传遍了阿拉伯半岛。这时候，麦加的显贵就对他越来越不满。

正在这个时候，他的伯父去世了，哈希姆家族就拒绝再给他提供保护。麦加的显贵们随时都可以动手干掉穆罕默德，穆罕默德经常发现有人跟踪他，越来越担心自己的安全。

四、伊斯兰历史上的"徙志"

正在穆罕默德的处境非常凶险的时候，麦加以北的一个城市的商人就邀请穆罕默德说，你不是在麦加很危险吗，我们这个地方很多部族之间有纠纷，大家非常希望你来仲裁，而且来给我们传伊斯兰教。因为这些商人有的时候也到麦加来听穆罕默德的传教，就接受了伊斯兰教。穆罕默德决定分批分期向北方转移。但是，由于麦加的贵族对他盯得非常紧，他很难脱身。

这个时候，他伯父的儿子阿里帮了他，阿里是最早接受伊斯兰教的

男性信众，他穿上了穆罕默德的衣服假扮穆罕默德，晚上睡到了穆罕默德的床上，这样就躲过了监视人的眼睛，穆罕默德就连夜出逃了。

这一年是公元622年，也是伊斯兰历史上非常重要的一年，穆罕默德开始向北转移，史上称之为"徙志"，也就是战略转进。跟随他从麦加出来的人叫迁士，在另外一个城市接待他们的人叫辅士，辅佐他未来成就大业。公元622年也被伊斯兰历定为伊斯兰元年，战略地位非常高。

穆罕默德先知的堂弟、女婿、救命恩人、第一个男性信众阿里

五、穆罕默德成为麦地那政教合一领袖

穆罕默德将他所迁徙到的城市改名为麦地那，也就是先知的城市。由于取得了双重身份，穆罕默德的发展空间立刻扩大了很多，在麦地那变成了宗教领袖，同时还是市长。所有部落出了问题，都找他来仲裁。在麦地那，穆罕默德开始探索怎样把宗教用于治理社会，伊斯兰教才真正变成了政教合一，这种统治模式的原型就是在麦地那发展和壮大起来的。

安拉在《古兰经》中启示穆罕默德先知摩西及其经典《旧约》和先知耶稣及其经典《圣经》源于安拉。因此对犹太人和基督徒都比较亲近。在麦地那，他找到犹太人三个部族的首领商量：我对你们犹太教的先知是认可的，作为安拉的先知希望你们也认同我。但犹太人对这件事持有不同意见。这就导致了穆罕默德非常愤怒。最后由于各种原因，他把那三个犹太部落赶走了。

后来，穆罕默德还做了一个重大调整，本来伊斯兰教进行礼拜的时候，方向是对着耶路撒冷的，因为那是三大宗教的圣城。但是在麦地那期间，穆罕默德把伊斯兰教原先朝耶路撒冷礼拜的方向，改成了朝向麦加。如果去伊斯兰国家旅游的话，可以注意一下那儿的公共建筑，比如宾馆、餐厅等，你会发现房顶上一般都画了一个箭头，那个箭头所指的方向就是麦加，因为他们每天要做五次礼拜，外面的宣礼塔一广播，大家就要停下手上工

穆罕默德把伊斯兰教原先朝耶路撒冷礼拜的方向，改成了朝向麦加，这种用来指向礼拜方向的箭头在公共场所很常见

作，穆斯林都去清真寺礼拜，若有困难，就会就近找一块干净的地方，铺上地毯，朝麦加的方向去做礼拜，这是在麦地那形成的一个惯例。

1. 麦加日益衰落的同时，麦地那发展壮大

跟随穆罕默德逃亡到麦地那的迁士为了报复麦加贵族对他们的迫害，他们决定去打劫麦加往叙利亚方向去的商队。先知说这个主意很好，不仅可以抢夺战利品，而且可以削弱麦加的势力。但是麦加这帮人也很厉害，商队都配有很多保镖，搞武装押运。沿途不少阿拉伯的部族实际上都是倾向于麦加的，因为麦加人给钱，所以都帮着护送商队。穆罕默德先知带着麦地那的迁士们去抢麦加商队，其实是冒着很大风险的，他们是以少打多。但是，先知带着他的人马屡次成功地抢到了战利品，应该说，穆罕默德不仅是宗教领袖和政治领袖，同时还是位出色的军事领袖。

那么，抢来的战利品怎么分呢？穆罕默德通常把五分之四分给的迁士，五分之一分给孤儿寡母，因为他本身就是孤儿出身，所以伊斯兰教对于孤儿寡母的照顾是有特殊规定的。

在他打劫的这段时间里，麦加的商队和商业活动就被迫中断了，生意做不了了，而麦地那的势力越来越大，周围商道附近的阿拉伯部族就越来越多地投靠了穆罕默德。

2. 穆罕默德夺回圣城麦加

到了公元630年，也就是徙志后的第8年，穆罕默德在麦地那终于成就了大业，带领上万人杀回了麦加。麦加的贵族一看穆罕默德的大军压境，打肯定是打不过了，所以全城投降，所有人都皈依了伊斯兰教。圣城麦加被重新夺回。

穆罕默德回到麦加做的第一件事就是进入克尔白神庙，把多神崇拜的几百个偶像全部捣毁，天房就是一个大石头房子，里面只放了一件东

穆罕默德在麦地那成就大业

麦加这些人出于报复，组织了上万人的大军讨伐麦地那。但是先知穆罕默德再次发挥了他的军事才能，领兵打败了麦加的这些围攻者，所以他的声望在整个阿拉伯半岛一下子就变得无人不知、无人不晓，伊斯兰教传播的范围越来越大了。

西，就是一块陨石，非常朴素。伊斯兰教是反对偶像崇拜的，清真寺里面基本上没有人头像，也没有动物的画像、雕刻、雕塑等，大家甚至不知道穆罕默德长什么样，因为不允许这么画。但是基督教就不一样了，虽然它也是反偶像的，但是教堂里面宗教壁画、雕塑、主耶稣在十字架上这些雕刻到处都是，伊斯兰教跟它是很不一样的。

六、接班人问题导致伊斯兰教分裂

1. 什叶派的形成过程

好日子没过两年，630 年穆罕默德刚拿下麦加，632 年他的身体就不行了，重病后去世。这就留下了一个天大的问题——他没有指定自己的传承人是谁。同时，由于穆罕默德把自己定位成了封印先知，也就是自他以后一直到最后的大审判，再也不会有先知了，那么，谁来继承他呢？以什么名义去继承呢？这就成了一个重大的难题。后人们想来想去就发明了一个词，叫"哈里发"，也就是安拉使者的继承人。注意，不是使者，而是使者的继承人。但是，谁来做这个哈里发呢？大家又纠结了。按理说阿里是最有资格的，他既是先知的堂弟，后来又娶了先知的女儿法蒂玛，所以又是先知的女婿，同时曾经对先知舍命相救，还是伊斯兰教发展史的第一个男性信徒，在这么多条件集于一身的情况下，按照我们中国人的想法，他似乎最有资格继承先知的大业，这就是什叶派的想法，如果大家这么想，那就属于什叶派了。什叶就是追随者的意思，追随阿里。

　　但是当时阿拉伯的传承、历史和习惯不是这样，由于他们所生活的沙漠地区非常艰苦，部族随时有可能遭到灭顶之灾，还有强大的敌人，所以他们在推举首领的时候一般不采取血缘继承制，而是采取推举制，即在部族中挑最能干的、最能打的、最优秀的人来领导大家，这样部族才有生存下去的可能和希望。所以血亲继承的情况比较少，大家推荐的情况比较多。

2. 阿拉伯半岛乱象丛生部族反叛，伯克尔忠实贯彻先知意图

　　在穆罕默德病重期间，他其实是选任了他最信任的一个弟子——艾布·伯克尔来帮他来组织聚礼，各种大型活动也是让艾布·伯克尔出面。从这件事情上可以看出，他实际上心中默认的继承人是艾布·伯克尔，而不是阿里。

　　从穆罕默德选艾布·伯克尔做继承人这件事情上来看，说明先知是很有眼光的，因为在他死后，整个阿拉伯半岛出现了好多假先知，整个阿拉伯半岛都乱套了。而且很多部族开始反叛，他们说我们以前是跟穆罕默德签的契约，向穆斯林进贡交天课。但是现在穆罕默德去世了，这个契约就应该自动终止。在这种危难时刻，艾布·伯克尔起到了重大作用，可以说是挽狂澜于既倒。当时很多人都建议，为了拉拢部族可以降低条件，让他们免交天课，但艾布·伯克尔坚决反对，他强调必须非常忠实和完整地按照先知的意图办。注意，这就是先知选他做继承人的原因，因为他是百分之百严格地按照先知的话来做的。

的确，如果你降低了条件，信仰的凝聚力就瓦解了，这样就很有可能使年轻的伊斯兰教崩溃了，所以选接班人很重要。正是在艾布·伯克尔的努力下，整个伊斯兰教再次统一起来，通过平叛使阿拉伯半岛重新归于伊斯兰教大旗之下。

艾布·伯克尔清真大寺，艾布·伯克尔是伊斯兰教史上的第一任正统哈里发

3. 阿里的仁慈导致江山易主

在艾布·伯克尔之后，剩下的三位哈里发也是通过推举制产生的，这就是历史上的四大哈里发时代。四大哈里发的第四位终于轮到了阿里，但阿里遭遇了倭马亚家族的重大挑战。倭马亚家族与先知穆罕默德的哈希姆家族同属于麦加的古莱氏部族，是一个实力强大的家族。他们在一开始并不支持先知的伊斯兰教义，直到公元630年先知带人从麦地那打回麦加，倭马亚家族才皈依了伊斯兰教。由于倭马亚家族的实力强悍，先知仍然需要重用他们，让他们家的人当上了叙利亚的总督。先知健在时，倭马亚家族还是服从的，但等到阿里继任哈里发时，倭马亚家族并不想承认阿里的权威，于是双方就打了起来。

一开始，阿里本来已经在战场上占据了优势，但倭马亚家族的人很聪明，他们让手下的士兵们用兵刃挑着《古兰经》大喊道，穆斯林不打穆斯林，阿里这边的人一听，有些犹豫不决，就停止了进攻。结果倭马亚人说我们要求圣门弟子来仲裁，要开个会大家一起投票。阿里这时如果一鼓作

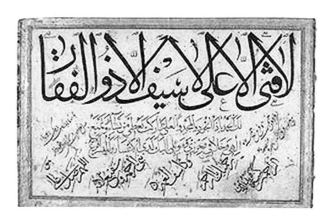

后人用阿拉伯语书写的对阿里的赞颂

气，坚决平叛，就会避免以后伊斯兰教出现大分裂，可惜，阿里后来遇刺身亡，倭马亚家族最后夺取了哈里发的大位，建立了倭马亚王朝。

4. 倭马亚人杀害阿里的后人，引发血亲复仇

在倭马亚人掌握伊斯兰政权的时期，他们进行了深刻的改造，因为在麦地那和麦加形成的是一种很原始的政教合一制度，不能适应一个大帝国的管理方式。倭马亚王朝接受了拜占庭帝国和波斯帝国的很多统治艺术，并大量重用希腊人和波斯人来管理帝国行政，后来终于建立起了一个强大的阿拉伯帝国，并开始四面扩张，使伊斯兰教迅速传到了欧亚非三大地区。

不过，倭马亚家族对阿里的后人始终有些不放心，因为阿拉伯人的很多部族仍然认为先知的血脉传人才能合法继承哈里发的权力。虽然阿里死了，但阿里的儿子侯赛因还在，他是先知的亲外孙，在阿拉伯人中具有强大的号召力，不除掉侯赛因，倭马亚王朝就存在着隐忧。有一次侯赛因在去伊拉克的路上遭到了倭马亚军队的伏击，侯赛因和70多个随从全军覆没，侯赛因也被杀死了，而且头被砍了下来，送到了叙利亚大马士革倭马亚王朝的宫廷。在总督府，先知亲外孙的头颅被送了上来，

总督拿着一个拐杖非常粗鲁地拨来拨去，旁边所有的大臣都吓坏了，有一个老臣惊叫："轻一点轻一点，那可是先知的亲孙子啊，我的天哪，我甚至看到了先知亲吻他的脸颊！"

倭马亚家族杀害了先知的外孙侯赛因这件事情传到了麦加和麦地那及整个阿拉伯帝国，很多人都感到非常愤怒，要求血亲复仇，这些人有一种强烈的悲情心结，为阿里和侯赛因打抱不平。正是这些人后来形成了什叶派。

穆罕默德先知的外孙、阿里的儿子侯赛因，后被倭马亚人围杀

5. 逊尼派的来历

可以说，85%的穆斯林还是归属逊尼派，那么，什么叫逊尼派呢？就是遵从逊奈者，也就是先知的圣训，只要听先知的话，这帮人就叫逊尼派。对他们而言，他们是要维护正统，不管谁来做这个王朝的皇帝，来做苏丹，来做哈里发，都不要紧，只要能使穆斯林的事业不断发展壮大，我们就认你为正统。这是逊尼派的心态。

在现代，沙特阿拉伯就是全世界逊尼派天然的领袖，道理很简单，先知和一大批追随者圣门弟子全都是阿拉伯人，都出生在现在的沙特，圣城麦加和麦地那也在沙特，他们四处征战所建立起的政教合一的制度同样是在沙特成型的，所以沙特认为自己就是全世界逊尼派的领袖，这难道还有争议吗？其他任何逊尼派国家是不可能跟沙特争这个领袖地位的。

所以我们看到，不管全世界哪里的逊尼派出了问题，沙特一定要出头，就是因为它有一种哈里发的心态，有一种先知继承人的心态。这是我们理解中东问题时必须要深刻领会的一点，沙特人内心深处拿的这股劲是哈里发的劲儿。

七、现代伊朗的三个主要情结：伊朗接受什叶派的原因

伊朗人大部分是什叶派，这跟伊朗的心态是有关的。伊朗之所以接受什叶派，原因有三。第一，伊朗人是谁？伊朗人是波斯人，他们可不是阿拉伯人，波斯人认为他们是居鲁士大帝的后代，身上流淌的是高贵的雅利安人的血液，波斯帝国在建立全世界最大帝国的时候，阿拉伯人还在沙漠上放骆驼呢！因此，波斯人有一种非常强烈的波斯文明优越感。

但是，后来波斯被阿拉伯人所灭，亡国了，所以他们又有一种悲情，正是由于这种悲情跟什叶派为阿里和侯赛因报仇的悲情非常类似，所以对于波斯人来说，他们从情感深处是愿意接受什叶派的。

最后一个原因就是，侯赛因在遇害之前，娶了波斯萨珊王朝的末代公主，生下了一个儿子小阿里，从老阿里算起的12代子孙，包括小阿里在内，在波斯被称为12位伊玛目，就是宗教领袖，伊朗的国教什叶派，也叫12伊玛目派，就是因为小阿里的后人既有先知的血脉，也有波斯王族的血脉，这使伊朗人备感亲切。

现代伊朗的什叶派有三个主要的情结混合在一起，第一是血缘传承，神圣的先知血脉与高贵的波斯王族血脉，他们都占了；第二是强烈的悲情心结；第三是波斯文明的优越感。这就是我们深入理解中东问题最重要的一个知识基础，有了这些基础之后，我们再去看现代所出现的中东乱局，就会有不同的领悟和感受。

2
Chapter

第二部分

观经济

删繁就简，才能判断趋势

10 ▶

新丝绸之路
颠覆海权时代

　　2013 年，中国超越美国成为世界货物进出口贸易的第一大国。在这背后的事实是中国的能源严重依赖进口。因此，如何保障能源安全成为中国亟待解决的问题。中国的"新丝绸之路"战略拟用高铁连接中东和欧洲，与海运展开竞争。本质上，这是一场陆权和海权的争夺——中国的高铁战略能不能颠覆他人称雄的海洋霸权？

一、地缘政治的核心目标是控制贸易通道

中国在这场地缘政治博弈中，到底是谋求一个怎样的布局呢？我们先解释一下什么是"地缘政治"。传统意义上讲，就是地理加政治的简单概念，但是我觉得未来的地缘政治中，应该加入经济的元素，或者说从经济角度来看，地缘政治的核心目标就是为了控制贸易的通道，左右财富的流向。比如在叙利亚的问题上，由于其所处的地缘环境非常重要——它恰恰处在波斯湾的油气向欧洲供给的中转位置上，是整个中东地区南来北往的油气输送管线的枢纽部位，所以这个地区才会引发俄罗斯、美国、伊朗、沙特、土耳其等多国之间的激烈博弈。

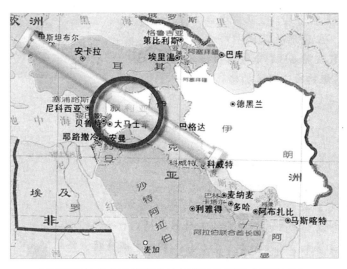

叙利亚恰恰处在波斯湾的油气送往欧洲的中间位置上

二、中国在地缘战略中的位置

中国在地缘战略中的位置其实并不太妙，如果从经济模式来讲，中国的经济体系就好像是一个庞大的机器，需要不断地从世界"吃进"各种能源和原材料，然后"吐出"工业制成品，之后这些中国制造的商品再流入全球市场。

这样来看，中国的经济模式实际上是两头都在外，即能源、原材料要靠外部世界供给，生产的商品也要依靠外部市场来消化。所以在这种两头在外的模式之下，哪一头出了问题，经济体系都会瘫痪。很多人说中国经济的规模现在接近世界老大了，实际上，在外向经济的模式下，规模越大，经济的脆弱性也就越强，当中国成为世界第一的时候，也就意味着中国经济的脆弱性也是世界第一。

三、维持经济体系运转的两个"必要"

在中国现有的模式下，要想保证经济体系的正常运转，有两个关键的工作必须做：一是必须确保能源和原材料的来源以及它的运输通道不出问题；第二是要保证通向世界市场的通道不出问题。

我们先看能源输入的通道，中国有没有问题呢？问题很严重。这就是长期困扰中国的能源安全问题。因为中国的石油、天然气主要来自中东和非洲，海上运输必经马六甲海峡，而马六甲海峡是一个非常窄的水道，一旦发生战争被封锁的话，就会导致中国的能源进口出现问题。如果发生这种情况，那么中国经济的瘫痪是可以掐着秒表按小时来计算的，所以说，这条通道在战时是完全不安全的。即便是在和平时期，马六甲海峡的运力也已经达到了满负荷，再加上海盗猖獗，所以这条通道实际上已经不能承载中国的整体经济运转，如果主要能源通道就这么一条，那么中国经济的危险性巨大。这也就是为什么最近十年以来，中国下了那么多功夫找其他的通道，就是为了来分摊马六甲海峡的风险。

四、"马六甲困境"的突破：四大能源战略通道

环顾中国，除了海上通道以外，十年之内还搞了四个主要的能源战略通道。

其中一条是西北通道，这条通道是 2004 年中国与哈萨克斯坦合作建造的，2009 年全线贯通，开始向中国输油，每年能向中国提供 2000 万吨石油。

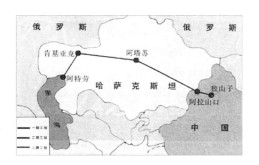

西北通道：中国—哈萨克斯坦输油管道向中国提供石油 2000 万吨 / 年

第二条是东北通道，这条通道是中国和俄罗斯签订的石油供应协议。当年的俄罗斯没有太把中国市场放在眼里，他们的眼睛总是往欧洲方向看，觉得那儿的市场大。但 2008 年金融危机爆发后，整个欧美经济都出现了严重的问题，此时俄罗斯突然发现，如果他们的市场仅仅依靠欧洲，风险巨大，必须开拓中国市场。所以在那样一个特定的情况下，中国和俄罗斯采取了贷款换石油的交

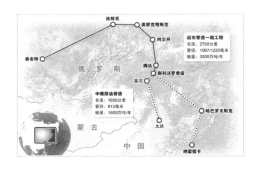

东北通道：中国—俄罗斯输油管道向中国提供石油 1500 万吨 / 年

西南石油大通道：中国—缅甸输油管道（上）向中国提供石油 2200 万吨 / 年

西南天然气线：中国—缅甸天然气管道（下）向中国提供天然气约 30 亿立方米 / 年

易方式，也就是由中国出钱，你帮我修管道，然后把石油运到我这儿来，这就是2008 年达成的一个重要交易。

这条管道从俄罗斯一直延伸到中国东北境内，到达大庆，每年能够向中国提供1500 万吨石油。为什么要到大庆呢？因为大庆油田是中国最大的油田，而且开发时间比较早，1959 年就已经被发现，至今已有半个多世纪。大庆油田最大的问题是产能的峰值已经过去，现在的产量在逐渐下滑，以前每年连续稳定产量 5000 万吨，现在已经下降到 4000 万吨。而且，在过去几十年中，经过不断的投资，大庆油田兴建了很多大型的炼油设备，如果产量还在减产的话，那么未来的炼油产能就会面临"断顿"的问题。所以，俄罗斯输送来的1500 万吨石油正好可以补足原油量，这样大庆的炼油就不会受到影响。

除了东北通道之外，中国还开通了一条西南大通道，从缅甸一直到中国的西南，途经昆明，最后抵达重庆。这条大通道最近刚刚打通，每年能够向中国提供 2200 万吨石油。我们可以这样算一下：西北一条，东北加上西南三条管道一共能够给中国每年提供 5700 万吨石油。

5700 万吨，这个数字听起来好像很大，但我们要先有一个概念，中国现在一年要消耗多少石油呢？5 亿吨！其中 3 亿吨依赖进口，管道输入才有 5700 万吨，在整个的进口比例中，占比不到 20%，所以 80% 的石油还得依靠马六甲，也就是说，马六甲困局虽然得到了缓解，但是还没有得到根本性的解决。这就要求中国必须找到新的通道，或者提升油管通过的能力，这样才能从根本上保证中国的能源安全。

五、雾霾的根治——四大天然气通道

中国的天然气布局，也是西北、东北、西南和东南四大通道，西北方向就是中国和中亚的天然气管道，这条管道已经全线贯通了，每年能够给中国提供330亿立方米的天然气。中国现在一年消耗多少呢？1800亿立方米，其中进口600亿立方米，也就是说，1/3要靠进口。在进口数量中，西北管线占了一半以上，也就是说，从陆地上来的管道占到了一半。这说明天然气的供应以及安全性还是有保证的。另外一条就是东北线，东北线是与俄罗斯在2014年签订了两个大协议，现在正在施工。西南线就是中缅的天然气管道，今年刚刚贯通，但是供气量比较小，2014年的统计数据大概是30亿立方米，还不及西北线的1/10。其他的就是从东南海上走液化天然气运到中国，这条管线占了小半壁的江山。所以如果将中国的石油和天然气的大致布局作对比，可以看出天然气的通道还是比较可靠的，或者说相对来说比较安全的。

既然西北线是中国最重要的进气线，那么这条线是跟谁在合作呢？是土库曼斯坦。如果看地图的话，土库曼斯坦位于中国的西部，但是与中国并不直接接壤，它的油气管线通过乌兹别克斯坦、哈萨克斯坦进入中国的新疆。在这条线路上实际上分成了ABCD四段，到目前为止，ABC三条线已经全线贯通了，每年大约可以给中国提供300多亿立方米的天然气，这300多亿立方米的天然气满足了中国25个省的使用量，有5亿多人直接受益，甚至连香港烧的都是中亚过来的天然气。

天然气有个非常大的好处就是，它属于真正的清洁能源，几乎没有什么污染。那么现在中国的年消费量是多少呢？是1800亿立方米左右。到

西北线：中国—中亚天然气管道目前可以向中国提供天然气 330 亿立方米 / 年

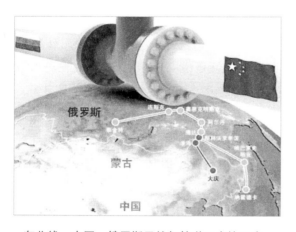

东北线：中国—俄罗斯天然气管道正在施工中

2020 年，中国的天然气消耗量预计要达到 4000 亿立方米，这是什么概念呢？这意味着会少烧 5.3 亿吨煤，所以对煤的替换作用非常巨大。中国现在一年烧 37 亿吨煤，雾霾问题之所以很难治理，就是因为我们的能源严重依靠煤，而只要烧煤，就会产生大量的硫、二氧化碳以及形成雾霾的种种颗粒。雾霾问题的根本原因是由于中国能源结构一次消费的煤占比过大造成的。未来如果中国能够大量使用中亚输送的天然气，雾霾问题就会得到根本性的好转。

就目前来说，我们每年的天然气使用量是 1800 亿立方米，到 2020 年，要增加到 4000 亿，这中间还差 2200 亿，那么，缺少的天然气上哪儿去找呢？在 2014 年，中国首先与俄罗斯签订了两个大单，总共加在一起，俄罗斯将会陆续给中国每年提供 680 亿立方米的天然气，这将大大缓解中国东北和西北的空气污染问题。

其实，除了从俄罗斯进口大量的天然气之外，中国最大的天然气供应商实际上是土库曼斯坦，到 2020 年之后，它仍然将是中国最大的天然气供应商。现在的 ABC 三条线已经全线贯通，给中国提供了大量天然气，D 线 2016 年全线贯通，ABCD 几条线加在一起，将会向中国的供应 850 亿立方米的天然气，可以说是个天文数字。这样一来，2020年之前中国天然气的新增量，俄罗斯和土库曼斯坦这两个国家就扛下了一半，所以这两个是大主顾。如果从地图上来看土库曼斯坦，它地处中亚，靠近里海，天然气储量在全世界排老四，存量是17万亿立方米。如果按照中国2014年进口600亿立方米的天然气来计算的话，土库曼斯坦一个国家能够满足中国280年的进口需求。当然了，它还不是最大的，俄罗斯是绝对老大，有48万亿立方米的天然气产储量，如果俄罗斯的天然气供应中国天然气的进口，如果按照2014年的数据来计算，可以给中国提供800年。

六、未来的新丝绸之路战略

如果我们把天然气的四大国——俄罗斯、伊朗、卡塔尔、土库曼斯坦——加在一起，按照2014年中国的进口量来计算的话，它们可以给中国提供2000年的天然气，也就是从秦始皇时代开始，一直可以烧到现在。所以中国必须与这四个国家搞好关系，因为它们处在中国的上游，供应着天然气，可以说是天然的盟友。在中亚地区，里海和波斯湾是全球目前已经探明的天然气存储量最大的区域，中国的新丝绸之路战略要面向欧亚大陆腹地去发展。那里有中国急需的天然气、石油等能源。

七、美国版"新丝绸之路"

既然中国能看到这一点，那么其他国家也能看到这一点，比如美国早就发现土库曼斯坦的地理位置极其重要，所以在2011年就提出了美国版的"新丝绸之路"，就是以阿富汗作为中心，经略整个中亚地区。

美国设计的南北走向的线路为土库曼斯坦－阿富汗－巴基斯坦－印度（简称TATI）以切断或弱化中国获得天然气

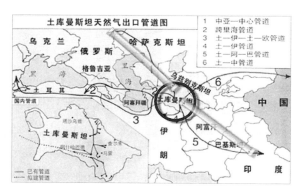

土库曼斯坦的天然气线往南走意味着天然气资源将脱离俄罗斯的控制

为什么要在阿富汗经略呢？因为阿富汗的地理位置极其重要，北边可以挡住俄罗斯势力南下印度洋的通道，同时还可阻断伊朗向东前进的道路，还会使中国向中亚发展去接近石油中心区的通道也被切断，所以美国把阿富汗当成了一个"防火墙"，主要目的是为了阻止中国、俄罗斯和伊朗这三大国在中东形成地缘的合力，如果这三个国家在中亚会合，那对美国的地缘挑战会非常巨大，这是美国坚决不想看到的。

那么，美国的思路是什么呢？即在中亚地区以阿富汗为中点，把土库曼斯坦的天然气向南导引，经过阿富汗、巴基斯坦，导引到印度，建设一条南北走向的油气大动脉。但是这对中国来说是非常不利的，原因很简单，土库曼斯坦虽然有很多天然气，但是它的开发能力是有限的，每年的生产加工能力只有这么大，中国已经插进去一根管子了，每年要吸走850亿立方米，印度如果也来个很大的"胃口"，也要吸这么多天然气，土库曼斯坦的生产就满足不了了。所以对中国来说，当然希望中亚的石油天然气管线全部是东西向，这对中国是最有利的，未来中国连一根管子就可以接入，这是中国最大的战略需求。但是美国偏不搞东西向，一定要搞南北向，就是因为美国要削弱中国获得天然气的能力，所以美国设计的线路从土库曼斯坦出发、经阿富汗、巴基斯坦，到达印度，这条南北走向的线路在国际上被称为TATI，即这四个国家的英文首字母。

如果美国的这条线全线贯通，那将对这几个主要国家产生什么影响呢？首先，对中国非常不利。第二，对俄罗斯也极端不利，为什么呢？因为土库曼斯坦现在的油气管道是向中国供应的，剩余的天然气是向北并入俄罗斯的天然气管线网，这样俄罗斯就可以廉价从土库曼斯坦购买天然气，然后高价卖到欧洲，中间赚到很大的差价，但是如果土库曼斯坦的天然气线往南走，那就意味着资源将会脱离俄罗斯的控制，这对俄罗斯当然是不利的。

八、地缘博弈与经济利益

美国这条管线的设计除了削弱中俄之外，还起到了另外两个作用，也非常巧妙。第一是拉拢印度，美国可以对印度说，我给你修了一条天然气管道，你可以得到急缺的能源，经济就可以发展得更加迅速，这样你就不要再跟中国和俄罗斯混了，跟我混吧——这就起到了瓦解金砖五国凝聚力的作用。第二个作用，就是把巴基斯坦和阿富汗绑在美国的反恐战车之上。巴基斯坦和阿富汗是什么关系呢？巴基斯坦是逊尼派，阿富汗的塔利班也是逊尼派，与沙特的逊尼派同盟。美国之前希望巴基斯坦出兵去打击塔利班，巴基斯坦没有太大的动力，道理很简单，因为大家都是逊尼派，这就好比"伊斯兰国"崛起之后，土耳其为什么不出兵去镇压呢？因为土耳其是逊尼派，"伊斯兰国"也是逊尼派，毕竟是一个体系的。所以，巴基斯坦以及土耳其，对塔利班也好，对"伊斯兰国"也好，都是出工不出力，反恐并不动真格的。美国希望这条管道贯穿之后，土库曼斯坦位于最上游，天然气的产出首先经过阿富汗，然后经过巴基斯坦，换句话说，阿富汗如果发生了乱子，那么巴基斯坦也得不到天然气，就会损失经济效益。因此，未来为了自身的利益，巴基斯坦反恐就会更积极一些。

美国的这个策略非常高明，通过这条管线，第一，削弱了中国的天然气供应；第二，削弱俄罗斯对全球天然气的总体控制力，打击了普京的能源战略；第三，拉拢了印度；第四，把巴基斯坦和阿富汗捆绑在了一起，让巴基斯坦成为反恐的急先锋。

但是这条管道到现在为止没有建成，原因是什么呢？就是因为阿富汗地区的塔利班太猖獗，美国十几年硬是没有搞定塔利班，管道没法修，所以印度和巴基斯坦这两个急缺能源供应的国家就等不及了，这条管道不通过来，他们就烧不上天然气，国家的经济发展就会受到很大制约。这样一来，就逼着他们找其他的出路，这就是世界天然气储备第二大国——伊朗。

伊朗最大的天然气田是波斯湾中部的南帕尔斯气田，如果从伊朗的南帕尔斯修一条管道，走东西向，横穿巴基斯坦，然后再到印度，这条管线不仅是距离近，而且安全性强，完美地符合了巴基斯坦和印度的需求。但是由于它是东西走向，美国当然坚决反对。因为这条管子最后如果跟中国连在了一起，通过巴基斯坦连到了中国的喀什，地缘局面就会发生变化，伊朗、巴基斯坦、印度、中国及俄罗斯的利益就全部搅在一起了。为什么这事跟俄罗斯有关系？因为伊朗本身想修一条伊斯兰管道，把南帕尔斯的天

中亚、中东东西管道再向北到中国喀什就会使东西管线又将伊朗、巴基斯坦、印度、中国及俄罗斯五国的利益集合在一起

然气通过伊拉克、叙利亚卖到欧洲去，如果这条线到了欧洲，那在欧洲就与俄罗斯形成了竞争，伊朗可是个强劲的对手。如果伊朗的天然气往东走，那俄罗斯会很高兴，相当于俄罗斯的天然气在欧洲市场上少了一个强大的竞争对手，所以俄罗斯是非常支持这件事的。中国也支持，俄罗斯也支持。但这件事情是美国绝对不想看到的。这几个大国搅在一起，在中亚将会形成一个地缘合力，那美国还怎么领导中亚这些国家？它在阿富汗岂不成了一个非常孤立的据点？它就不能发挥地缘影响力了。因此，美国必须阻止伊朗、巴基斯坦和印度线搞的东西线。

九、"五英"战吕布

对中国而言，最理想的局面是在里海和波斯湾之间的所有天然气和石油管线都为东西向，这样的话，中国就可以很方便地将油气导入新疆，再从新疆通过西气东送的管线辐射内地，这是中国最希望看到的局面。但是美国坚持南北走向，削弱中国未来获得中亚天然气的能力。如果土库曼斯坦修南北走向的管线到达印度或者印度洋的话，那么大量的天然气资源将会通过印度洋被转卖到欧洲去，或者供应世界其他市场，中国就得不到这些资源了。这就好比一个水泵，它的产水能力是有限的，结果中国也插根管子，印度也要插根管子，其他国家都要插管子进去，大家都拼命吸，这个水泵产水量就会不足。

所以在中亚的天然气和石油管线上，就形成了两大对立的阵营，中国、俄罗斯、伊朗、巴基斯坦、印度这五个国家站到了一条战线上，都想尽快地把横线，即伊朗到巴基斯坦、印度这条东西线修好。美国则是以一对五，古时候说三英战吕布，现在是"五英"战吕布，美国坚持要搞南北走向的管线，双方争执不下。围绕着天然气管道的走向，在中亚爆发了一场大国之间能源战略的激烈博弈。

11 ▶

中国暗助伊朗
破美封锁

中国是有着大量能源需求的国家，所以迫切需要
保证各条能源大通道安全通畅。巴基斯坦的瓜达尔港
作为扼守波斯湾及南亚的咽喉要道，将作为中国西线
油气通道连接中东油气资源、平衡南亚诸国势力的关
键所在，而作为美国传统势力范围的中东地区，也正
在围绕能源展开政治博弈。

在中亚地区，美国与五个大国——中国、俄罗斯、伊朗、巴基斯坦和印度——在石油、天然气管线设置的方面，发生了尖锐的矛盾。五大国想从伊朗修一条东西走向的天然气管线，即从伊朗南帕尔斯油田横穿巴基斯坦，然后送达印度，国际上称这条管线为IPI。而美国想修一条南北走向的管线，从土库曼斯坦出发，经过阿富汗、巴基斯坦，最后到达印度，这条线被称为TAPI。IPI还是TAPI？这不仅是经济问题，更是政治问题。

一、IPI 管道阻碍美国的核心利益

美国之所以不想让东西方向的管线修成，是因为这条管线会把伊朗、

IPI 管线（集合了五大国利益的东西管线）：
伊朗 – 巴基斯坦 – 印度

中东 – 中亚 – 南亚石油管线局势：
五大国东西管线和美国南北管线发生冲突

巴基斯坦、印度、中国和俄罗斯这几个国家搅在一起，形成利益共同体，从地缘角度来说，对美国极其不利，所以美国要以一对五，把这件事"搅黄"。

二、燃烧的小宇宙：印度的大国崛起野心

要搅黄这件事，美国是怎么做的呢？第一招，瓦解印度。美国人开始分析客户需求——印度最大的希望是什么？能不能满足它的希望，然后让它放弃这条管道？其实印度最大的渴望就是全球认可它的大国地位。但全球大国有一个基本条件，就是必须是核大国，五大常任理事国都是核大国。印度要想成为全世界公认的大国，也必须拥有核武器，这就是印度长期以来梦寐以求的目标。

1998年，印度连续进行了一系列的核试爆，结果引发了美国的制裁，因为常任理事国都有核武器，已经搞得美国筋疲力尽了，如果印度也搞出核武器来，那未来全球的利益就更难平衡了。所以除了这五个核大国之外，美国坚持其他国家统统不许搞。结果印度坚持要做核试爆，克林顿就开始坚决对印度进行经济制裁。

美国对印度经济制裁了很多年，搞得两国关系长期以来就非常冷淡，这种局面一直持续到了2009年。美国开始重新评估这件事了：一方面，印度实际上已经拥有了核武器，这是全世界都知道的事，要硬不承认，对美国来说并没有明显好处；另一方面，如果印度把这条管线修成了，这五个国家的力量就搅在了一起，对美国的现实利益损失更大。所以美国经过权衡利弊，就跟印度做了一笔交易——美国公开承认印度是全球的核大国，换取的条件就是，放弃东西走向天然气管线。印度一听这个条件就很兴奋。所以在2009年，美国政府公开承认了印度的核大国地位，与此同时，印度宣布放弃修建东西向的天然气管线。

印度对美国的承认还是很看重的，它的小宇宙空前燃烧，觉得自己现在是全世界的核大国了，要跟五大常任理事国平起平坐了，印度很得意。美国用了强大的利益诱惑，使印度宣布退出了 IPI 管线建设。

如果这条管线没了印度，那就不是 IPI（伊朗、巴基斯坦、印度）管线了，而变成 IP（伊朗和巴基斯坦）管线了。美国的第一招瓦解了印度，这手做得非常漂亮。

三、巴基斯坦面临美国多重威胁

美国的第二招，是威胁巴基斯坦。为什么对印度是采取诱惑，而对巴基斯坦要采取威胁呢？因为巴基斯坦和塔利班都是逊尼派，在反恐战争中，巴基斯坦对美国的配合不是太给力，对于打击塔利班不感兴趣，表面上做给美国看可以，但是真让痛打，不愿意出这个重手。而且，很多塔利班的人都藏在巴基斯坦，甚至包括本·拉登。本·拉登最后是在巴基斯坦的首都伊斯兰堡的近郊被击毙的。所以美国对巴基斯坦这种不太配合反恐的态度非常有怨言。那么，在东西向的天然气管道问题上，美国对巴基斯坦的态度是威胁——绝对不允许搞。

四、美国全力制裁伊朗

第三招是针对伊朗。对于伊朗和印度都要搞核武器，美国是允许印度搞，而不允许伊朗搞，这就是个典型的双重标准了。不管怎么样，印度和伊朗的待遇是不一样的，伊朗是绝对不允许去研发核武器，哪怕是搞核能发电也不许，美国对伊朗采取了严厉的经济制裁，包括金融制裁。

　　第一，切断伊朗与海外之间的美元清算通道，所有用美元做的交易都不允许搞了，这就严重地打击了伊朗的对外贸易；第二，连伊朗的中央银行和全部银行体系在内一起制裁，基本上就是把伊朗跟国际金融市场的联系切断了，更狠的是，把伊朗的金融体系踢出了布鲁塞尔的SWIFT机构，把这个开关关上了，使伊朗跟所有国家用货币结算的交易全部停摆。可以说，美国为了对付伊朗可谓是用尽了各种手段。

　　除此之外，就是针对伊朗—巴基斯坦这条管线进行制裁，也就是IP管线。上文我们提到过IPI管线，即伊朗、巴基斯坦和印度的英文首字母缩写，但由于没有了印度，所以改叫IP管线了。美国将这条IP管线也列在金融制裁的清单上，这就意味着谁要掺和这个事，就连谁一块儿制裁。本来中国是大力支持这条管线的，比如中国工商银行就曾经准备提供15亿美元的贷款，因为巴基斯坦没钱，那么中国说我来给你出钱修这条管线。结果美国把IP管线列入金融制裁的清单之后，一下子就把中国吓坏了，工商银行就不敢做这个事了，因为要做的话，连工商银行一块儿制裁，如果把工商银行列入黑名单，那工商银行的全球生意就做不了了。所以中国工商银行撤出去了，不敢做这个资助了。

印度撤出后，IPI管线变成了IP管线（伊朗—巴基斯坦管线），美国继续又把IP管线列入金融制裁清单

五、印度面临能源危机

美国通过诱惑印度、打压巴基斯坦、严厉制裁伊朗三管齐下，终于把 IP 管线制止住了。这件事情又拖了三年。

到了 2012 年，印度的"小宇宙"开始冷却了，他们终于意识到，虚荣心是得到满足了，但虚荣心不能当天然气烧，严重的能源短缺问题不仅没有得到缓解，反而愈演愈烈——2012 年 7 月，印度夏天的温度特别高，而且那一年的降雨量又非常少，结果导致了印度的水力发电供电量不足，而印度的水力发电占全国电力生产的 19%，如果水力发电不给力，老百姓在 40 多度的高温之下都开空调，用电量就会暴涨，结果 2012 年 7 月全国电网出现了史无前例的大瘫痪，印度 27 个省中有 20 个省停电，5 亿人每天生活在没有电的状态下。这样的话，经济还怎么发展啊？印度巨大的经济机器突然就卡壳了。2012 年 7 月的全国大停电，导致印度爆发了一场对能源短缺的"歇斯底

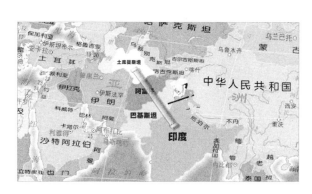

美国阻止印度与伊朗合作计划的第一招：
修土库曼斯坦－阿富汗－巴基斯坦－印度天然气管线

美国阻止印度与伊朗合作的第二招：
将液化天然气通过海运从卡塔尔运到印度

里"的反应——不惜任何代价，必须搞到能源！

痛定思痛，印度决心重新上马 IPI 管线，从伊朗去进口天然气。美国三年前为了安抚印度，曾承诺很快修好南北线，结果三年后美国仍然没有搞定塔利班游击队，管线修不过来。这个时候，美国就对印度说，你千万别跟伊朗合作，我给你提供紧急解决方案：第一，关于缺气的问题，一定加快动工、尽快供气。

但这还是"远水不解近渴"。那怎么办？美国的第二招是通过卡塔尔供应液化天然气。卡塔尔位于波斯湾的旁边，是全世界最大的液化天然气生产基地，与伊朗共享南帕尔斯气田，在卡塔尔这一侧叫北方气田。美国就让卡塔尔把液化天然气通过海路运到印度，因为液化天然气运过来之后，需要解压、降压，把它还原成天然气。美国说我来帮你做这件事。这是第二个办法。

第三个办法就是，美国放开与印度的核能合作。2012 年有很多新闻媒体报道美国和印度的核能合作，原因就在于此。

六、巴基斯坦的迷茫

美国通过这几个办法，暂时把印度压住了，但巴基斯坦的问题还是很严重，巴基斯坦能源短缺的问题比印度还惨，可以说到了令人发指的程度。全国城市平均每天停电 8 小时，乡村平均停电 14 个小时，这还怎么发展经济？发电厂没有油，也没有气，运转不了，就发不了电，整个经济就面临着崩溃，所以巴基斯坦就来求美国：你还是让我修吧，我得不到天然气，得不到能源，整个经济发展就搞不起来。而美国还是严厉说：绝对不能搞。

1. 伊巴签署协议

这时，巴基斯坦想，难道活人真要被尿憋死？伊朗这边也很郁闷，本来是雄心勃勃在修伊斯兰天然气管道，通过伊拉克接到叙利亚，然后卖到欧洲，结果叙利亚打得一塌糊涂，这条管线用不上，天然气不能够向欧洲供应，伊朗坐守着巨大的南帕尔斯油田这么大的宝藏却无法变现，也是急不可耐。最后，伊朗和巴基斯坦就商量，豁出去了，干脆不管美国怎么做，要制裁就制裁，我们把这条管线修起来。结果，在没有印度参加的情况下，伊朗和巴基斯坦签署了动工协议。

2013 年 3 月，伊朗和巴基斯坦总统在伊巴边境举行了盛大的开工典礼，这条管线正式动工。这可把美国惹得非常震怒，对巴基斯坦发出了严厉的外交警告，只要再动工，马上就进行经济制裁加金融制裁。

2. 沙特的"刀下留人"

正在美国已经举起屠刀准备下手的关键时刻，突然有人大喝一声"刀下留人！"

谁蹦出来了呢？沙特蹦出来了，它要出面调解这件事情。为什么呢？因为沙特自诩为伊斯兰世界的领袖，且巴基斯坦又是逊尼派的，与沙特是同一个派别，沙特觉得全世界逊尼派的事都是它的事，所以这件事一定要管。这是一层原因。

还有一层原因是，沙特其实也非常担心，美国人虽然现在是我的保镖，但是保不定哪一天就会抛弃我。沙特的这个担心有没有必要呢？当然有。因为美国中央情报局在反复出报告说，沙特这种王朝统治说不定哪一天就会被"阿拉伯之春"这种民主运动所推翻。这种消息传到了沙特耳朵里，听着是很难受的，所以它必须在中东找一个"备胎"。那么在整个伊斯兰世界，谁是它最强大的盟友呢？是巴基斯坦。巴基斯坦与它的理念是相合的，除此之外的重要一点是，巴基斯坦有核武器，这是沙特非常看重的，因为一旦美国不再保护它了，它将会面对伊朗的强大挑战，那时，它需要一个强大的盟友来帮助它，巴基斯坦这个"老弟"是用得着的。

于是，沙特出来劝架：且慢，先不要制裁巴基斯坦，我去跟它谈一谈。沙特就跑到巴基斯坦说，你们不就是缺钱嘛，因为没有钱，所以买不到石油和天然气，发电厂就没有燃料……干脆我给你出笔钱好了，你欠我一个人情。于是沙特给巴基斯坦提供了15亿美元到国际市场上去采购原油，有了原油，就可以发电，经济开始出现好转。

2014年3月，沙特的15亿美元给了巴基斯坦之后，巴基斯坦在同月宣布，暂缓境内的天然气管道的施工。巴基斯坦给出的原因是，美国即将对巴基斯坦进行制裁，所以这件事暂缓了。这个消息爆出来之后，一下就把伊朗气炸了，为啥？两国签的是合作协议，伊朗这边早就动工修建了，而且按照预定计划，伊朗境内的900公里的天然气管道已经铺完，就等巴基斯坦这边700公里的天然气管道了。

当时双方谈的是在2014年12月31日之前全部完工，2015年1月就开始通气收费了。结果伊朗境内的900公里天然气管道修完了，巴基斯坦这边说不干就不干了，伊朗就马上翻协议看惩罚条款，惩罚的条款是如果巴基斯坦不能准时完工的话，每晚一天罚款300万美元——这可是重罚了。巴基斯坦就叫苦连天：不是我们不想承诺国际协议啊！是美国那边的压力太大，如果我们要修的话，会受到制裁！而且，这应该算是法律条文中的不可抗力！因为当时签署协议的时候，美国没有把IP管道列入制裁清单。现在美国突然变卦，这属于不可抗力，与地震、火灾的情况是一样的，所以我们不该被罚款啊。双方就这个问题就吵起来了。

七、瓜达尔港成IP管线建设关键

就IP管线这件事情，伊朗是不依不饶，巴基斯坦很头疼，苦思冥想解决的办法。当然，巴基斯坦也知道这么做的确是有点太不仗义了，说不过去，人家伊朗管道都修完了，如果自己不接着修，那么伊朗900公里的管道就废了，一点用都没有，对伊朗来说是个巨大的损失。所以巴基斯坦就回过头来想出路，最后，在高人的指点下想出了个妙招。于是巴基斯坦又找到伊朗商讨解决的办法。

1. 瓜达尔港口的开发

原来，在巴基斯坦靠近伊朗的地区，有个港口叫瓜达尔港，巴基斯坦准备在这个港口兴建大型的液化天然气的接收装置，是中国帮忙修建的。这个装置建好后，从瓜达尔港向北修700公里的管线，就可以通入巴基斯坦的内地了。伊朗可以不直接卖气给巴基斯坦，这样做美国可能会不高兴，伊朗可以把天然气先卖给波斯湾对面的阿曼，阿曼有液化天然气的装置，把天然气液化后再卖给巴基斯坦，美国是无法阻止的。

为什么美国不管？因为2014年6月，"伊斯兰国"崛起了，打得中东鸡飞狗跳，美国必须依赖伊朗出兵帮忙。当时"伊斯兰国"都已经打到了巴格达城下，伊朗再不出兵，巴格达很可能失守，而一旦失守，伊拉克东南地区可是大油气田的聚集地，很多外国公司有重大的利益，所以美国需要"伊朗志愿军"去帮忙打"伊斯兰国"。所以，对伊朗的很多制裁就必须放缓，比如天然气，伊朗就可以在市场上公开销售了。经济制裁是放缓了，但是IP管线仍然被列入制裁清单。美国是特别痛恨这条管线，因为这条管线将会形成永久的地缘政治变化，把几个大国

巴基斯坦境内靠近伊朗的瓜达尔港

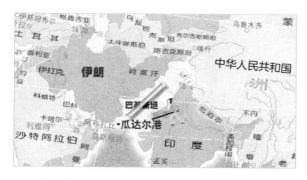

瓜达尔港管线：伊朗→阿曼→巴基斯坦的瓜达尔港

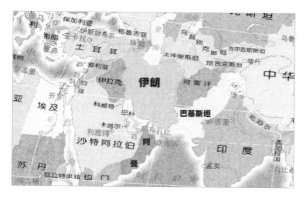

阿曼成了伊朗和巴基斯坦的天然气中转站

搞在一起，美国是很难对付的。所以它不允许伊朗修管线，但可以容忍伊朗卖天然气。这样一来，伊朗可以把天然气卖给阿曼，在阿曼进行液化之后，通过海路运到巴基斯坦的瓜达尔港，然后通过中国的液化天然气的解压装置，还原成天然气之后，通过管道输送到巴基斯坦的内地，这个交易就完全合法了。

巴基斯坦告诉伊朗，我在境内的瓜达尔港修管道跟美国是没关系的，也不在制裁清单里。你卖天然气给阿曼，这个事美国也不管，而且是允许的。阿曼把它液化之后运到瓜达尔港，这也不违法。经过这样的交易之后，你的天然气不还是我买了嘛！瓜达尔港的管线还是用的伊朗的天然气。伊朗一想，倒是这么回事。但是这有个问题，我这儿900公里的管道怎么办？不能废那儿啊。巴基斯坦又说了，你看瓜达尔港的地理位置，距离伊朗边境只有70公里，距伊朗已经修好的石油管道只有91公里，伊朗你不要着急，等美国哪天把IP管道从制裁清单里面撤走了，我立刻就可以把91公里的管道修好，分分钟的事，最终还是天然气走管道卖到瓜达尔港，然后再通向巴基斯坦全境。

2. 中国的高瞻远瞩

那么，巴基斯坦的这个主意是哪个高人给它出的呢？我自己猜想，应该是中国。

为什么中国给它出这个主意呢？因为中国很早就看中了瓜达尔港的地理位置，一直想经营这个港口，把它的运营权拿过来。

那么，这个港口有什么特别之处呢？瓜达尔港的地理位置极其重要，它离波斯湾的霍尔木兹海峡只有 400 公里，要知道，全球 2/3 的石油出口都要经过霍尔木兹海峡，也就意味着都要经过瓜达尔港。所以这个位置可以直接监控全球绝大多数的石油出口的动向，这是非常重要的一点。

第二点，这个港口也是中国从非洲、欧洲、中东等地购买各种商品、原材料、能源往东方运输的一个重要的中转站。如果中国能够拿下瓜达尔港的经营权，那就可以从瓜达尔港向东北方向延伸修建油气管道，加上高速公路、铁路和光缆等等，就可以形成"中巴经济走廊"。从瓜达尔港一直穿向中国新疆喀什，全长 3000 公里。这条管道一旦建成，将是中国第五条重大的战略能源通道，中国一直有这个想法。这条战略通道搞成之后，从非洲来的石油、中东来的石油以及液化天然气，就不用再走印度洋途经马六甲海峡了，可以直接运到瓜达尔港卸货，然后走管道直接通向中国的喀什，再接上西气东送的其他管道，就可以供应中国内地了。

瓜达尔港离波斯湾的霍尔木兹海峡只有 400 公里

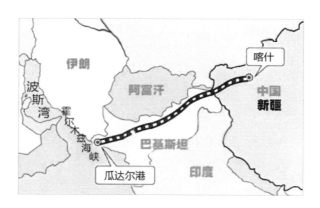

中国未来第五大战略能源通道：瓜达尔港－喀
什经济线全长 3000 公里

　　还有一点，这种方案比走马六甲海峡要少 8700 公里的路程。路程上的缩短就降低了运输成本。未来中国从欧洲或者其他地方购买的商品，可以在瓜达尔港卸货，通过高速铁路或者高速公路运到中国境内，同理，中国境内的商品也可以通过公路和铁路运到瓜达尔港，然后再走海路，辐射非洲和欧洲。这是一个战略捷径，所以中国非常看好瓜达尔港的经营权。

　　如果仔细观察巴基斯坦的海岸线，就会发现那儿有两个重要的港口，一个是靠近伊朗的瓜达尔港，还有一个是靠近印度的卡拉奇港。卡拉奇港本来是个天然良港，但是它的问题是靠印度太近，打起仗来会出问题。因为印巴是发生过战争的，在印巴战争期间，卡拉奇港受到过印度的猛烈轰炸，所以巴基斯坦不敢全部依靠卡拉奇港搞运输，而一定要开发那个相对安全的瓜达尔港。瓜达尔港以前是个小渔村，战略位置虽然重要，但一直没有得到深度的开发，主要是因为巴基斯坦没有这么多钱。由于中国看上了这个地方，在 2002 年中国和巴基斯坦签订了协议，由中国投资、出人、出设备，准备把这个小渔村改造成现代化的良港。中国对这件事寄予了很大的希望，一直想深度经营瓜达尔港，这是中国在印度洋的唯一出口，非常关键。

八、中国的第五大战略通道：瓜达尔港经营权争夺战

经过三年的建设、两年的试运营，到 2007 年时，瓜达尔港基本上已经可以满负荷正常运转了，中国非常希望巴基斯坦把经营权移交过来。但是，中国能看出来瓜达尔港战略位置的重要性，美国自然也能看得出来。美国一看，中国是想在这儿搞军事基地吗？或者想在这儿派驻军舰吗？瓜达尔港守着霍尔木兹海峡，是全球石油的供应的咽喉要道，美国人认为这个港口绝对不能交给中国人来运营，于是就对巴基斯坦政府施加了强大压力，给谁也不能给中国。那么，最后给了谁呢？在美国的压力之下，巴基斯坦把这个港口的经营权交给了新加坡，让新加坡的港务运营公司来打理瓜达尔港。中国白高兴了一场，本来港口是我们建设的，我们对这儿的情况最熟悉，还要建设通往中国西部的战略大通道，都水到渠成的事儿了，最后突然变成了新加坡人搞运营，这对中国来说是个重大的打击。

不过，新加坡人高兴得太早了，瓜达尔港还有一个特点，如果我们看巴基斯坦的地图就会发现，它的位置是在巴基斯坦西南方向的俾路支省，俾路支占巴基斯坦领土的近半。该省地广人稀，一共只有 900 万人口，而且这 900 万人口中不少人是长期具有分离主义倾向的，里面还驻扎了大量的逊尼派极端分子，经常会有什叶派和逊尼派的矛盾冲突，甚至是流血冲突。巴基斯坦的联邦安全部队还得到这儿来镇压，所以这个地方很乱。不仅如此，这个地方的经济也非常落后，缺少公路铁路等大型的设施。中国本来想的是，如果经营瓜达尔港的话，会投很多钱进去在这个地方兴建大量基础设施，所以就会有物流。但这个港口交给了新加坡人，新加坡人就在这儿守着一个空港，周围没有物流，没有基础设施，南来北往的船看到瓜达尔港，风景确实很漂亮，但谁也不停留，因为要是卸货的话，往哪儿运啊？公路没有，铁路也没有，是与哪儿都不通的经济死地。

　　本来合约签给新加坡人 40 年的运营权，但是新加坡搞了 6 年后发现搞不下去了，没有足够的货运量，亏本亏得太厉害，干脆提早抽身了。运营瓜达尔港不是新加坡能搞得定的，要想把它的作用发挥出来，就得投巨资，在巴基斯坦建很多经济设施、基础设施，而且还要通向中国，才会有物流。新加坡没有这个意愿，也没有这个能力，也搞不定这么复杂的关系，所以 2013 年它撤了。

　　这个时候巴基斯坦乃至全世界人都已经看出来了，瓜达尔港除了中国运营之外，没有第二个国家能把它搞活。所以这时不管美国再怎么施加压力，巴基斯坦政府毅然决然地把这件事交给了中国。

　　2013 年，港口的经营权顺利地转到了中国手上。这个时候，局面立刻翻转，中国政府宣布加大对中巴经济走廊的投资力度，未来将会投资450 亿美元的巨资从瓜达尔港修建油气管道、高速公路、高速铁路、光缆等，齐头并进，横越 3000 公里，一直修到喀什。把这条大通道搞通之后，对中国整个的第五条战略通道将会起到重大的作用。

未来中国将会投资 450 亿美元修建中巴经济战略通道

　　不过，经营瓜达尔港这件事其实还有个问题就是，美国非常担心这条油气管道修好之后，印度缺气缺得太厉害也会加盟，也要求从这条管道中插根管子进来，那不又成了伊朗、巴基斯坦、印度和中国搅在一块儿的局面了吗？局面如果朝这个方向发展，对于美国的地缘战略简直是一场噩梦。很明显，美国不想看到这个事情的顺利进行。

九、中国西线油气通道的三大障碍

　　虽然中国这个战略规划非常好，可以说是相当高明，但是这中间还面临着三个障碍，第一个障碍就是刚刚提到的，美国不会这么情愿地让中国把这个事搞成，中国现在修吧，砸了钱，投了人力物力，把港口修好，管道也修好，高速公路、铁路、基础设施都全部建完了，万一巴基斯坦换人了怎么办？换人之后又被美国的压力制服了怎么办？如果巴基斯坦再把营运权从中国手中拿过去，可就麻烦大了。这是不可不防的第一件事。

　　第二个障碍是俾路支省。这个地方非常不安全，有长期的分离主义倾向，再加上逊尼派和什叶派的宗教冲突，还有塔利班游击队在中间活动，要想把这条经济大动脉打通，中国必须得游说各方，搞定各方关系。比如说俾路支人，中国一定要告诉他们，这条大通道修完之后，你们是最大的获益者，你们的经济发展了，包括就业等各方面都会得到很好的保证，所以中国必须在这个地方修医院、学校、公共设施，而且还要帮别人建好，否则就不能赢得当地人的信任。

　　除了他们之外，还有塔利班以及很多宗教极端分子。换句话说，这些人必须保护或者尊重中国的利益。这是第二个非常难的障碍，也非常考验外交智慧，搞不定这儿的安全问题，经济大动脉就会出问题，如果这个地方老发生绑架或袭击等案件，谁还敢在这儿做生意啊？

　　第三个障碍是这条大动脉从瓜达尔港延伸出来之后到达中国的边境，

克什米尔地区的地质情况非常复杂

是要翻越克什米尔地区的。克什米尔地区的地质情况非常复杂，而且巴基斯坦和印度之间还有争议。这个地区的平均海拔是 4000 — 6000 米，既有喀喇昆仑山，又有喜马拉雅山，要穿过这么高、这么复杂的地形条件，对中国的工程施工有着重大的挑战。目前全世界最长的隧道不过 25 公里，但是中国要逾越这两座大山脉，可能最长的隧道会打到 250 公里，也就是比现在的世界之最还多 9 倍。如果能把这件事做成了，那绝对是一个人间奇迹。

　　另外，还有一个潜在的隐忧就是，叙利亚之所以出事，是因为它处在能源大通道的枢纽位置，而瓜达尔港其实也处在中国第五条大通道枢纽的位置上。叙利亚和瓜达尔港的地缘战略位置是相同的，而且也有潜在的宗教冲突以及分离主义。如果有第三方势力强行介入，长期渗透，当中国把这些基础设施搞完之后，如果当地爆发了流血冲突、宗教冲突，甚至内战，整个俾路支省将会出现叙利亚化。所以中国一定要事先防止，必须要有前瞻性，这个地方绝对不能乱，乱了就会是天大的麻烦。

12 ▶

互联网金融
2.0 重组财富

　　在线教育在美国创造了一个一万亿美元的商业机遇，比特币的兴起以及史上最大 IPO 案例阿里巴巴的出现，刺激着无数投资者涌入互联网金融的盛宴。但大家还没意识到的是，互联网所具有的快速迭代特色，也将发生在互联网金融领域，缺乏清醒认识的玩家，很可能只是在追逐着互联网金融前进的尾灯奔跑，无法上车。因为互联网金融 2.0 版本已经到来。

一、以一本书窥探互联网未来图景

在讲述互联网金融 2.0 之前，我想通过一本书来做一个基本介绍，这本书就是美国作者凯文·凯利的《失控》，这是一本真正能够击穿脑洞的书，我自己就被打穿了好几个"洞"。本人也是看过不少书的，自认为"脑壳"是比较坚硬的，但是读了这本书之后，深受触动。书中的很多理念已经不仅仅是在谈技术了，也不仅是在谈互联网，而是上升到了哲学的高度，告诉读者一个认识世界的新的方法论。

1．去中心化的群体决策

在这本书中，凯文·凯利提出了互联网中一个非常关键的概念——涌现。我们可以用蜜蜂群体作为解释：在每个蜂窝中，数万只蜜蜂的运动其实是有强烈规律性的，既不是某一只蜜蜂说了算，也不是蜂后说了算。实际上，蜜蜂的所有运动是整体通过一个密切而相互的作用所产生的结果。也就是说，它们的运动不是一个人在领导，而是蜜蜂群体的集体决策。

例如，蜜蜂在寻找一个新的搬迁地方的时候，首先是几只工蜂出去探路，找到一个地方之后，工蜂们飞回来用一种特殊的姿势来跳舞，就像是在说："那个地方位置不错，挺好，建议我们搬家搬到那儿去。"它们一跳舞就引发了更多的蜜蜂到那儿去探路，结果这些蜜蜂回来之后，就以一种更夸张的姿态来进行旋转和跳舞，说那个地方真好，我也同意。

然后，就会有更多的蜜蜂飞去看。结果是出现一个庞大的蜜蜂群体在旋转，代表着我们都支持去那儿。在这个过程中，并不是蜂窝的老大——蜂后来决定它们去哪儿，而是集体决定的，老大是跟着大家一块儿去那个地方。这很有意思，也就是说，蜜蜂是采取了一种去中心化的理念来管理自己的。

这就揭示出一个重要的观念，群体智慧的产生，是由简单的单体通过相互联系而产生互动所涌现出的某种特征。

2. 分布式计算提高协作效率

美国在设计机器人的时候，很多科学家都认为，机器人应该像人一样，有一个"大脑"，也就是中央处理器，来统一接收所有的信息；而手、胳膊和腿都是传感器，来接收距离、位置和障碍物的信息。但是，他们发现用这样的方式设计出来的机器人根本动不了。为什么呢？因为需要处理的信息量太大了，导致信息超载，中央处理器处理不过来，机身就动不了了。

后来，有科学家说，我们用一个简单方式来试试。于是，科学家们又做了一个机器爬虫实验。这个机器爬虫有六条腿，每条腿上有一个微型马达和一个微处理器，来控制这条腿是升还是降。整个机器爬虫没有"大脑"，没有中央处理器，但是这六条小腿之间所产生的信号，是可以相互传递的。每条腿只做一个简单动作，即抬起来放下去，再加入一个算法，即当一条腿抬起来的时候，另外五条腿则向该方向倾斜，这条腿放下的时候，其他腿跟进，虫子就向前移动了一步。这是一个极其简单的算法。但是，用这么简单的一个算法所制作出来的小型机器爬虫，却具有非常高的智慧，因为它真的动起来了，而且碰到障碍物，它知道怎么躲避或翻越。每条腿只做自己要做的那一点事情，然后彼此之间保持相互的通讯即可实现爬行的复杂动作。这也就阐释了互联网思维的另一个重要特点——分布式单体的简单智商，能够涌现出一个更高级的智商。

3. 互联网的三大核心理念

通过以上例子，我们已经把互联网最核心的理念抓出来了。互联网是一个没有中心的地方，没有中央处理器的控制，互联网上的每一个计算机都有可能宕机，但是绝不会影响整个互联网的运作，所以它是一个去中心化的体系。第二，它是分布式的体系，也就是每个计算机都会提供一定的计算能力，所以叫分布式计算。第三是普遍的相互连接。

去中心、分布式、泛连接，这就是互联网所带给世界的三大特点。由于这三个特性，互联网会自发涌现出一些单体，就是每个计算机或每个人所不具备的特征。互联网思维的诞生，使成千上万相互连接的个体、人或机器，共同涌现出了某种独特的更高级的智慧、个性和脾气。

在这样的情况下，整个互联网就不是一个死东西了，而是具备了"生命"，而且能够自我进化。我们大家常说互联网思维，其实就是要理解互联网中每个单体聚合在一起所能够创造、涌现出来的一种新的特性和思维方式，这个过程其实就是互联网所有商业生态不断进化的一个根源。

二、互联网上产生新经济模式

那么，传统的经济模式和互联网所产生的经济模式之间会有什么差别呢？

农业时代的财富来自于土地原生物，只有土地里长出来的东西才叫财富，其他的都不是财富。

1776 年，亚当·斯密发表了《国富论》，那是工业革命刚刚启动的时代，亚当·斯密最先发现了一种崭新的经济现象，或者说，他发现了财富新的根源：除了土地原生物之外，机器所加工生产出来的最终产品或工业消费品也是财富。当时，很多人不理解，工业产品怎么能叫财富呢？只有农产品才叫财富啊。他们认为所有机器生产出来的东西只是土地原生物的衍生产品，不能单独归类为财富。

我们现在理解工业财富是没有问题的，我们知道汽车是财富，手机是财富，各种各样的工业消费品以及电视、冰箱等等，这些都是财富。

但是我们现在已经逐渐过渡到了一个互联网创造的新时代，财富的性质发生了变化。以前，我们都知道商品分为工业消费品和农业消费品，但是互联网上所创造出来的很多新东西，也就是

亚当·斯密，经济学的主要创立者，著有《道德情操论》和《国富论》

群体所涌现出的很多新的经济模式，我们还没有全盘公认或接受，所以称之为虚拟经济，就是因为我们认为这些是虚头巴脑的东西，看不见也摸不着，只是存在于互联网上的一种电子形式，那能叫财富吗？我们的社会还不太认同。

1. 体验经济时代正在到来

其实，互联网已经创造出了很多新的财富形式，我们可以称之为"精神消费品"。相对于工业消费品而言，现在越来越多的产品，已经不再是满足人们日常生活中物质上的需求了，而是满足精神上的需求。实际上，我们已经进入了工业时代的下一个时代，我称之为"体验经济时代"，因为它已经跟传统经济时代不一样了。

在体验经济时代中，经济发展的主要动力源于体验的丰富和对体验

的追求。比如，我们花两百块钱去看电影，进了电影院，看完之后啥也没买到，两手空空地出来，那我们为什么要做这件事？主要原因就是当我们进入电影院，灯光全部熄灭，仿佛在一个封闭而黑暗的空间中，一下子进入了一个另外的世界，体验到了非凡的精神感受，不管看的电影是浪漫片还是探险片，它都能把我们从日常生活的琐碎、烦躁和纠结中抽离出来，让我们的精神进入另外一个世界。我们觉得这件事太过瘾了，感觉自己换了一种活法，所以愿意为这种纯粹的感受消费两百块钱。

　　旅游也是一种纯感受的经济类型。我们为什么要花钱到另外一个城市旅游，或者去一个风景区旅游？因为我们想摆脱雾霾，我们想摆脱周围乱七八糟的事情，去峨眉山，去五台山，去任何一个崇山峻岭，在那儿呼吸着新鲜空气，一下换了一种活法，我们觉得那样的感受值得花钱去体验。

　　还有个例子，为什么女孩都喜欢背爱马仕包呢？爱马仕的包价值好几万，甚至几十万，一些高档包甚至更贵，那么她们主要买的是什么？买的是感受，因为她们背着包在大街上走的时候会有很多人回头看，都夸她的包好看，她买的就是那个回头率，以及回头率带给她身份的一种体验，这种体验给她一种愉悦感。所以，她宁愿花比一头牛贵几倍的钱去买一个小牛皮包，买的就是一种感受。

　　同理，很多人买豪车，为什么呢？因为开着豪车在路上一走，会引发所有人的关注，大家都会说这个车好，这个人肯定是个大老板，他买的也是回头率，买的也是别人对他身份的一种认同，也是一种心理感受。为此，他愿意花几倍的价钱去买这个车，难道真的是这个车的发动机比国产发动机要好几倍吗？寿命长十倍吗？不见得。

　　即使是在传统经济领域中，也有很多消费中含有大量的体验成分，这是一种精神消费。而且，越来越多的传统领域产品的高附加值是源于体验和精神消费的，这些领域在互联网领域中叫"线下领域"。

2. 一场数学引发的教育革命：在线教育创造新财富机遇

线上领域基本上就是纯粹的体验，这种体验的精神产品有很多。

有一个叫萨尔曼·可汗的美国年轻人，学数学出身，毕业之后在一家经纪公司工作。有一天，他发现他的侄女数学学得很不好，众所周知，美国的数学教育普遍是比较差的。因为他的侄女在另外一个城市，所以他就给侄女通过互联网进行远程教育，告诉她应该怎么学好数学。

他讲得非常有趣，非常生动，而且概念把握得非常准确，所以他的小侄女数学成绩提高得很快。后来，有很多朋友都来问他能不能给我们的孩子也补习一下数学。他想，一个一个教的话，效率太低了，我不如做成视频放到互联网上，让大家都看视频不就完了吗？于是，他就在自己家里的衣帽间，拿着摄像头，拍摄自己讲数学的视频。每个视频 10 分钟，把一个数学概念讲透。后来，他从小学数学一直讲到了高中微积分，又讲到了大学的高等数学，总共做了 4800 个视频，在网上获得了极大的成功，视频总点击率已经接近 5 亿，4800 万人是看他的视频学数学的。美国有两万多个学校，有了他的视频后，上数学课时，老师就不讲课了，直接给学生看可汗的视频，老师只负责答疑。同时，他还是个计算机高手，写了很多计算机的数据挖掘程序，制作了一些计算机软件，用来帮助小孩发现自己学习过程中的弱点。他还把很多学习点、知识点设计成了小游戏。所有小孩都觉得这种学习方式既有趣又生动，能够像打游戏一样学习，所以在孩子之间就疯传开了。

有一天，可汗在看电视的时候看到，比尔·盖茨在接受采访时说，最近有朋友给他推荐一个讲数学的视频，说讲得非常好，叫可汗视频，结果他拿来一看觉得真的讲得不错，现在他的女儿都看可汗的视频来学数学。这在美国造成了一个巨大的冲击，这是教育革命。很多美国教育家都说这是一个真正的颠覆性事件，现在全美的教育系统都是 17 世纪末普鲁士的教育体系，那是工业化初期的成果，所谓"教育"就是把孩子们集中在一起，摇铃铛上课，7 岁一个年级，8 岁一个年级，9 岁一个年级，批量培养，批量生产，是为了工业化服务的。但是现在可汗给我们一个巨大的提醒，学习知识是可以采取分布式方法的，4800个数学知识点完全可以分散学习，并非所有人都需要按照一定的路径学习，不同年龄段的学生可以从任何一个点切入，只要掌握了这个知识点，再给他不断地推送，让他掌握更多的知识点，然后再学新的东西，这样每一个孩子都可以根据自己的特点和特长、学习习惯和生活习惯，学会自己控制时间和学习进度，这就是典型的"互联网思维"。

每通过一个知识点，设有相应的严格的考试，而且考题可以互动。现在很多网上教育公司软件开发得更深入，通过挖掘大数据，把每个学生在某个知识点上被卡住的所有信息全部抓出来，然后进行深度挖掘和分析，就发现很多小孩在9：50到10：10分之间，会因为肚子饿而学习效率很低，所以，在那个时间段就不安排他学习；有些人在11：15到12：00，学数学效果非常好，但学语文效果很差。通过对每个学生的数据挖掘，系统就可以告诉学生自己学习的盲点在什么地方，而且还可以针对这个学生的特点定制学习内容。

自古以来，我们就讲教育要"因材施教"，但是没有互联网，没有大数据，就不可能做到因材施教。因为一个老师要对付50个学生，怎么可能做到因材施教呢？但互联网是能够做到的，通过大数据挖掘，给每个小孩单独制定针对他特性的一整套教学方案。可汗网上教学所引起的一场教育革命，在美国形成了强烈的冲击。

2012年的《福布斯》杂志有一期封面故事就讲到了可汗的互联网教育革命，标题是《一万亿美元的商业机会》。为什么呢？因为美国每年在教育上的投资是1.3万亿美元，如果都采取可汗这种教育方式，这意味着在数学、化学、物理等学科上，全球只需要几个最顶尖的人，把教育中的所有知识点离散化，然后放到互联网上进行竞争，最终会有一个或者几个赢家。这将是一个颠覆性的革命，这样一来，全世界千千万万的物理老师、数学老师就没有事情干了，这也就是"赢家通吃"的局面。例如可汗，他一个人就可以包打数学的天下了。

三、互联网的核心精神塑造出新的价值体系

可汗的数学视频大获成功后，有风险投资商对他说，你的商业模式可以做成一种收费模式，每一个人收 10 美元，那你立刻就会成为 10 亿美元的富豪，再一上市，那就更不得了了！可汗其实是个屌丝出身，他是孟加拉到美国的移民，生活在美国一个底层社区，他的妈妈还是个单亲妈妈，家里很贫穷。他是位穆斯林，全名是 Abdal RaShid Salim Salman Khan。他通过自己的勤奋努力，考上了麻省理工学院（MIT）。四年读完了数学和计算机科学，拿了两个本科学位，还拿了个硕士学位，可以说他是个天才。但是，可汗拒绝了风险投资商的建议，他说我做这个事情就是要把它做成一个免费教育，要是每个人收 10 美元，那么发展中国家的孩子不就看不起了吗？

可汗宁愿做一个中产阶级，只接受别人的捐助，也绝不收费。一个人竟能够拒绝 10 亿美元的诱惑，在这点上，我觉得他体现了一种互联网思维——共享。可汗曾说过一句话，我觉得很有震撼力，他说我想象不到我的生命中还有任何一种方式，能比我现在活得更有意义。

这种精神跟安·兰德的理念截然不同，安·兰德的理念是，一切都是私有的，人一定要把财富占为己有。其实不然，在互联网时代，你会发现很多人，像特斯拉和可汗这种人，他们更看重自己对社会的贡献，而不是自己占有多少，所以他们改写了人生价值的公式。人生价值等于你为这个社会创造的价值，除以你所得到的收获，比值越大，人生价值就越大，这跟以前的其他工业时代的价值体系是不一样的。

四、互联网时代的财富源于精神消费

可汗所创造的在线教育革命，是一种典型的精神消费品，它可以改变

千万人乃至上亿人的学习质量，最终改变他们的生活质量，而且他做成的视频可以永远留存下来，未来若干代人都可以通过他的视频提高自己的能力，这对整个社会的贡献价值是非常巨大的。这是一个典型的精神消费品的例子。

除此之外，现在还有很多都可以归为精神消费品，比如，我们在网上所进行的资讯消费；还有即时通讯，如微信，人们为什么会经常刷朋友圈？因为我们需要消费这种人际关系，这也是纯粹的精神消费。另外，互联网上的娱乐，比如优酷上有很多网剧等视频内容，这都是精神消费品。

那么，这些领域所创造的东西，到底叫不叫财富？现在的经济学家也许会说这不叫财富，这都是些虚头巴脑的东西，点开就能看的视频怎么能叫财富呢？如果一个人这样认为，那么他的思想已经完全落伍了。因为未来将会是一个精神消费品生产创造的速度远远高于工业制成品速度的新时代。未来的互联网所创造出来的价值，规模会越来越大。而工业消费品和精神消费品之间的差距就相当于农业产品和工业消费品之间的差距，工业消费品会被远远甩在后面，这就是未来崭新的经济时代，跟我们现在的经济面貌会完全不同。

1. 未来经济图景：互联网左右财富流向

在这种全新的经济时代中，不是仅仅只有我们现在看到的这些简单东西，它的背后还需要一套庞大的生产体系。大数据的挖掘和采集就相当于工业革命时代的采矿业；而这些数据的储存相当于现代社会的仓储和物流行业；互联网上数据智能的搜索相当于工业革命时代的冶金行业，因为它是对数据进行收集、加工、锻造，最后生成半成品，以供其他行业使用；其他方面，比如云计算，相当于以前的能源行业，它输出的是计算能力，就好比电厂输出多少瓦特功率是一样的；量子计算机的重要性就相当于内燃机的发明，因为它提供更强大的计算能力；工业自动化，它对应的未来互联网的概念就是人工智能；整个软件行业的生产、制造，还有软件工具的提供，就相当于现代工业中的装备制造业。

我们生产出的最终精神消费品，是需要一个庞大的产业体系来支撑的。这些体系在未来会创造出大量的就业机会，这才是未来经济发展的真正动力。以现在年轻人、大学生创业为例，他们现在都去什么行业创业呢？我们很少听到创业者说我准备建一个钢铁厂、我准备建一个水泥厂……大部分年轻人创业都是进入了互联网行业，这说明那里才有真正的机会，那里才能快速地创造财富。例如，目前一家游戏公司一个月所带来的流水甚至超过一个大型钢铁企业。像可汗这样的视频，如果进行收费的话，他所获得的收益会远远超出一个汽车工厂。这已经说明财富创造正在发生着根本性、颠覆性的变化。为什么现在国际上的富豪排行榜榜上有名的不再是传统的钢铁大王、石油大王、房地产大王？因为传统的财富创造现在正在被互联网的新模式所取代。

2. 从 Linux 操作系统看互联网所带来的三大根本性变化

去中心、分布式、泛连接——互联网所带来的三大根本性变化已经使得互联网的生产过程跟传统行业不一样了。传统工业社会的生产过程是集中化生产，原材料集中使用，能源集中供应，产品集中存放，工人们必须集中在工厂上班，所以必须形成一种集中式的管理体系。与之相对应，金融体系也必须走集中化的道路，这就是中央银行会在工业革命时代出现的原因。因为没有强大的资金，你就搞不了大工业。而互联网行业正好相反，它是去中心、离散化、泛连接的，大型的互联网项目，很多都是离散化进行的，比如最大的开源项目 Linux。

Linux 操作系统是开放的，它的开发者遍布世界各地，他们不是集中在一起上班，而是核心设计人员给出一个核心的设计理念，把设计的整个操作系统的零部件全部做成图纸放到网上，然后志愿开发者来领图纸，按照图纸进行生产加工，做完之后再上交，最后经过检验通过，整个这套软件系统就越来越庞大。注意，在 Linux 的生产过程中，每一个开发者都处在世界各地，当然，他们也没有必要集中在一起；它的生产过程是离散化的，而不是集中在一起生产的；时间也是不同步的，可能这个人上午做这件事，另外一个人可以下午做那件事，所以它的生产过程是非常不同于传统工业的。

五、互联网金融的四大特点

1. 大型投资变成分散型投资

这种去中心、分布式、泛连接的互联网生产过程也给融资带来不同的需求。在传统时代，如果一个项目需要 100 亿，就要去银行贷款了；但是在一个离散化的互联网时代，资金需求变了，每一步生产都是一个模块化的生产，而不是集中化的生产，这也就带来了投资和融资的离散化。投资者没必要一口气给一个项目进行大规模融资，他可以把整个庞大的产品链的流程进行分散化：第一步我可以给投资，第一步完成之后，比如说产品概念、设计蓝图完成之后；第二步投资是搞个 DEMO，也就是初级产品出来；样品出来之后，你可以加工生产了，我再给第三步投资，然后再给你第四步投资，完成 QA 和质量管理之后，最终我再给你一笔投资。于是，面向项目的大型投资被分解成面向流程的分散型投资，这是第一个特点。

2. 融资的离散化：众筹时代来临

第二个特点是离散化，因为生产过程中的每一步都可以模块化，可以外包给其他人去做。所以，融资也可以从面向一个项目变成面向一个对象或一个模块，进行小规模融资，就像大家经常提到的众筹。

比如，我参与了一个大型软件项目，负责生产中间的一个模块，现在需要融资，谁给我融资呢？当然都是圈子里头的人，这些人很了解这个模块的重要性，于是，很多人来给我提供融资。在这个圈子里，每个人都是生产者，每个人也都是消费者。在这个过程中，融资就被离散化了，也不是集中起来对一个大项目进行融资，而是对一个个的小模块进行融资，而且你的投资者，不是一个跟你不搭界的银行的人，而是你的圈内人，或者崇拜你的粉丝，非常希望你把这个事情做好的人。在这样的一个生产过程中，还需要规模大得像恐龙一样的传统银行来投资吗？传统银行能做到这样的融资吗？其实这就提出了一个新的挑战，传统银行业在未来精神消费的领域，特别是在离散化、去中心、分布式、模块化的融资体系中，应该如何生存？

未来人人都是银行，每个人都可以做一笔金融业务。融资成了一个离散化的过程，这就是未来的新兴金融业跟过去的金融业之间的一个本质差别。圈内人可以给自己的体系提供资金，不再需要一个集中的大规模资金，然后再把成千上万的模块组在一起，形成一个庞大的软件体系，这个软件体系就可以生产、加工、制造各种各样的精神消费品了。新的生产流程就需要融资模式必须发生重大改变。

3. 传统货币的互联网化：比特币的诞生

除了融资方式之外，货币本身也会发生变化，甚至中央银行体系也会发生变化。现在的法币和中央银行体系都是适应于工业时代的大工业生产的，也就是需要集中财力才能做大事，所以需要中央银行。

但是，目前生产过程的离散化和经济活动的分布化，导致中央银行未来也会成为已经灭绝的"恐龙"。那个时代需要一种新的货币，那种货币本身就是去中心化、分布式、泛连接的，这种货币现在已经出现了一个雏形，就是风靡全球的"比特币"。比特币的最大特点是不经由中央银行发行，也不是由某个机构发行，它是通过算法计算出来的。比特币的存放也不是集中存放，而是分布在每个加入比特币系统的计算机上，每个计算机都有存放，所以它是分布式系统。

而且，它规定了货币上限，永远不能超过，这就有效遏制了通货膨胀。这样的体系代表着未来的经济，这是互联网 2.0 时代经济发展的一个基本特点。

当然，比特币的设计还是有缺陷的，比如，它最大的问题就是货币的刚性上限——不能突破 2100 万个，这就导致比特币必然刚性升值，所以大家就会一窝蜂地冲进去抢比特币，就形成了炒作、投机，最后这个泡沫会破裂，会使很多人亏钱。

真正理想的货币是什么样的？是既没有通缩，也没有通胀，货币价值是稳定的，大家持有货币只是为了用它来进行交易和购买东西，而不是为了投机，互联网货币能做到这一点，因为在互联网上所有东西都是开放的，比如比特币，所有的交易记录都存在网上，是透明的，人们完全可以通过算法计算出全网有多少精神消费品、有多少需求、有多少钱。我能计算出来今天新增了 50 万个商品，然后判断所对应的货币量、明天的需求会有多大，然后新货币系统会进行自适应的货币供应调整。注意，货币供应必须是自适应的，既然明天有这么大的货币需求，那今天晚上我的整个算法就会发生变化。如果能这么调整的话，你就可以满足整个新货币的供应量跟互联网经济的增长量近似匹配，这中间当然会有一定的时差，但基本是匹配的，所以人们不需要去炒作新货币，它能够提供一种保值的功能，但不是可以投机的货币。

4. 未来的金融设施也将发生革命

除了比特币之外，我觉得未来的金融基础设施也要发生重大变化。

比如支付系统，通道应该是彻底免费的。现在已经有些产品可以做到这一点了，比如"瑞波币"，这套系统的设计初衷其实就是提供免费的支付系统。怎么支付呢？就是所有互联网上的各个结点都要采取一种共识的机制，要所有结点都表示同意之后才能转账，这种方式的效率非常高，不管你转到天涯海角，转一笔账只需要 4 到 5 秒钟，而比特币却需要几十分钟，因为两个系统的算法是非常不同的。支付系统如果全免费，那么对整个互联网的生态发展将会起到一个巨大的推动作用。

除此之外，征信系统也会发生革命。征信系统收集的信息是非常不全面的，而且收集起来非常费劲，但在网上就不存在这些问题。因为我们有数据挖掘技术，所有的转账记录和付款记录都存在网上，每个计算机上都有，只要用一个软件就能够把数据挖掘分析出来，我们就可以准确地知道这个人在网上的行为、他的网上转款记录，就可以得出他的付款情况是不是靠谱。所以当你用智能挖掘技术去解决征信问题的话，这个问题就变得非常简单，而那时网上的经济规模恐怕超过实体经济好几倍，实体经济已经被边缘化了，这一天一定会到来。

如果未来农业高度的机械化、工业高度的自动化、高度的智能化，大量机器人可以把绝大多数的工业机会取代掉，那么现在的工人们去哪儿呢？其实，每个人都加入了互联网，加入了制造精神产品的新行业，这个行业也给每个人的特长提供了一个巨大无比的空间。你的天赋中哪怕有一点超出常人的地方，你就可以把它做成产品，在互联网这个超级大市场中就会有销路。我们很多人总是担心技术的进步，生产率的提高会带来失业问题。其实完全不用担心，每个时代都一样，这就好比一个圆球，球越大，表面积越大，同理，经济规模越大，复杂程度越高，分工越精细，它所需要的就业人口就越多。农业领域排除的一些人，工业领域中就会创造更多就业机会给他们；而很多工业的就业机会压缩之后，其他行业就会创造更多就业机会。整个经济的进化生生不息，创造的就业机会总是越来越多。

从互联网1.0向2.0进化的过程中，对生产、财富的定义以及对融资的需求都会发生本质性的变化，而我们现在仅仅是在1.0的阶段。在互联网2.0的阶段，精神消费品的生产商和与之相匹配的所有产业链条，将是创造财富最多、增长最快的。他们对资金和融资的需求也将会发生本质性的变化。然而，在那样的一个时代，我们现在传统的金融行业，传统的银行行业，还能不能适应，这就要打一个很大的问号了。

13 ▶

人民币汇率贬值
恐陷第二战场

2015 年 8 月中旬，人民币兑美元汇率中间价连续贬值 3% 左右，有央行人士表示，此轮贬值是为了调整和完善人民币兑美元的中间价报价机制，使整个汇率形成机制更加市场化，这将有利于汇率的长期稳定。那么，人民币汇率的趋势究竟会如何发展？普通老百姓需要兑换美元来对冲风险吗？

一、算一算中国的外汇储备量

2015 年 8 月，人民币兑美元汇率中间价连续贬值了 3% 左右，很多人都开始换美元。而汇率的变动也影响了股票市场，因为对股票市场来说，下跌和做空不会造成根本性的冲击，汇率才是问题的源头。

1. 人民币资本外流知多少

2015 年 7 月，有几个国际大投行对人民币的资本外流做了一些估算，摩根大通认为，在过去的五个季度中，中国的资本外流规模十分惊人，已经达到了 5200 亿美元；而高盛跳出来说应该是 8000 亿美元。这个消息出来之后，国内的很多学者就开始反驳，指责摩根和高盛都是瞎分析，根本没有那么多。

要验证这个问题，我们可以回顾一下中国的外汇储备。2014 年 6 月，央行公布的数据中显示中国的外汇储备总额是 3.99 万亿美元，也就是接近 4 万亿；但是到了 2015 年 6 月底，新的

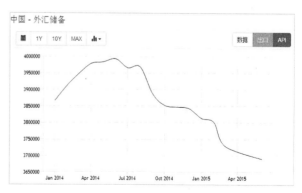

中国的外汇储备（2014 年 1 月 –2015 年 4 月）

数据显示是 3.69 万亿美元——大概少了 3000 亿美元。

关于这个数据，不同的人有不同的看法。有的人认为，减少的外汇储备金额不完全是由资本外流造成的，因为中国的外汇储备中也持有大量的欧元和日元，而且 2014 年一年的时间，欧元、日元对美元贬值了十几个百分点，所以是这种汇率损失造成了账面上的亏损，而不见得是资本外流造成的。

还有人把央行 2014 年整整一年的结售汇逆差做了统计，发现 2014 年的逆差总额大概是 2400 亿美元。这就意味着大家以前是争相把美元换成人民币，而现在则是偏于持有美元，所以才会出现这么大的逆差。如果把这些数据综合在一起分析，资本外流是一定有的，而且数目应该还不小，是达到了 5000 亿美元还是 8000 亿美元，我们姑且不论，光从外汇储备减少的规模看，这就是一个非常惊人的数字。

2. 中国可用的外汇储备量到底有多少？

2015 年，中国外汇储备是 3.69 万亿美元，从这个比例来看，我们可能觉得减少了区区 3000 亿好像就是毛毛雨了，问题不大。但是，我们得算一笔细账，算完之后大家的看法可能就会不一样了。

在这 3.69 万亿美元中，我们首先得减去一万亿美元的对外负债（2014 年 9 月 BIS 公布的数据是 1.4 万亿美元，美元升值导致中国企业提前偿还美元债务，估计已经偿还了一部分）。除此之外，还有中国外汇储备中所配置的欧元和日元，虽然不知道中国外汇储备详细具体的比例，但是我们可以根据欧元和日元在国际储备货币中的相对比例，大致估算出，中国的外汇储备中，欧元和日元的比例大概是 30% 左右，这就意味着又有一万亿不是美元资产，再减去欧元和日元资产，这就少了两万亿，这样，3.69 万亿变成了 1.69 万亿。除此之外，外汇储备中还有一些流动性比较差的资产，比如两房债券，以前我们持有的金额多达 4000 亿，现在下降到了接近 2000 亿。国际市场上的两房债券虽然没有违约，美国政

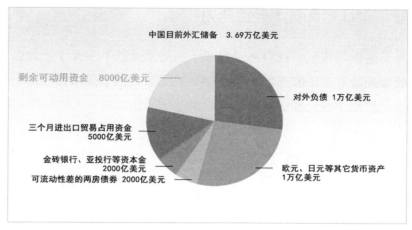

中国外汇储备中的剩余可调动资金只剩 8000 亿美元

府也不会让它违约，但是它的流动性很差，当中国真正需要现金的时候，两房债券是很难变现的。所以，再减去这 2000 亿流动性比较差的资本，就变成了接近 1.5 万亿美元的外汇储备。

除此之外，中国还搞了"一带一路"这样的计划，需要向外做大量的美元投资。比如成立金砖银行，交注册资本金得交美元；亚投行的注册资本金也得交美元；丝路基金和一系列其他开支，这些加起来大概还要再扣去 2000 亿美元左右，这就只剩下 1.3 万亿美元了。

另外，外汇储备中有一个惯例就是，一个国家的外汇储备中必须得保证三个月的进口量，这些外汇也要减去，因为这是做生意用的钱，是需要预留的。中国的对外进出口贸易规模非常大，按三个月的量算下来至少也得 5000 亿美元。这样一来，中国可动用的美元储备只剩 8000 亿左右。从 2014 年 6 月到 2015 年 6 月，中国的外汇储备就减少了 3000 亿，这可不是小数目了，已经让人比较紧张了，因为照这个损失的速度，只需两三年，中国的外汇储备中的美元储备就要捉襟见肘了。而且这还是在假设一切正常的条件下。如果金融市场出现混乱，大家对美元预期特别强的时候，中国看似非常庞大的外汇储备，实则很难应付外汇储备的挤兑。

3. 股市上涨缓解资本外流压力

有了这样的认识，我们再看股票市场的感觉就不一样了。2014 年 7 月，股票开始上涨，这离 2008 年金融危机造成的股票大跌已经过了七年时间了，按照中国的经济周期或者股票市场周期，新一轮的行情也应该启动了。

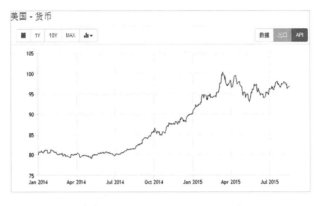

美元汇率趋势（2014 年 1 月 –2015 年 7 月）

在股票市场开始上涨的时候，全世界的市场也发生了一些巨大的变化。全球石油价格开始暴跌，大宗商品价格也开始暴跌，从而引发了全世界新兴市场国家大规模的资本外流。这种资本的外流过程造就了美元的升值，导致其他货币相对于美元都有贬值的趋势。

2009 年，美联储开始疯狂印钞。其实各个国家的投资人并没有比中国股民高明多少，他们一看美元这么便宜，利息又超低，赶紧借美元投资国内的房地产、矿业等资产，借了大量的美元债务。2014 年 9 月，国际清算银行公布，全世界的美元记价债务达 9.8 万亿美元，其中，新兴市场国家占了一半，大约 4.6 万亿美元。但是 2014 年 10 月，美联储停止了 QE，这相当于把美元宽松的"龙头"给拧紧了。

这时候偿还巨额美元负债的压力就必然迫使所有人争抢美元，进而导致美元短缺，这是美元走强的根本原因。因此，停止 QE 之后的美元强势，与美国经济本身无关，美国经济好美元会走强，美国经济不好，美元同样会走强，这是货币机制所决定的。

当美元不断走强，就会刺激美元负债者提前偿还债务的压力，他们被迫抛售本国资产，然后换取美元还债，这就自然形成了资产价格下跌，外汇储备挤兑，资本外流和本币贬值同时发生的趋势。这种趋势反过来又强化了提前偿还美元债务的恐慌，从而陷入恶性循环。

其实，跟世界上所有的国家一样，2014年7月，中国也同样感受到了来自美元外流的压力。在这种情况下，启动股市是一个有效应对资本外流的办法，如果股市不好，老百姓看到美元走强，会赶紧把手头的人民币兑换成美元。而股市一涨，老百姓的心态就会发生变化，如果立刻换成美元的话，美元的利率才百分之零点几，而在股市中一个涨停板，一天赚的钱比在国外存一年赚的钱还多，那老百姓就不会着急换美元了。所以，从2014年7月开始，股市开始呈牛市的态势，在很大程度上缓解了资本外流的压力。

2014年，卢布遭腰斩，很多新兴市场国家的货币都出现了暴跌，人民币之所以能挺住，就是因为股市表现强势。资本外流的统计报告显示，2015年的第二季度，中国的资本外流减缓了，外流资本总共只有300多亿，这都要归功于股票升值所带来的效益，使很多本来会逃走的资金留在了股市中。

二、打响人民币汇率保卫战

但是，股票暴跌之后，问题又出来了。大家都觉得股市没有赚钱的机会了，手上所持的人民币风险会越来越大，而美元那边眼见着要升值，而且升值预期越来越强烈，相应地，大家就开始产生对人民币贬值的预期。这也就解释了开篇提到的问题，为什么股票暴跌之后，想换美元的朋友一下多了起来。这种心态如果不加以控制的话就会蔓延，所以中国政府要救股市。实际上，股票市场本身并没有什么大不了的，再跌也不会产生重大的经济危机，大不了就印人民币，总能撑住市场；但汇率市场就不一样了，控制汇率的难度更大，因为中国政府无法印美元，印美元是美联储才能干的事。所以，汇率市场比股票市场要复杂。如果老百姓都形成对人民币贬值的预期，就会产生连锁反应。

1. 外汇储备紧张产生美元持续升值的恶性循环

在国际市场上，人民币从 6.2 贬到 6.3 的时候，差距已经很大了，如果这种趋势进一步恶化的话，比如贬到了 6.5，就会给中国老百姓对人民币的信心带来极大的冲击，所以，政府一定要救市。否则，将会引发更多人去兑换美元。这个问题说明政府要救市不仅要考虑股市问题，也要考虑汇率市场。

另外，中国的外汇储备中还有价值一万亿美元的欧元和日元，如果美元储备面临紧张，那么中国一定会抛售日元和欧元来换取美元，这种大规模的抛售，会引发日元和欧元的大幅度贬值。

日元和欧元一贬值，又会导致美元升值，反过来增加人民币贬值的压力，这将使恶性循环的势头更猛。

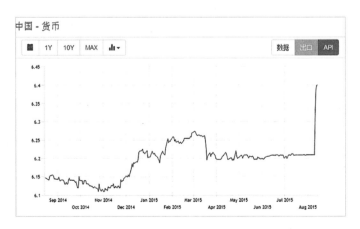

人民币兑美元汇率贬值 3% 左右（2014 年 9 月 –2015 年 8 月）

2. 增持黄金是为了打赢人民币汇率保卫战

2015 年 7 月 17 日，央行突然宣布中国将增持黄金 600 吨，黄金储备从 1000 吨增加到了 1600 吨，涨幅 57%。为什么央行会选择在 7 月 17 日这个时间点突然宣布这么一个信息？有分析家认为，这是因为中国的人民币要国际化；还有一种说法是，因为当时中国正在申请加入 SDR（国

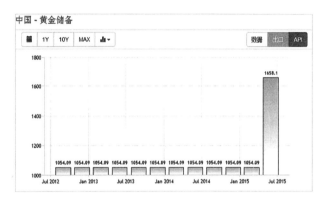

中国的黄金储备量（2012 年 7 月 –2015 年 7 月）

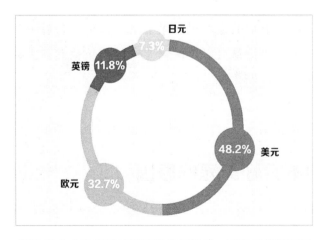

SDR 是由 4 种货币按照固定比例组成，可用于偿还国际货币基金组织债务、弥补会员国政府之间国际收支逆差的一种账面资产

2015/08/18 开:1117.63 高:1120.23 低:1116.47 收:1117.86 幅:-0.04%

黄金价格走势（2015 年 5-8 月）

际货币基金组织的特别提款权），要进入那个货币篮子，中国需要展现财政的透明度或者人民币背后的抵押资产。除了上述原因之外，这其实也是在告诉大家，人民币背后有强大的黄金储备，强化人们对人民币汇率的信心。这可以称之为一场汇率的心理保卫战。

其实央行可能并没有宣布真实数字，海外曾有很多学者分析过，中国的黄金储备起码是在 3000 吨 – 4000 吨之间，央行之所以不一次宣布出来，是在为后续潜在的金融风险做准备。如果未来有一天出现了前面提到的恶劣情况，央行就可以再次宣布中国的黄金储备大幅提升，这是心理上的一种强大的支撑力。

三、长期不看好美元的原因

我个人短期看好美元，而且认为它在短期内会越来越强，但是长期我是不看好它的。因为美元这套货币体系的设计本身是有内在缺陷的，或者说它天然不稳定，最后一定会崩盘。

为什么会得出这样的结论呢？这就涉及我们对货币的一些最基本的理解。首先，我想问大家一个问题，什么是货币？我们每天都忙着赚钱，但是钱究竟是什么？实际上，大部分人没有深入考虑过这个问题。不信的话，你可以从钱包里摸出一张 100 元人民币问问自己，这 100 元人民币的背后究竟是什么？可能很多人都说不出来。

1. 从前美金的本质——黄金的收据

关于钱或者钞票，我们一定要有一个基本的理解，它不是财富，只是财富的收据，也就是说，央行发行这张钞票的背后一定要有抵押资产，否则这张钞票就没有意义。比如清朝钱庄票号发行的银票，凭银票可以兑白银 100 两。当你拿着银票到钱庄要现银的时候，钱庄肯定会兑付给你现银，这说明银票的背后有白银作为资产支撑，银票只是白银的收据。美元也是如此，在 1971 年之前，美国政府向全世界老百姓打保票，不管是谁，只要手上有 35 美元的钞票，就可以来找美国政府兑换一盎司黄金，一盎司黄金是 31.1 克。简单地算，一美元的背后一定要有接近一克的黄金来作为支撑，这时，美元就是黄金的收据。

2. 美元的"特里芬难题"今天依然存在

从二战结束直到 1971 年，用美元换黄金的机制一直运行良好，但是后来这套体系支撑不下去了。最早发现美元的货币体系在设计上有缺陷的是一位经济学家——罗伯特·特里芬，他提出了现在经济学中大家常说的"特里芬难题"，他发现美国的财政赤字会越来越大，因为它要向全世界输出货币，全世界都用美元来结算，所以对美元的货币需求量会越来越大。如果没有美元，大家就做不了生意，经济就无法发展。因此，在输出美元、输入商品的过程中，美国内部就会形成越来越大的贸易赤字。二战后，美国又要跟苏联冷战，还大规模卷入了越南战争，政府开支很大而收入不足，导致美国陷入财务赤字。欠的钱多了，美国只能增发美元钞票。特里芬发现，如果照这个趋势发展下去，美元钞票会越来越多，但美国的黄金储备肯定不会像钞票增加得这么快，如果大家都用美元钞票去兑换黄金的话，最后美国肯定是兑换不出来的。到20世纪60年代初，这个问题就出现了，当时流通在欧洲的美元超过了美国的黄金储备，这引起了很多欧洲国家的恐慌，法国的戴高乐开始怀疑美元的可靠性，于是下令法兰西中央银行拿着美元钞票到美国去兑换黄金，其他欧洲国家也纷纷跟进，他们从20世纪60年代初一直兑换到了1968年，导致美国的黄金储备大幅外流。从1968年到1971年，这个问题更加恶化。到1971年8月15日，尼克松总统突然宣布，美国将关闭黄金窗口，停止履行外国政府或中央银行可用美元向美国兑换黄金的义务。这是美国第一次公开违约，整个布雷顿森林体系就在这一天土崩瓦解了。

布雷顿森林体系土崩瓦解之后，美元背后的抵押品由黄金换成了美国国债。从1971年之后直到现在，全世界货币体系的核心都是以美元为基准的，而美元的背后不再是黄金，而是换成了另外一张纸片——美国国债。表面上看来，这套体系已经正常发展了40多年，没有什么太大的问题，但是1960年特里芬发现的问题在当今依然存在。全世界的经济发展都要用美元来结算，如果美元供应不足，那全世界的经济就无法继续发展，这就要求美国永远处在逆差状态，而且随着世界经济的扩张，逆差的程度也会不断恶化。

美元的发行又是以国债为抵押的，如果全世界的经济发展和贸易增长的速度超过了美国经济增长的速度，那么，美国国债就会持续上涨而不可逆转，而且与GDP的比例会越来越大，这就会出问题。因为偿还国债靠的是财政税收。如果税收的增长速度赶不上国债的增长速度，那么美元体系将是无法正常运转。

Tips

布雷顿森林货币体系 (Bretton Woods System) 是指二战后以美元为中心的国际货币体系。1944 年 7 月，西方主要国家的代表在联合国国际货币金融会议上确立了该体系，因为此次会议是在美国新罕布什尔州布雷顿森林举行的，所以称之为"布雷顿森林体系"。后因美元危机与美国经济危机的频繁爆发，以及制度本身不可解脱的矛盾性，该体系于 1973 年宣告结束。

3. 金融界的"浮力定律"

2009 年奥巴马上台的时候，美国国债是 9 万亿，到了 2015 年，达到了 18 万亿。按照美国长期的均衡经济增长率 3% 计算，经济危机之后的这几年，美国 GDP 增长了大约 20%，但是国债上涨了 100%，这意味着税收增长的能力赶不上国债上涨的速度，那么未来美元体系将会出现大问题。我们可以做个更精确的计算，也就是美国政府的税收中有多大比例是用于偿还国债的利息（不包括本金）的。在 2014 年，在美国的税收中，有 12% 是用于偿还国债利息的。到了 2020 年，这个比例将上升到 20%，再往后到 2030 年前后，这个比例会上升到 36%；到 2040 年，则是 58%。

用于还利息的财政税收占比 58% 意味着什么？美国历史学教授尼尔·弗格森曾在他的书中提到过几个重要的历史案例。第一个是法国资产阶级大革命，1788 年，在法国资产阶级大革命的前一年，法国政府的税收中有 62% 用于还利息，结果第二年法国的资产阶级大革命就爆发了。国王欠债不还，所以包括银行家在内的所有债权人，联合所有的阶层起来打倒国王，砍了国王路易十六的头，导致法国资产阶级大革命的直接原因就是法国政府的财政破产。

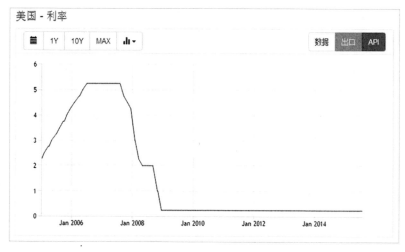

美国的利率（2006 年 1 月 –2014 年 1 月）

1877 年，奥斯曼帝国超过 50% 的政府税收用于还国债的利息，由此陷入了严重的经济违约，最终，整个国家的财政都被英国和法国的银行家接管了，奥斯曼帝国从此彻底地变成了一个殖民地和半殖民地国家。

第三个例子就是大英帝国。1939 年，大英帝国财政税收中的 44% 用于还国债的利息，这就是英国在二战之前推行张伯伦的绥靖政策的原因。英国对希特勒根本强硬不起来，因为它已经负债累累了，仅利息支付就已经把国家财政压垮了，它根本就没有财力去和德国进行军备竞赛。

综合以上几个事例，我们可以得出一个结论：在一个国家的财政税收中，50% 是一个临界点，一旦政府把税收的 50% 拿去还国家债务利息的时候，这个国家就已经不可挽回地衰落了。

从美元的发展史来看，25 年之后，这个情况很有可能会在美国重演，因为这是一个刚性的数学必然。美国国会预算办公室曾有过一个计算，而且是按照美国所推行的超低利率来估算的，2040 年，美国税收中的一半需要用来支付国债利息。如果按照美国正常的利率水平计算，比如短期的联邦基准利率 5.7%，那可能在 15 年之后，美国的国债利息就会超过财政收入的一半。

　　记得有一位经济学家说过，货币的命运最终也会成为一个国家的命运。

　　有人可能会认为这种推测耸人听闻，因为当大家坐在宽大、豪华的泰坦尼克号上的时候，所有人都觉得它非常安全，是不可能沉没的。我们看待美元的时候也是一样的心理，我们认为美元体系的规模这么大，怎么可能崩溃呢？我们连想都不会想。但是，当泰坦尼克号撞上冰山后，最后决定泰坦尼克号命运的就只是简单的浮力定律了，当总重量大于总浮力时，船必然会下沉，无论它有多么庞大，道理就这么简单。如果一个国家债务的膨胀和税收增长严重脱节而且无法逆转，当税收中超过50%用于偿还国债利息的时候，这个国家的财政就一定会崩溃，信誉必然会破产，没有任何力量能够挽救。这可以说是金融业的"浮力定律"，也是逻辑上的必然。

　　所以，德国等国家在配置黄金资产时，不仅自己存放，而且还把存在其他国家的黄金运回本国。其实，大家都明白，最后什么东西才是有价值的。按照上面的推算，在一代人的时间之内，美元就会出现重大危机。如果没有预见到这一点，那么现在很多人的身家财富就有可能一夜之间遭到血洗。这是货币的必然规律。到了那一天，用什么样的新货币来替代美元就成了全世界必须面对的一个问题。

4. 以主权货币承担世界储备货币行不通

　　当年，美国采用了以主权货币承担世界储备货币的政策。但这条路在设计上天然就有缺陷，它是不可能长期完全运行的。所以当美元体系逐步解体的时候，也不可能用其他的主权货币来进行替代。美国如此之强大，军事力量、科技力量和制度都如此先进，尚且不能保证自己货币的信用，那欧元能相信吗？日元能相信吗？最后，恐怕只有真金白银才能让人相信。所以已经有很多专家提出，国际货币基金组织的特别提款权中，除了现有的几个主要货币之外，还要加上黄金作为定海神针，以稳定它的价值。

其实历史上已经发生了很多次美元危机。1978 年，全世界对美元的悲观情绪曾达到过恐慌的程度，各国都在抛售美元，抢购黄金和石油，导致当时的美国出现了严重的滞胀。美联储甚至已经准备废掉美元，立刻启用特别提款权来作为世界储备货币，特别提款权的背后仍然是美国国债作为抵押资产。后来，美元之所以避免那次危机，是因为新的美联储主席沃克尔上台了，他采取了一种非常极端的货币政策，把美元基准利率提到了 10% 以上，使美国国债收益率冲破了 20%，这才把美元的阵脚稳定住。

也许未来有一天，我们还会再看到 1978 年这种恐慌场景的重现，那时，世界货币体系恐怕会经历一场彻底的洗牌。1978 年时，美国还是一个轻负债的国家，加息救美元是可行的，但 2040 年时，美国早已成为严重负债的国家，猛烈加息是不可能的。更大的可能是当时世界主要国家都已陷入了深深的负利率泥潭而难以自拔。

从长期来看，我建议不管是国家还是个人都应该投资黄金，把黄金作为财富的一种保险，如果有一天当今世界的信用货币体系土崩瓦解时，黄金是可以"救命"的。

工业 4.0 的中国机遇

　　德国提出的"工业 4.0"概念标志着全球加快全面进入以智能制造为核心的智能经济时代。美国则因为 IT 巨头们的存在，工业互联网的范畴更为广阔，它企图将人、数据和机器连接起来，形成开放而全球化的工业网络。中国也不甘落后，未来十年将围绕"中国制造 2025"部署 5 万亿元的产业基金，另有上千亿元的科研基金将投入智能制造研究。智能世界的前景正在展现，激烈竞争的号角已经吹响。究竟谁能夺得标准制定权，站到新工业革命浪潮的风口浪尖上？

一、德国人创造新概念——工业4.0

"工业4.0"是德国人创造的新概念，标志着第四次工业革命的开始。众所周知，在人类历史上，曾经出现过三次工业革命，第一次工业革命是18世纪末期，由英国人发起，以蒸汽机的发明为代表；19世纪中后期，德国人和美国人赶上来了，进行了第二次工业革命，主要特点就是电气化；第三次工业革命从20世纪50年代开始直至今日，全世界进入了自动化和信息化的新时代。

第四次工业革命的重点是什么呢？按照德国的说法，就是全面的智能化。为什么德国人首先提出了"智能化"的概念呢？这主要是由于德国制造业正面临着来自美国和中国的前后夹击，压力特别大。

由于美国已经在IT和信息领域占据了行业的制高点，通过大数据，特别是IT技术的渗透，开始向德国的优势领域——工业制造业发起进攻。谷歌从2012年起就开始研发无人驾驶汽车，接着又向机器人领域进军。像这样的企业在美国有很多，如特斯拉，

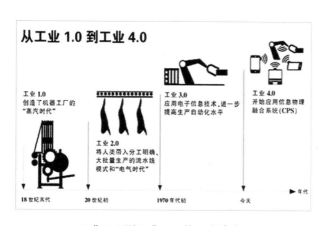

工业1.0到工业4.0的工业演化

它完全绕过了底特律传统汽车时代的所有思路，而是按照 IT 行业或者互联网思路打造汽车，这是一种颠覆性的全新模式。如果美国的这些 IT 企业和信息行业，携信息化和大数据的优势，加入制造业的竞争，德国人就会非常担心最终德国工业会沦落成美国信息产业的加工工厂。

除此之外，德国也面临着来自中国制造业的挑战。中国制造业正在不断蚕食德国中低端制造业的优势。

前有美国利用信息和大数据优势对德国高端制造业的围堵，后有中国制造业在中低端制造业的追杀。所以，德国制造业必须得杀出一条血路来——他们想到了发展工业革命 4.0，这样才能开创一个新局面。

二、工业 4.0 的四大境界

第四次工业革命最主要的特点是智能化，也就是以智能化驱动整个工业社会发生巨大的转型，这个过程可以分为四个境界。

1. 第一境界：智能生产

20 世纪 90 年代初，我大学毕业后在一家无缝钢管厂做助理工程师。当时，这个工厂刚刚引进了一套美国的全自动生产流水线，我的工作是负责对这个生产流水线进行安装和调试。

这条生产线的自动化程度非常高，采用先进的嵌入式系统，所有的检测装置里都有嵌入式的单片机，生产过程中采集到的数据都会被传到一个主机房的工业控制机，工业控制机则根据收集到的数据控制整个流水线。这时候，工人的主要工作并不是站在生产第一线，而是在机房里按电钮和监控数据。一按下电钮，你就会看到，烧得红彤彤的钢管，被一截一截地自动轧制成无缝钢管。整个过程非常现代化，很气派，也很酷。这个工业场景就是典型的工业 3.0 的状态，也就是完全的自动化加部分的信息化。

所谓部分的信息化，就是车间内所有的设备和流水线彼此之间都是互相联网的，设备之间可以进行相互通讯和数据交换，但是，这个车间的机器设备和全厂其他车间的机器设备之间是没有互相交流的；全厂的生产车间跟总厂的经营管理系统也是不联通的。所以，当时这个车间每天的生产进度，我们都是用笔填到报表上，然后骑着自行车跑到总厂办公室，把进度报表交给厂办，厂办再将这些信息输入计算机，这些都是人工操作。总厂办公室则负责生产管理、物流管理、仓储管理，还有财务和人力资源管理，也就是 ERP 和 CRM 系统。

20 世纪 90 年代初，中国的大型工业企业还是处在一种信息孤岛的状态，每台设备、每条生产线和总厂之间的信息系统是相互隔离的。这是 20 多年前的情况，20 多年后的今天，我相信现在中国的大型企业应该基本上都实现了联网，但是绝大部分中小企业还不好说。

工业 4.0 的智能化生产的第一步，就是要完成生产线上的所有设备之间的通讯，也就是要把物理系统完全连在一起，这就是我们经常听到的"物联网"的概念。一套系统中的每个车床、每个零部件、每个控制器、每个检测器等相互之间都能够交流。

但是，一个工厂有成千上万台机器，型号都不一样，它们用什么"语言"交流？再扩大到一个国家的范畴来看，这个问题就更为复杂了，一个国家有几百种产业，每种产业也都有非常不同的装备和生产线，这些设备彼此之间的交流问题就会涉及所谓通信协议的问题。很多人可能会问，物联网能不能用像 TCP/IP 这样的互联网通信协议吗？这个问题有点复杂。因为互联网的通信协议是我给你推送一个数据包，你收到后告诉我，然后我再给你发第二个，你要是没收到，我就再给你发一次，它不是实时通讯的状态，而是一种异步通讯。但是在工业领域，特别是高速运转的高精尖工业领域，这套通信协议就不合适了，比如在 10 毫秒或者几十毫秒的等待时间里，高速飞行器、高铁、高速公路上的汽车也许会前进很长一段距离，高速度和高精度的生产过程不能容忍几十毫秒的延迟。所以，这套 TCP/IP 互联网协议在工业的物联网上是行不通的。如果全世界的工业数据形成大规模的交换，信息安全也会受到威胁，特别是在工业数据的储存和交换过程中。物联网必须实现世界统一的通信协议，这就是美国和德国争得最厉害的地方。如果谁能把握这个协议的标准制定权，谁就能在工业 4.0 时代获得先机。中国制定了工业 2025 年计划，其实也是在抢这个标准制定权。

那么，如果所有的生产设备之间可以相互"说话"了，也可以跟工厂的管理系统"说话"了，这样算不算智能化生产呢？这还不是。智能化生产中最根本性的或者最有颠覆性的一点是，生产原材料和零部件也要获得发言权，也要参与对话，而且在对话过程中，要起到领导说话的分量。举个例子，比如德国的一个工业 4.0 的概念性工厂生产肥皂液，怎么来进行批量生产、小批量生产或者个性化生产呢？我们假设生产线的最后一道工序上有三个容器，这三个容器分别装着红、黄、蓝三种颜色的肥皂液，由控制器连接着的软管伸到生产线上。生产线上的塑料空瓶上有一个重要的装置——射频技术的芯片（RFID），储存定制客户的信息，比如《鸿观》的粉丝要定制粉红色肥皂液，标签要打上"《鸿观》粉丝某某专用"等。当塑料空瓶走到软管之下的时候，它会把这些信息通过无线方式发送给控制器，控制器就能精确地算出来，分别要搭配百分之多少的红、黄、蓝，再根据控制器发出的指令进行精确的控制，最后塑料瓶里就会得到粉红色的肥皂液了。然后 RFID 芯片告

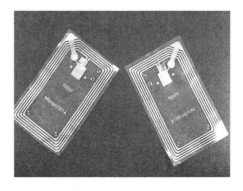

图为 RFID 芯片，RFID（Radio Frequency Identification）技术，又称无线射频识别，是一种通信技术，可通过无线电讯号识别特定目标并读写相关数据，而无需识别系统与特定目标之间建立机械或光学接触

诉机器打出"《鸿观》粉丝某某专用"的标签贴上，甚至还可以定制瓶盖的颜色。最后出厂的时候，这个芯片又会告诉物流系统，这个粉红色肥皂液应该发往哪里。这个过程就好比是《鸿观》的粉丝亲自站到了生产线上，指挥生产线为他定制一件商品。这是一种颠覆性的概念，从前我们是设定好工业生产参数之后，大批量地生产，生产流程决定客户需求，而智能制造的最关键之处在于让客户的需求反过来决定生产流程，也就是说，一万件肥皂瓶中的每一件都是可以个性化定制的，而且不用更改生产线，也不用做任何参数的调整，这在现代传统工业的流水线上是不可想象的，也不可能实现。智能化生产最重要的一点就是把客户的信息直接植入到了原材料和零部件之中，这是一个颠覆性的革命。这就是工业革命 4.0 或者智能化生产的第一个境界中最核心的理念。

2. 第二境界：智能制造的服务化

工业 4.0 的第二个境界就是智能制造的服务化。一般人想到制造业，都会认为制造业无非是制造出产品，跟服务业是两个完全不同的领域，没有什么共同之处。但是，智能化制造业正在朝服务业方面转化。举个例子，通用电器是一家生产飞机发动机的工厂，实际上它所生产的飞机发动机中的零部件都安装上了传感器，在飞机发动机运作的过程中，传感器会不断把发动机状态的数据上传到通用的云平台，通用在全世界设有很多数据中心，专门用于接收航空公司的飞机发动机在飞行状态下所有的状态参数。

根据大数据分析，通用就可以得出结论，比如某一家航空公司的某一架飞机上的发动机已经很长时间没检修了，它需要维护和检修了，否则可能会出问题，也就是预防性维护。其实通用不仅是在卖飞机发动机，它卖的更是飞机发动机维护的大数据服务，正是这样的理念为他们创造了上百亿美元的市场。某种意义上，通用的这种服务意识实际上是完成了由制造业向服务业的转型。

像通用的这种服务是产品的售后服务，还有一种服务是面向生产过程的服务，比如一家企业在完成了智能化生产之后，这个企业就转型成了一个智能性工厂，它生产线的所有设备，包括控制元件和检测元件，全部都实现了数据联通，可以互相对话。因此，这个工厂可以准确地知道，在某个时间点上，全厂生产设备的负载率是多少，是否还有剩余的生产设备处于闲置状态。

我们都知道云计算，云计算就是计算机集群把自己的计算能力进行销售，用户买的是它的计算能力。

我把智能化的第二个阶段称为"云生产"。举个例子，中国的一个大型机床厂有500台高精度的数控机床，但这些数控机床不是随时都处于满负荷状态的。一旦这个工厂完成了智能化改造，所有的机床就可以相互连接，总厂的管理系统就可以准确地知道每一天在某个时刻，机器设备的闲置率，比如说凌晨3点钟，整个工厂的生产负载率是很低的，在这个时刻，工厂其实是可以向整个社会出售它的生产加工能力的。

当然，除了物联网的联通，这家工厂要出售自己的生产加工能力还需要做一件事情，就是要建立服务互联网，因为要对外界提供这种服务。比如这家工厂在沈阳，广州的某个客户急需加工1000个零件，但它自己手上又没有这种高精度车床，建工厂来不及，他也没有足够的资金建厂。通过服务互联网，他发现沈阳的某家机床厂能够提供这种加工服务，他就可以直接在服务互联网上下订单，告诉机床厂它所需要的零件数目、规格、尺寸、型号和精度。通过服务互联网，这些信息会直接被写入机床厂每个零部件的信息芯片。所以，当这些零部件穿过流水线，到了车床的时候，它会直接跟车床交流，"要求"车床把自己按照什么型号、什么精度来进行加工。当车床完成加工之后，生产出的零件会自动告诉物流单位发货地址，再过一两天，广州的客户就能收到货了。

这就给很多有创业理想的年轻人提供了一种启示，他们没有大规模投资工业的资金，但又需要数控机床的加工能力，这种思路可以给一些创意公司和技术创新型公司一个可以廉价而直接地切入制造业的机会。

所以，工业革命4.0的第二个境界，归根到底就是，推倒所有工厂的围墙，工厂作为一个服务的提供商，使每个工业设备所提供的生产服务呈"云生产"的状态，这些设备可以向社会提供云生产服务，并按小时收费，就像自来水和电力一样。这个过程，可以说是工业4.0中最具有颠覆性的工业理念，一旦工业制造业达到这样的境界之后，整个社会将会发生深刻的转型。

3. 第三境界：智能化的跨界

工业4.0的第三个境界是智能化的跨界。设想一下，未来每辆汽车身上的每个零部件也都有传感器，而且也都有跟周围所有其他车辆进行数据交换的能力。那么，在未来的公路上，每一辆汽车都会不断地向周围的车辆发送自己的运行状态，反过来，每辆汽车也都能接收到别的汽车所发出的信号，比如前面某辆车正在准备刹车，另外一辆车在踩油门，还有一辆车在拐弯，最后一辆车在换道……你的汽车会把周围所有汽车发来的信息做一个集成，它会比人更加精确地把握整个路况的状态，所以汽车会变得非常灵敏，它会实时调整自己在整个车道上的位置、是否换道、是该踩刹车还是踩油门……这样就能保持一个安全的距离。

在自动驾驶时代，这些汽车的实时驾驶数据是非常有价值的，比如说实时追踪所有的汽车运行状态，就可以知道每个驾驶员的特点，是不是经常踩刹车或者猛踩油门，换道和转弯时打不打转向灯等。长年累月积累的这种数据是非常有商业价值的。如果一个智能型的数据分析公司购买了汽车公司的数据，那么，它就可以利用这些数据分析每个驾驶人员的操作习惯，从这些操作习惯中，它可以分析出来某个操作的平均水平，而如果一个人踩刹车、踩油门的频率远远超过平均值，或者转弯老不打灯，这说明这个驾驶人员的开车习惯很不好，比较容易出车祸。像这种数据，保险公司最感兴趣，保险公司会出高价钱把这些数据买过去，从而给每个人制定不同的保险费率。

另外，银行信用卡公司也会对这个数据感兴趣，因为通过常年分析每一个人的交通运行数据，可以发现他的性格是否稳定，如果某个人经常踩油门、踩刹车，这说明此人的性格不稳定，或者说他对工作和生活的时间安排非常混乱，这种人就不靠谱。但是，有些人的驾驶运行数据非常良好，这种人在申请信用卡的时候，银行自然就会给他信用卡，或者说他申请银行贷款的时候，可以给他一个利息的优惠。

所以，在工业 4.0 的时代，智能生产的汽车工业是可以跨界的，它超越了制造业的局限，变得跟数据分析和金融保险等行业相关，共同创造了一个新的价值链条。

我在英国游历的时候，乘坐的是沃尔沃的 V60 Cross Country，这就是一辆跨界车，既可以当旅行车用，也可以当越野车用。以前，大家要出去玩都得用越野车，在城里上班都开旅行车。而这款车把两个特性全部综合在一起了，具有越野性的同时又有轿车的舒适性和高操作性，还有很好的通过性。因为它是四轮驱动，同时它的动感设计也很强，可以说是既有"硬汉"的内核，同时又有"暖男"的外形，是个完美的结合。

在美国，我很早就听说过沃尔沃号称"公路坦克"，安全性很高。其实，这种安全性就是建立在大数据分析的基础上的。1970 年以来，沃尔沃公司专门成立了一个汽车事故小组，不管哪儿发生了交通事故，只要涉及沃尔沃车型，他们马上就会跑到现场去，一定要获得第一手资料，一定要跟交通警察谈和肇事司机谈，还要跟很多医务人员和受伤的人谈。最后仔细检查汽车碰撞之后所发生的细节，并采集数据。如果某个事故比较典型的话，事故车辆还会被拖回去，在实验室状态下重新进行实验，模拟当时碰撞的状态。他们对车祸发生之前那一瞬间的信息非常感兴趣。30 多年以来，沃尔沃积累了 4 万多个案例和安全数据库，采集了这些信息之后，他们在设计新车的时候，就会根据大数据来设计更安全的新车型。在每个新车型定型之前，还要进行 100 次－120 次的实车碰撞实验。通过大量的实验结果分析，最后才能把一个车型制定下来。

4. 第四个境界：智能化的生态

工业 4.0 的第四个境界是智能化生态。提到"生态"，我们可能自然会想到这是一群人组成的社区。其实每一次工业革命不仅仅提高了生产率，最重要的是它改变了生产关系，使社会创造出了一个新的阶层，比如第一次工业革命创造出了工厂这种前所未有的生产模式，有了工厂之后，就有了工人，所以第一次工业革命创造了工人阶层。

由于批量化生产和电气化导致了生产规模的迅速扩大，第二次工业革命对工厂的专业管理提出了很高的要求，管理水平必须跟上生产水平，这就促进了管理阶层的出现。第三次工业革命就是信息化，而自动化和信息化的产物就是越来越庞大的 IT 大军。

第四次工业革命的智能化将会创造出一个什么新行业呢？什么是未来的金领行业呢？应该是围绕智能化工作的一群人。说到"智能"，我想起美国给小孩子测智商的时候，就是给小孩很多各种各样的图形，让小孩在各种各样、排序混乱的图形里面找到两个相似图形，不完全一样，但是相似。类似地，智能的本质就是模式识别。我们所谓的智商高，不是说谁的记忆力特别好，能够记住很多东西，而是能够在非常复杂的信息中，发现和探索出共同的规律。

大家常常用到的搜索引擎，不管是谷歌、百度，还是搜狗，这些搜索引擎都是查关键字，搜索引擎会根据这个关键字被搜索的频率显示相关结果，这是典型的工业 3.0 水平，未来的工业 4.0 要求则是模式查询的引擎，你这边输入问题，搜索引擎那边就会给出答案，搜索引擎要在海量的信息中找类似的模式，最后告诉你这个事应该怎么做，而不是你打出关键字，搜索引擎给你一堆信息，你还得自己处理这些信息。所以，未来智能化的工作实际上是一种对海量信息进行加工分析，找出共同性和规律的工作。我们可以称初始的状态为一种数据，有系统的数据就可以被称之为信息，而有规律的信息就是知识了。

所以，第四个境界中最主要的工作就是从海量的数据中提取有用的知识，做这种职业的人可以叫作知识自动化从业人员，这将是未来的金领行业。在中国，工业革命 3.0 曾经造就了很多 IT 英雄，他们组成了一种生态，未来的智能化时代必将会崛起一批智能英雄，他们一定会比上一代英雄更厉害。

在整个工业 4.0 过程中，最后的境界就是互联网跟消费领域的完全融合，同时物联网和生产领域也会完全打通，最后会是互联网加物联网的全网总融合，同时消费和娱乐的也会全局覆盖，在那样的状态下，整个社会的创新、未来的经济发展和商业机会，将会无穷无尽。

15 ▶

高铁助中国
突破美国封锁

　　2015 年，中国有个词语特别热，就是"新丝绸之路"。我们都知道，中国的经济模式是必须依靠外面来输入能源和原材料，我们进行机器加工，吐出工业产品，再流向全世界。所以对于中国来说，不仅要保证上游原材料和能源的供应安全，同时还要保证能够顺利进入世界市场。那么，中国的"一带一路"新战略，将面临何等挑战？

一、二战后以美元为主导的全球贸易体系

当今的世界市场正在发生一个重大的变化，也就是从战后到现在的巨大调整，以美国为代表的发达国家正在准备修改全球的贸易规则。如果美国成功的话，将会影响到中国的对外贸易。

现在的世界贸易体系与规则实际上源于二战快结束的时候，以美国为主导，各国商谈了一系列贸易条件，比如布雷顿森林货币体系，就是构建了一个以美元为中心的全球货币体系，各国货币与美元挂钩，美元与黄金挂钩，世界贸易主要以美元结算就是当年形成的制度。除此之外，战后成立的《关税及贸易总协定》（GATT）——即后来的世界贸易组织（WTO），也是在那个时代孕育而生的。这些贸易规则基本上涵盖了战后70 年的时间段，并没有发生根本性的变化。

Tips

世贸组织的根本原则

世贸组织的根本原则是二战后无论国家大小，不管是战胜国还是战败国，大家都有平等进入世界市场和获取原材料的权利，这就是整个国际贸易制度的核心准则。

二、美国主导三大贸易谈判：TPP 将中国拒之门外的根本原因

不过，当年的全球贸易规则实际上是建立在以货物贸易为主的工业时代，经过 70 年的发展，发达国家的经济结构已经发生了很大变化，服务业所占的比重越来越大，很多都占到了 GDP 的 70% 以上，而中国才刚刚超过 50%，这就引发了一系列问题。

发达国家就要根据自身的情况做出贸易规则的调整，比如美国主导的三大贸易谈判，第一个就是全球服务协定，也就是把 WTO 没有明确规定的服务贸易单独拎出来，建立一套新的游戏规则；另一个是跨大西洋的贸易伙伴协定，美国与欧洲要创建世界上最大的自由贸易协定；第三个，也是对中国影响最大的，就是跨太平洋的贸易伙伴关系，简称 TPP。TPP 将会对中国的未来产生重大的影响。这三个贸易谈判都是美国主导，这就意味着当这三个谈判完成之后，WTO 的贸易规则将会被逐步边缘化，这三个新兴起来的贸易规则将会取代 WTO 的规则，成为未来主导世界贸易的新规则，这一点是中国当下需要特别重视的。

TPP 现在有 12 个成员，但是在整个谈判过程中，唯独把中国排除在外了，不带中国玩了，这种现象是前所未有的，原因是什么呢？因为发达国家认为，中国加入 WTO 之后他们吃亏了，他们的工作机会都被中国人夺走了。而中国又没有让出足够多的市场，尤其是服务业市场没有被打开，因此他们觉得

跨大西洋贸易与投资伙伴关系协定（TTIP）的最终目标是形成美欧利益共同体，即"经济版北约"

在这个交易中，中国占了大便宜，所以要调整游戏规则。但是由于中国已经在 WTO 体系之内了，又不能把中国赶出去，那就只能另搞一套新的贸易规则。中国现在面临着这样一个非常重大的游戏规则的改变。

1. TPP 国家所商谈的贸易条件所在领域

TPP 这些国家所商谈的贸易条件，主要集中在现代服务业、农业、知识产权、劳工、待遇、环境保护等方面，这些领域以前在 WTO 条款中都不是特别明确，或者没有被单列出来，而这些领域基本上都是美国最拿手的。

2. 在数字化管理方面中美差距很大

说到服务贸易，很多人可能不太理解，服务贸易究竟是个啥玩意儿？在我们的理解中，服务业除了餐饮娱乐，就是旅游、外包工程之类，其实这都属于低端服务业，高端服务业是什么呢？金融服务就属于高端服务业。在这个领域中，美国所占的优势太大，因为中国的经济结构和美国的经济结构两者之间信息的流动方向和方式是非常不同的。美国的信息流动是水平方向的，类似互联网的结构，而中国则是树状结构，各种经济组织的信息都是一级一级往上汇集，彼此之间很少发生横向联系。这是中美之间的一个重大差别，这种差别对经济发展的影响非常巨大。举个例子，如果你想做金融研究，要找美国的数据非常简单，信息成本很低，比如说你想知道上个星期美国首次申请失业的人数是多少，美国的数据能够准确到几万几千这样的程度。但是如果要找上个星期全中国有多少人处于失业状态，估计没人能说得清，因为没有这样的统计数据，或者说这个统计数据分散在中国各个省、市、县、乡的人事局手上，没有公开又不横向流动，所以很难找到。这就导致了大家只能拍脑门推测了，也许中国城镇失业人口是 2 亿，也许是 3 亿……这就说不清楚了。

这个问题集中显示出中美在数字化管理方面的巨大差距。我记得黄仁宇先生还专门就此写过书，认为中国在数字化管理方面与现代化国家有着巨大落差。这种经济信息的精确采集和流动方向的问题，导致了中国各行各业的数据很难横向打通，而是都往顶端走。发改委的一个朋友曾跟我抱怨，他们搞"十三五"规划时，很难收集数据。按常理讲，搞规划，而且是做"十三五"这样的战略规划，对他们来说数据应该是很好找的。但其实并没有那么简单，他们得去找统计局，问题是统计局的数据也不全，还得去找各省或各个行业的人帮忙。

3. 中国在新游戏规则下面临被动局面

由于中国获取横向经济数据的成本太高，而现代服务业又必须建立在大数据基础之上，没有数据就无法做分析、做咨询，就无法提供意见。如果中国放开现代金融业的服务和其他高端服务业，那么中美之间的竞争完全不在一个级别上。所以中国在面对 TPP 这个更高端的新游戏规则时，实际上是处于被动的局面，这就出问题了。

三、中国用"新丝绸之路"金蝉脱壳

那么，中国怎么来应对 TPP 呢？ 2014 年 11 月 10 日，美国《外交政策》杂志刊登了一篇评论，说美国通过 TPP 谈判已经把中国逼到了一个角落，中国只有两个选择，而这两个选择不管怎么选都是对美国有利的。第一个选择就是中国不参加 TPP 这个体系，别人也就不带你玩，这意味着中国未来的贸易很可能会被挤出亚太市场，为什么？因为这些参加国彼此之间都是零关税，或者很低的关税，而你想要进入这个市场，就要付比较高的关税，那你的产品就会失去竞争力，这对中国来说是个很严重的挑战，这是第一种可能。

第二种可能是中国还是像当年申请 WTO 一样，哭着喊着要加入，那美国就会开出很高的条件，也就是中国市场的开放度要大大提高，否则你就进不去。也就是两难之中你必须选一个，而且怎么选美国都是得利的。

但是这篇文章指出，没想到中国"玩"了个"金蝉脱壳"，"金蝉脱壳"是我用的词，这是什么意思呢？就是中国搞了个"新丝绸之路"战略。本来人家把你围在了墙角，结果你突然找到另外一条路，杀出了重围。中国现在向西发展，向欧亚大陆的纵深发展，跳出了包围圈，这就是令美国《外交政策》杂志很惊讶的地方。

1. "新丝绸之路"和 TPP 之间的差别

《外交政策》杂志比较了新丝绸之路和美国 TPP 谈判之间的三大差别。

第一，TPP 要求很高的市场开放度和自由度，谁要加入 TPP，要享受零关税的好处，就必须符合各种条件，也就是得全面开放市场。但是中国新丝绸之路战略完全不是这样，中国强调参与各国的惠及原则，惠及原则与互惠互利还不太一样，互惠互利是双方，对你有好处，对我也有好处，惠及是不仅是对我们俩有好处，对周边的其他国家也有好处，这是一个重大的原则调整。

对美国所强调的市场高度的自由度和开放度，中国的"新丝绸之路战略"压根就没提，所以当中国的贸易条件开出去，所有国家都愿意接受，因为大家都有利可图。这就是新丝绸之路为什么会产生一呼百应的效果，各国热烈响应的原因。

2. "新丝绸之路"由政府牵头

第二点差别是 TPP 严格限制了政府在经济中所能发挥的作用，而且严格限制了国有企业在经济中的占比，但是新丝绸之路又是截然相反，这个事情本身就是中国和各个国家来牵头，由政府大力推动，国有企业是冲在第一线的，例如高铁、基建、油气管线等都是，这跟TPP的思路完全不同。

3. 关注点不同

第三个不同点是什么呢？ TPP所聚焦的是农业、知识产权、环境保护、高端服务业，因为这是美国的长项。但是新丝绸之路关注的重点则完全不同，它关注基础设施建设，例如高速铁路、高速公路、能源合作等，还包括制造业的转移。

也就是说，中国完全没有按照美国TPP的那种贸易条件来向欧亚大陆腹地的这些国家提要求，亚投行之所以能够迅速获得这么多国家的热烈响应，主要原因也正在于此。美国的标准太高，中国的门槛很低，加入TPP的国家必须付出相当的代价才能获得不确定的收益，而参与新丝绸之路的国家则代价很小，收益却巨大。

四、"新丝绸之路"短期目标是战略转进：
　　先取势，后争地

从短期来看，新丝绸之路的第一步是经济战略的转进。面对美国TPP的高端打压和封锁，我很难跟你去直接竞争，那些产业是我的弱项，那我就避实就虚，朝欧亚大陆腹地去扩展我的根据地，将欧亚大陆的经济整合在一起，这有点像下围棋的思路，先取势而后争地。

1. 海权和陆权的大 PK

就长远而言，新丝绸之路的根本战略目的就是，逐步积累陆权的优势，最终取代海权的地位。我们都知道，历史上海权国家是 16 世纪以后兴起的，在最近的 500 年中，海权国家夺得了世界霸主的地位，陆权国家的传统优势地位遭到了削弱。之所以会出现这种现象，是因为国际贸易的大通道逐步由陆地转向海洋，而只有海权国家能够控制海上贸易通道，谁能控制国际贸易的大通道，谁就能左右全球财富的流向。所以当年的葡萄牙、西班牙、荷兰、英国以及现在的美国，全部是海权国家，而陆权国家则相形见绌。

2. 海洋贸易：成也萧何，败也萧何

海路贸易有两个明显的优点，第一是成本低，第二是规模大。走海路只要有艘船，不用进行基础设施投入，不用修路，到哪儿都很方便。在农业时代和工业时代，这是很有吸引力的。但是海路贸易也有重大的缺点，就是速度慢，这是一个不可逾越的障碍。

以前在工业社会，等两个月或者等半年，差别不是很大；但是在现代的信息社会，尤其是未来的互联网经济时代，信息传递的速度是以毫秒计算的，市场变化更是风云莫测，客户需求每天都在改变。在这种情况下，这么慢的海运，在瞬息万变的当今社会，已经成为越来越严重的障碍，在市场竞争中的劣势将会与日俱增。

从欧亚大陆的两端，即从中国东部到西欧，走海路要花 40 天 — 50 天，这中间就面临着很多隐性成本。比如，法国巴黎的时装，第一个月上市时大家都喜欢某个款式和颜色，等用集装箱海运到亚洲来，几个月过去了，新款式变成了旧款式，这会削弱消费者的购买热情，压缩了市场规模。再比如，热门的消费电子产品，例如 iPhone，人人都想立刻拿到最新款，这样就可以在朋友圈里炫耀一下，但如果集装箱要走两个月的话，这

谁受得了？厂商如果想搞全球同时上市以最大限度地引爆市场需求，就不得不忍受海运物流体系的缓慢节奏，这也会间接造成市场潜力被压缩。

除此之外，海运最严重的隐性问题是阻碍了新市场的创造。在欧亚大陆上，沿海地区的面积和人口规模毕竟有限，而绝大部分经济区域处于内陆，那里居住着数十亿人口，而且富藏能源和原材料，还有巨大的农牧业经济基础，由于远离出海口，许多市场潜能遭到了压抑。最简单的例子就是新鲜的蔬菜水果，从产地到海港，再经过漫长的海运，几个月都过去了，东西早就腐烂变质，这个市场是不会存在的。如果横贯欧亚大陆的高速铁路网建成了，从上海到西欧只需要48小时，中亚到上海和欧洲就只有1天时间，这样一来，原本不存在的市场将由于时间和速度而被创造出来，数十亿人口的收入将明显提升，而这又反过来创造更大的内陆市场。这种经济规模的扩张将是难以想象的。

五、三条高铁线路助中国突破封锁

现代经济越来越强调速度和时间，也就是说，在一个节奏如此快的社会中，时间成本的重要性越来越大，而运费成本的重要性越来越小。很多的商业机会是靠速度抢出来的，你要比别人早一天，你的货就抢先占领了市场，别人的货晚两个月才到，这个市场早已被你全部铺满了。所以在这样的一个新时代中，海权国家所控制的海上贸易通道与现代陆权国家所控制的高铁贸易大通道相比，时间将越来越不利于海权国家。

1. 欧亚铁路线：2 天到伦敦

中国之所以要向纵深发展，打通欧亚大陆经脉的一个重要原因就是，如果高铁线路横穿欧亚大陆，那对整个欧亚大陆内部经济的整合将起到难以估量的作用。现在中国规划的高铁线路有三条，第一条是从东北出发，横贯俄罗斯，到达莫斯科，从莫斯科经过白俄罗斯，到达德国，从柏林到巴黎，最后到伦敦。这条线路全长一万多公里，跑完全程的时间只有两天，这种货运速度是以前难以想象的。中国与俄罗斯、东欧、西欧的市场将被更高效地融合在一起。

2. 多条铁路纵横交错编织的欧亚铁路网

第二条线路是中亚铁路线，从新疆出发，经过中亚各国，然后到达伊朗的德黑兰，再从伊朗到土耳其，从土耳其进入欧洲，整个中亚和中东的市场都将被这条线路激活。第三条线路是泛亚铁路，从中国的昆明出发，一直延伸到新加坡，东南亚国家将获得巨大的经济效益。

这三条铁路的骨干网之间还有很多纵向的网络，最后连接在一起形成横跨欧亚大陆的高速铁路网。

这就是新一轮的全球化，创造一个规模空前的欧亚大陆统一市场，欧亚大陆的所有国家都将是最大的获益者，中国作为高铁贸易网络的创造者和组织者，也将获得前所未有的地缘红利。

当然，现在的高铁在设计上主要用于载人而非运货，也就是速度比载重量更优先，这涉及许多设计细节，但未来的发展趋势显然是重载高铁的出现。虽然这在技术上存在一定难度，但随着时间的推移，技术瓶颈并非无法克服。

3. 高速铁路挑战海权统治地位：21 世纪是欧亚大陆的世纪

如果我们看世界地图就会发现，欧亚大陆是全世界最大的陆地板块，全世界大部分人都住在这块大陆上，如果它能完成经济整合的话，那么美国相对于欧亚大陆这么大一个板块来说就是个"岛"了。所以高速铁路的诞生和它快速发展所抢出的时间和速度，将有可能使海权国家 500

年以来的统治地位受到根本性的挑战，大陆贸易体系以 48 个小时贯穿的速度，远超海路数十天的"爬行"，在这种情况下，海上贸易将会被大陆高铁贸易逐步取代。近 500 年以来所形成的海权国家必然优于陆权国家的观念可能要被颠覆。

全世界的大部分人口住在欧亚大陆，全世界最大的市场也在这里，它拥有巨大的资金存量，集中了全世界最多的能源与原材料，欧洲有先进的技术、中印有巨大的劳动力，所有该有的这块大陆都有了，一旦被整合起来，还有哪里能够跟它竞争呢？美洲大陆的两洋优势在新时代反而会变成劣势，成为孤悬海外的经济飞地。所以，高铁贸易大通道的战略意义，不是为了输出过剩的产能，这种格局太 low 了，它的真正价值在于以陆地贸易取代海洋贸易，重新改变世界财富的流向，形成欧亚大陆深度整合的新一轮全球化，最终，这必然导致陆权国家的重新崛起。这将是世界历史的一个重要转折点。

六、建设高铁的成本账

既然高铁将有可能会实现如此巨大的变化，那么我们一定要计算一下，在欧亚大陆上建立这样的一个高铁贸易体系，经济上到底合不合算？

1. 1 亿人民币 1 公里的高铁成本

欧亚、中亚和泛亚三条高铁骨干网的总里程至少要 4 万公里，那么这 4 万公里需要投入多少钱呢？根据中国建设高铁的成本来进行估算的话，由于每个地区都有很大的差别，所以我们在此根据世界银行最近的评估大致可以求出个平均数来。这个评估算出在中国境内所修建的高铁，350 公里时速的平均成本是 1.29 亿人民币每公里，250 公里时速的高速铁路则是0.87亿。为了简单，我们把这两个数取个平均值，换句话说就是，中国建设高铁的成本是一公里一亿元。当然了，我还发现了很多不同的数据，在这里先以世界银行的这个估算为基准，也可以用其他数据来计算，道理都是一样的。需要注意的是，这些数据是基于目前的轻载高铁技术，如果是重载高铁，成本必然会显著提高，我们这里仅仅是做一个粗略的估算。

世界银行对中国高铁的评价是，建设成本大概是发达国家的2/3，高铁的票价是全球的1/4或者1/5，也就是中国的高铁成本低、票价便宜。很多人会说，高铁票价哪儿便宜啊？贵得不得了！那你到日本去坐坐，到欧洲去坐坐，那儿的高铁就更贵了。以这样的建设成本来估算的话，要涵盖欧亚大陆这三条骨干线路，至少需要4万亿人民币，如果再加上支线，可能会更高一些。

如果我们将4万亿人民币折算成美元的话，大概是6500亿美元，这个时候我们要做个对比了，美国在阿富汗守了十几年，一共花了两万亿美元，如果拿这笔钱用来修高铁的话，可以修12万公里，但是美国没这么干，而是把钱烧在了阿富汗，而阿富汗的基础设施建设跟十几年前相比没有任何的改变，那么这个钱烧得就很不值得，它既没有改善中亚的基础设施，也没有产生美国本土的一公里高铁，而阿富汗的情况和十几年前一样糟。这就是作为霸权国家，它要支付极高的成本，也就是要以牺牲经济发展为代价，该做的基础设施你没做，该投的钱你没投，你把钱拿去打仗去了，虽然面子上是很风光，但是付出的代价则是长远的。这就是历史上反复出现的帝国过度扩张的后果。

2. 海路成本真的便宜吗？

那高铁这6500亿美元的投入能够产生多大的收益呢？这个钱能不能捞得回来呢？总收入会是多少？这还是要做一下粗算。2014年中欧之间的贸易总额一共是6000亿美元，这6000亿美元如果用集装箱来

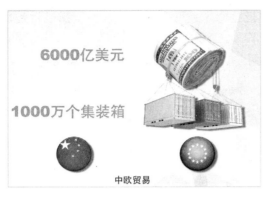

2014 年中欧贸易总额共 6000 亿美元

中欧高铁运输成本估算的总投入约为 4800 亿美元

装大约是 1000 万个标准集装箱。1000 万个标准集装箱在一年之内通过海洋贸易进行对流，这就是我们要进行评估的基准。假设我们用欧亚和中亚两条线来覆盖中欧之间贸易的话，比如说加在一起是 3 万公里，每条线平均下来是 1.5 万公里，3 万公里的总投入大概是 4800 亿美元，那么它能创造多少收入呢？这个时候就要计算定价了。

以四川的渝新欧线为例，重庆地区现在已经修通了第三条欧亚大陆桥，从重庆走兰州，经过兰州到乌鲁木齐，然后走中亚和俄罗斯的铁路，最后经白俄罗斯到达欧洲，再到达德国杜伊斯堡，全长 11000 公里，时间是 15 天。注意，这条线是个普通铁路线，不是高铁线，我们可以通过分析它的运费来做一个比较。

从重庆走渝新欧这条线，一个标准箱的运输成本是 6600 美元，如果从重庆沿着长江到出海口，换装海轮运到欧洲，50 天的时间，运输成本是 3000 到 4000 美元。从这两个比价大家可以很明显地看出海运成本较低，铁路运输较高。但是不能这么算账，因为每个集装箱里装的货实际上都是一笔钱，这笔钱在运输途中是会有利息成本的，这跟所运输货物的价值相关，货物价值越贵，利息成本就越高。如果把每一天在运输途中的利息算出来，就会发现从海路运虽然运输成本低，但是它要走 50

天，财务成本并不低，每天的利息乘以 50，那得多少钱？所以从海路运到欧洲真正的全部成本，很可能是 8000 美元，铁路的运费是 6600 美元，但只用了 15 天，资金压占时间短，运到欧洲大概跟海路运输差不多。

渝新欧这条线现在已经开始正式运营了，目前有大量的货物放弃海路运输而走渝新欧这条线，这说明它在市场中还是有竞争力的。

大家可能要问，为什么从重庆到欧洲的杜伊斯堡要花 15 天呢？印象中坐火车用不了这么长时间啊！这主要是当铁路出新疆口岸进入哈萨克斯坦的时候，那个地方的铁轨跟中国的宽度不一样，中国是标准轨，哈萨克斯坦的铁轨是当年苏联搞的体系，比较宽。所以现在的俄罗斯、哈萨克斯坦和白俄罗斯的铁路都跟我们的尺寸不一样，我们的火车到了那儿得卸货之后再重新装，经白俄罗斯到波兰之后，欧洲的铁路线又跟我们是同样的宽度，在那个地方还得重新卸货吊装一次，才能继续往前开。这个换装的时间要花好几天。这是第一个毛病。

第二个毛病是什么呢？就是在中间沿途的海关，每过一个国家海关都得查货、验货，时间耽误得太长了，所以它的时间是 15 天。当然了，现在重庆做得比较好，重庆已经通过国家层面的协调，把所有沿途国家的海关全部打通了，也就是一次通关，从重庆验了海关之后，到德国出海关的时候再验一次，中间路过的国家统统不用过海关，这就大大缩短了运输时间。

3. 海洋霸权和陆地霸权之间的博弈

如果高铁修通了，那么从重庆到杜伊斯堡时间可能是 48 个小时，财务成本就从 15 天压缩到了 2 天，平均利息成本支出可能还不到 200 美元（取决于货值）。由于铁路运输把财务成本几乎压到了 0，那么高铁的运价就可以调到 8000 美元，甚至更高，那 8000 美元有没有人运货呢？因为财务成本趋近于 0 了，即使运费高点，总成本也还是差不多的，而且走海路要漂 50 天，铁路 48 小时就能到，对商家来说，这是个重大的吸引

高铁财务成本趋近于 0，所以运价可以调到 8000 美元

力。因为高铁速度快，给商人们提供了商业先机。当你的货都已经铺满欧洲市场的时候，别人的货还在海上漂着呢，而且还要一个多月之后才能到，这个竞争悬殊就太大了。

我们知道，中欧贸易以前占绝大部分是海运，假如高铁修通，抢了一半的生意，也就是 500 万个集装箱开始跑高铁，而且 48 小时就到达了。如果每个标箱按 8000 美元的运费来计算，会带来多少收入呢？400亿美元。也就是整个欧亚大陆的两条线总投入 4800 亿美元，一年的营业收入是 400 亿美元。那么这个收入能不能有赚头呢？这取决于你的利息成本，这是第一个要素。如果 4800 亿美元投进去的话，每年利息成本少说也要 240 亿美元，基本上一大半的营业收入被利息吃掉了。

第二个是什么呢？是耗电量。因为高铁要大量用电。京沪高铁的财务报表显示，用电量十分惊人，几个月就用掉了 5 亿人民币的电。那么这个横贯整个欧亚大陆的高铁得耗多少电？得花费多少钱？而且还有运营费用、修理费用、维护费用以及设备折旧等。如果以上海到北京的高铁来计算的话，利息成本乘以 3 左右，可能是全部的运营成本，要是这样算下来的话，高铁运输是赚不了钱的。不过，这只是基于欧亚大陆两端的贸易量，刚才已经说过了，高铁最重要的作用是启动欧亚内陆市场，完成经济整合，内陆的产品需要运往欧亚大陆两端，这将会增加大规模的运货量，同时欧亚大陆两端也有大量商品要反方向运往欧亚腹地，如果内陆市场启动能够带来运输量倍增的话，整个高铁体系的营业收入也会大幅增长。这样一来，财务上就有可能打平了。因此，高铁建设是投资大、风险大的一个项目。

不过，我们必须综合考虑高铁贸易大通道的综合收益，因为它整合了欧亚大陆的经济潜力，深化了统一市场的形成，改变了地缘战略均势。这一切将改变中国加入海权国家主导的国际贸易体系的综合成本，特别是商品的定价权。从高铁投资和运营的局部看，特别是从财务成本看，也许是亏本的，但高铁贸易将改善中国的国际贸易条件，欧亚大陆贸易总量会大幅增加，最终会增加中国商品出口总的效益。另外，由于海权国家控制着主要海洋通道，这使中国为了加入全球贸易体系而不得不增加额外的隐性成本，比如外交利益妥协、国防开支增加、货币受制于美元等等。如果综合考虑海洋贸易的"全成本"，那么高铁贸易的总收益就会更有吸引力。

七、欧亚大陆的"小美元"

除了以上的分析，欧亚高铁还有一个重大价值，就是促进人民币国际化。中国很可能是高铁的主要出资方、主要的设备提供方和主要的施工方，所以各个国家都在"求"着中国到他们那儿修高铁，都愿意支持中国。既然是中国出钱、出力、出技术，那么贷款条件就是中国说了算，人民币自然是结算货币。中国给高铁沿线国家提供人民币贷款，然后他们拿着人民币来采购中国的设备和服务，中国不仅是卖了东西，还顺便把人民币给推出去了。这一点其实要向美国人学习，美国当年在马歇尔计划过程之中就是这样做的，所有接受美国援助的欧洲国家必须使用美元，虽然在马歇尔计划中美国付出了很多，但是得到的更多，整个欧洲都被美元化了，欧洲之间的所有国家的贸易都要使用美元，直到 2000 年欧元出现之后这个情况才结束。

　　人民币国际化将会搭着高铁这个"东风"，一路向西，所走过的每一个国家，大家都接受人民币贷款，如果伊朗和巴基斯坦这两个国家手上都有人民币，那么他们之间的交易，比如石油、天然气，或者他们之间买卖其他商品的时候，就很有可能使用人民币来结算。这样的话，人民币在所有持有人民币的"一带一路"国家就可以广泛流通了，就能成为欧亚大陆上的"小美元"。这个价值非常巨大，我们羡慕美元的原因就是因为美元拥有货币霸权，这不仅是铸币税的问题，还有对其他货币的影响力。从长远看，人民币在欧亚大陆广泛流通的潜在红利将不可估量。

八、有效解决产能过剩问题

　　新丝绸之路还有一个战术级别的好处，它能够有效缓解中国产能过剩的问题。这也是中国现在经济结构需要调整的原因，钢铁、水泥等各行各业都出现了严重过剩。如果欧亚大陆上要铺设数万公里的铁路、公路、油气管线、电力电信网络，还有数不清的桥梁、仓库、车站等基础设施，这需要使用多少钢铁？消耗多少水泥？当地经济在获得基础设施改善之后，市场潜能将很快获得释放，这又会带来对中国商品的巨大需求。这个过程将会使中国产能过剩的困境得到很大的缓解，为经济结构的调整"买"来宝贵的时间。新丝绸之路的设计，不仅仅是为了战略突围，更是为了创造新的战略优势。

3
Chapter

第三部分

观历史

去伪存真，才能看清未来

Israel

以色列

　　以色列——世界上唯一一个以犹太人为主体民族的国家，以色列文化是由犹太教和犹太人数千年以来的历史经验所交织构成的。古老的犹太文明给人类文明做出了杰出的贡献，犹太文明的智慧和财富传承奥秘究竟高明在哪儿？

16

犹太文明前传

　　一直以来，犹太人以天才和擅于积聚财富著称世界，那么，这个总人口1000多万的民族如何爆发出了改变世界的能量？同为3000多年文明从未断绝的民族，犹太人和中国又有何相似性？本章内容，让我们一起踏上那片"流奶与蜜之地"寻找答案。

一、犹太文明如何延续三千年

2015 年，我去以色列考察了一圈，收获颇丰。以色列是一个非常独特的国家，因为几千年以来，犹太文明跟中华文明一样，都没有断绝过。这两个文明为什么可以如此长寿？这个问题让我非常感兴趣。

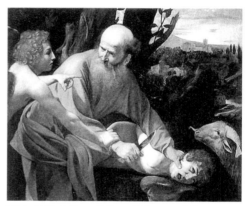

图中的故事为亚伯拉罕献祭，亚伯拉罕是信心的祖宗，他生平最著名的事迹就是将他的独生子以撒献给神

在去以色列之前，我在微博上问网友对以色列最好奇的是哪些问题，后来收到了几百人的回帖，总结起来有几大类：为什么犹太人这么能赚钱？犹太人的教育有什么特点？犹太人的农业和科技创新为什么那么发达？还有很多关心中东冲突问题的，也有人问到了为什么历史上欧洲人会有排犹的传统……这样的问题还可以列出很多，但是我认为解答这些问题最关键性的钥匙只有一把，

雅各之子约瑟被兄弟们卖到埃及，后来成为埃及的宰相

那就是必须解释清楚犹太文明为什么历经3000年而没有中断。这是所有问题的灵魂所在。

中国地广人多，文明没有中断可以有很多解释，现在全世界的犹太人也只有1000多万，而且他们有2000年没有祖国而散落在世界各地，在这种情况下，他们的文明究竟是如何传承的？这可以说是最大的一个谜案，这背后一定有一种

摩西分海，《圣经》中的著名故事，以色列人通过了耶和华分开的红海之路后，摩西挥杖将红海海水合并，淹没了埃及追兵

强大的精神力量支撑着犹太人的文明体系。如果能解决这个问题，那么前面所有的问题就都不在话下了。

二、记录犹太人第一人竟然是埃及法老

在历史上，对于犹太文明起源最权威的著作当然要数《圣经·旧约》，里面记载了许多历史事实，但也有很多传说。所以我们必须学会区分和还原真实的历史。还原真相的办法有两个：第一是依靠证据，第二是依靠逻辑。

在《旧约》以外，在历史上最早记载犹太人的是埃及法老。公元前1207年，埃及法老的军队去征讨迦南，打败了迦南地区的以色列人，"以色列人"这个词就是法老最先记录下来的。现在在埃及的神庙还可以找到。而迦南就是今天的以色列，这就是明确的证据。有了证据，怎么使用逻辑呢？我的办法是首先搭建舞台，再介绍演员，用舞台的大逻辑去分析演员行为的小逻辑是否合理。

舞台的空间就是这些地中海沿岸的国家，时间点就是公元前1200年，因为这个时间点非常重要，以此为基点的前后300年可以划分为两个阶段，往前300年是人类历史上青铜文明的晚期，也是历史上第一次全球化的高峰期；往后的300年是第一次全球化崩溃之后的黑暗期。而犹太人的出现正好介于这个时间点。犹太文明的起源处于前半期，而兴起位于后半期。

三、地中海风云

当年在地中海沿岸有四大强国：南方的埃及、北方的赫梯（也就是土耳其）、东方的亚述（主要在伊拉克地区）和西方的希腊（迈锡尼时代的希腊）。在这四大强国中，埃及实力最强。从地图上看，埃及好比一朵玫瑰花，尼罗河就是它的花秆，靠近地中海沿岸的三角洲地区就是它的花瓣。埃及的地理条件得天独厚，东西南三边都是沙漠，北边是地中海，这些天然屏障使埃及不易遭受外来侵略。尼罗河既带来了交通的便利，也为农业提供了肥沃的土壤和充足的灌溉用水，所以埃及的国力堪称第一。北方的赫梯帝国位于土耳其

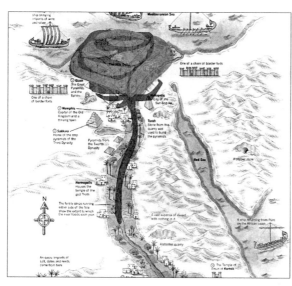

埃及好比一朵玫瑰花，尼罗河就是它的花秆，靠近地中海沿岸的三角洲地区就是它的花瓣

中部，是人类最早的农业发源地之一，畜牧业也非常发达，特别是冶金业独步世界，青铜和冶铁都是其强项，再加上马匹充足和战车技术，使得赫梯帝国的军事实力足以挑战埃及。当年，东方的亚述帝国也是一个后起的强权，它向北打败了强邻米坦尼，向南控制了巴比伦，已经可以有效地压制南北两个邻国。不过亚述的地理位置不太好，它地处四战之地，很不稳定。西边的希腊处于迈锡尼文明时期，航海技术发达，是地中海贸易的组织者。

1. 当年的全球化：地中海峰会

另外，在这四大强权之间，还有一大批小国，在叙利亚和迦南地区就有数百个小公国。当年的国际政治和今天一样，大国和小国之间也是存在着大量的往来关系，也就是说，全球化在当时已经是非常盛行了。比如在埃及神庙的墙壁上就记录着当时的盛况，赫梯王子、希腊王子、叙利亚王子等等都访问过埃及。我们可以设想一下峰会的情况：当年的全球峰会是由埃及人主导的，它的地位就相当于今天的美国。来自各国的政要到达埃及，就共同关心的国际问题展开讨论，会议是在友好热烈的气氛中进行的。

埃及神庙壁画上记录着地中海沿岸的全球化活动场景

2. 刻在泥板上的外交书信

除了国际会议，这些国家还有大量的外交书信往来。当时发现最早的书信就是泥板，在泥板上刻下楔形文字，在窑中经高温烧结之后的泥板可以保存数千年。在土耳其地区，曾经发现过 5 万多块泥板。我们现在看到的历史记录都是这些泥板的书信记录。

楔形文字泥板，在窑中经高温烧结之后的泥板可以保存数千年

这些记录里记载了当时大量的外交活动，小国和大国之间以父子辈分进行称呼，比如一个叙利亚沿海地区的小国国王向大国塞浦路斯求救写道：

父王，我现在五六艘战船都跑到你那儿去了，我手中没兵，野蛮人打进来了，请求你赶快来救援。

再比如当时的小国跟巴比伦国王汉谟拉比之间的通信，当时他们在克里特岛得到了一双制作非常精良的皮鞋，就把这双皮鞋寄给了汉谟拉比国王，信中说：

大王，给您献上一双制作非常精良的皮鞋。

后来不知道什么原因，汉谟拉比国王没有收这双鞋。

大国和大国之间以兄弟的辈分进行称呼，比如米坦尼国王给埃及国王的信说：

兄弟，我父亲即位时你们给了我们很多黄金，但是我即位的时候，给我的却没那么多，你是瞧不起我吗？

巴比伦国王给埃及国王的信件中说：

我的女儿可以嫁给你作为埃及王后，但是你得把定金，也就是黄金送过来，你不送黄金，我就不送我的女儿去你那儿。

埃及国王在给巴比伦国王的回信中写道：

你的条件很奇怪，我当然会把黄金给你，但是你把你女儿嫁给我跟钱扯在一起，我认为这是不妥的。

这两封往来信件充分体现了两个大国之间微妙而有趣的关系。

另外还有最搞笑的，埃及王后给赫梯国王写信道：

我的丈夫已经死了，我也没有儿子，现在我的大臣逼迫我嫁给他。但是我怎么能够跟下属结婚呢？这当然是不行的。听说你的儿子比较多，能不能请你送一个儿子给我，他可以过来当法老，一来就可以和我共同治理埃及。

赫梯的国王一听，这事太离奇了，不可能有这种天上掉馅饼的好事，他不太相信。于是就派了一个信史到埃及去落实查清这件事。结果埃及王后很不高兴，责怪赫梯国王不相信她的话。后来，这件事情得到了确认之后，赫梯的王子被送去埃及，结果在路上就被埃及的一个权臣派人刺杀了。这个权臣后来真的强娶了王后，而且以他的年纪，他都可以当王后的爷爷了。

从这些国家间的外交书信往来看出，其实当时的国际关系非常有意思，跟现在的国际关系差不多。

3. 得青铜贸易者得天下

当时地中海区域的国际贸易是一种逆时针旋转的国际贸易。埃及的船出发后，先到迦南地区，经过叙利亚、土耳其、希腊，最后回到埃及。一路上采购沿岸各国的土特产，然后销售到各个地方，这就构成了当年的全球贸易体系。

在所有的国际贸易中，当年最关键的商品就是青铜。众所周知，青铜是铜和锡按一定比例混合而成的。铜的来源比较多，比如塞浦路斯。但是锡矿来源只有一个，就是位于阿富汗的东北角，靠近中国新疆的喀什，这是当时整个中东世界主要的锡矿来源。贸易通道从阿富汗的东北角跨越伊朗、伊拉克，最后到叙利亚。塞浦路斯运过来的铜也要途经叙利亚，所以叙利亚就成了一个重要的贸易集散地，向北供应赫梯帝国，

当时的国际贸易是逆时针旋转的国际贸易。埃及的船出发后，先到迦南地区，经过叙利亚、土耳其、希腊，最后回到埃及

向南供应埃及，向西供应希腊，可以说中东青铜贸易的中转站，也是最重要的一个贸易通道。谁能控制青铜贸易，特别是锡矿的贸易往来，谁就能主宰青铜贸易线上几个大国的命运。因为没有锡就炼不了青铜，没有青铜就不能生产武器。而当年的青铜非常稀缺，只有贵族和统治集团才能装备青铜武器，老百姓手上是没有这些先进武器的。所以一旦有百姓造反，军事统治集团很容易就能镇压。因为他们掌握着最先进的青铜武器。因此，那个时代又叫青铜器文明时代。

　　除了用作武器，青铜还可以用在宫殿中，它代表着一种权力。如果一个大国长期得不到稳定的青铜供应，它的霸权统治是无法维持的。曾经有历史学家做了一个非常贴切的比喻："当年锡矿的重要性相当于今天的石油。"因此，叙利亚地区早在3000年前就已经是热点地区了，为了控制青铜贸易，大国争霸都必须控制叙利亚，就好像今天美国一定要控制中东地区一样。

四、地中海地区的世界大战

作为当时的第一强国，埃及势必要控制叙利亚地区。在青铜器文明晚期的 300 年间，埃及曾在叙利亚用兵十几次，其中最有名的战役有两场，可以说是当年的"世界大战"。

1. 美吉多战役

第一次大战是在公元前 1479 年，埃及法老图特摩斯三世北上进入现在以色列北部的美吉多地区。当地的几百个小王公在米坦尼帝国的支撑下挑战埃及对叙利亚的霸权，埃及法老打垮了叙利亚地区的反埃及同盟。这是人类历史上有文字记载的第一场战争，堪称"第一次世界大战"。

拉美西斯二世，古埃及第十九王朝法老，其执政时期是埃及新王国最后的强盛年代

2. 卡迭石战役

第二次大战是在公元前 1274 年，埃及法老拉美西斯二世带兵与赫梯帝国争夺叙利亚中部的卡迭石地区。这场战争动员了近 10 万人，双方所投入的兵力也达到了空前规模，从公元前 1274 年一直打到公元前 1259 年，持续

《卡迭石停战协议》，条约全文以象形文字被铭刻在埃及卡纳克和拉美西乌姆（底比斯）寺庙的墙壁上

了 15 年之久，最后双方损失惨重，国力消耗巨大，不得不签署停战协议。在 3000 多年前的冷兵器时代，这应该算是一场规模庞大且非常惨烈的战争了。《卡迭石停战协议》是世界历史上第一份被记录的停战协议。现在它的停战协议文本还在联合国展览，以象征世界和平。

五、特洛伊战争的真相

卡迭石战役的停战不仅仅是因为双方损失惨重，更主要的原因是赫梯和埃及都出现了严重的内部问题。

赫梯面对着希腊的挑战，为特洛伊战争做准备。说到特洛伊战争，很多看过电影《特洛伊》的人可能会疑惑，特洛伊战争不是为了一个叫海伦的美女而打的吗？这是《荷马史诗》的说法。如果按照逻辑来推演，这个说法是站不住脚的。偌大的希腊城邦动员了 5 万大军，打了 10 年惨烈的战争，就为了争夺一个美女，这可能吗？真实的原因是，当时在土耳其沿岸，有很多希腊的殖民地，为了扩张自己的霸权，希腊挑动这些殖民地起来挑战赫梯帝国的霸权。在开战之前，赫梯帝国对希腊采用了经济制裁和贸易禁运，这在历史上都是首例。到公元前 1250 年，经济制裁不奏效，双方才打起了特洛伊战争。

六、犹太人登上历史舞台

同样是公元前 1250 年，埃及所面临的问题是犹太人的造反，他们要出埃及了。当时，发生了三件大事——北面，赫梯和希腊进行了特洛伊战争；卡迭石战役结束；南边，埃及的犹太人起来造反。在这些历史大背景下，犹太人是如何登上历史舞台的？分析《旧约》中对犹太人的描述，我们就能看出犹太人的行为逻辑。

1. 以色列：与神摔跤的人

众所周知，上古中国的历史中有尧、舜、禹；而在犹太人的上古历史中，也有这样的三个人——亚伯拉罕、雅各和摩西。

《旧约》中记录的第一个主要人物是亚伯拉罕。实际上，亚伯拉罕是犹太人和阿拉伯人共同的祖先。虽然现在阿拉伯人和犹太人打得死去活来，但他们彼此都承认有共同的祖先——亚伯拉罕。当时，亚伯拉罕的部族生活在伊拉克南部的乌尔城，后来迁移到了迦南地区（也就是现在的以色列地区）。

犹太人和阿拉伯人共同的祖先——亚伯拉罕

亚伯拉罕有一个孙子叫雅各，也是家喻户晓的重要人物。关于雅各，《圣经》是这样记述的：有一天，雅各碰到了一个陌生人，并与这个陌生人摔跤，后来得知那个"陌生人"就是耶和华神，耶和华神跟雅各摔完跤之后，觉得雅各很擅长摔跤，于是给雅各改名为"以色列"。这就是"以色列"这个词的由来，意思就是与神摔跤的人。雅各共有 12 个儿子，后来演化为以色列

雅各，以撒的儿子，以色列民族的先祖

民族的 12 个部族。这样一来，亚伯拉罕就是犹太人和阿拉伯人共同的祖先，而雅各则是以色列 12 个部族的祖先。如果从民族性来看，今天全世界所有的犹太人都是雅各的后代。

2. 犹太人进出埃及的过程

公元前 18 世纪，希克索斯人入侵埃及，推翻了埃及法老的统治。因为希克索斯人掌握了最先进的技术，特别是武器技术——弓箭技术复合弓和埃及人没有的马拉战车技术。所以，当这些野蛮的希克索斯军队冲到埃及后，埃及法老的军队就抵挡不住了，被迫逃到了尼罗河上游，而希克索斯人在尼罗河三角洲建立起了一个新的王朝——希克索斯王朝。正是在这个历史阶段中，犹太人抵达了埃及。

大约在公元前 1700 年到公元前 1600 年，犹太人进入埃及。

既然犹太人已经来到了神应许给他们的迦南地，那他们为什么又去了埃及呢？根据《旧约》记载，雅各的一个儿子被卖到了埃及，并取得了法老的信赖，还做了埃及的宰相。后来各国闹饥荒，只有埃及有粮食吃，因为埃及的农业最发达，法老对犹太人很友好，很热情，所以雅各的儿子招呼兄弟们南下，于是大家就浩浩荡荡地来到了埃及。

在《旧约》中，一开始，埃及法老对犹太人很热情友好。因为这些法老不是埃及本土的法老，而是

希克索斯人，意为"外国的统治者"，这一术语最早出现于古王国，指埃及以外的统治者（当时主要是努比亚的首领），到第十二王朝早期专指叙利亚—巴勒斯坦的国王

希克索斯人的法老，他们与犹太人都来自迦南地区，而且很可能都是闪米特族。于是，犹太人在埃及繁衍生息，迅速扩大，挣了很多钱，又有很多良田，财富积累得非常快。但是后来《旧约》说，埃及法老对犹太人的态度发生了转变，开始迫害犹太人。因为掌握了先进的军事技术后，埃及的本土法老们带领军队从尼罗河的上游杀了回来，推翻了希克索斯王朝，把希克索斯人赶出了埃及。在公元前1550年建立了强大的第十八王朝，拉开了300年全球化黄金岁月的序幕。这样一来，留在埃及的犹太人就变成了敌国公民，待遇自然不如从前，但总体来说还过得下去。

公元前1290年，犹太人的处境急剧恶化，埃及法老为了与赫梯帝国争霸叙利亚，开始准备发动卡迭石战役，他们要建两座用于后勤补给的城堡，犹太人被法老驱赶去做苦力。大约在40年的时间里，犹太人确实是生活在水深火热之中。在这期间，他们发动过大规模反抗，几十万人造反的后果是很严重的。拉美西斯二世不得不草草结束了卡迭石战争，回国镇压犹太人的反抗，这种镇压激化了犹太人与埃及统治者之间的矛盾，导致了公元前1250年的犹太人大逃亡。这就是《出埃及记》的历史背景。

在犹太人逃出埃及的过程中，摩西闪亮登场了。他带着犹太人在西奈山转悠了40年，在这段时间里，他做了一件非常了不起的事情——创立犹太教。

3. 摩西创立犹太教

犹太教的特点如下：

第一，犹太教是一神教，所有的犹太人信仰耶和华。第二，有了信仰之后，还有成文的律法，摩西从山上带下来两块石板，石板上刻着《摩西十诫》，他又做了一个木头盒子，用以盛放十诫，这就是所谓的"约柜"。对犹太人来说，约柜是非常神圣的。第三，摩西建立了大祭司制度，由祭司去执行成文的法律。第四，设立了什一税制度，每个犹太人都要上交10%的收入或等值的羊群，或者农业产出物，这套财务系统用来供养祭

摩西雕像，《出埃及记》中记载，摩西受上帝之命，率领被奴役的希伯来人逃离古埃及，前往一块富饶之地——迦南地区

司阶层和维持律法系统的运作。

注意，在摩西创教之前，全世界是没有一神教的。犹太教和基督教都认为亚伯拉罕是一神教的祖宗。

犹太人给世界贡献了很多伟大人物，例如爱因斯坦等。但是我认为，把这些人全都加在一起，对人类历史的影响力也赶不上摩西一个人。可以说，当年摩西所创立的犹太教，间接地影响了当今世界大部分人的日常行为，包括信仰。

摩西完成了犹太教的创教之后，带领犹太人回到了迦南地区，迎来了犹太人在历史上的第一次重大机遇。因为公元前1200年前后，野蛮人开始了全面入侵，整个文明世界的所有中心，都受到了野蛮人的冲击。这些野蛮人拥有最先进的铁制兵器和强劲的骑兵，他们从海路和陆地分别冲击了赫梯、亚述、迈锡尼和埃及这四个主要强权，同时，在希腊出现了持续75年的地震高发期，在中东发生了几十年的严重旱灾，饥荒和内乱四起，国际贸易的大通道被摧毁，严重依赖全球化的各国经济均遭重创，强大的赫梯帝国灰飞烟灭，迈锡尼时代的希腊文明终结了，亚述帝国奄奄一息，埃及的势力被迫龟缩到本土，无数小国灭亡了，第一次以青铜文明为基础的全球化体系崩溃了。

四大强权衰落，叙利亚和迦南形成了巨大的权力真空，犹太文明迎来了第一次蓬勃发展的空前机遇。从那以后，犹太文明才正式登上了人类文明的舞台。关于犹太人究竟如何利用了这次千载难逢的机遇，占领迦南地区，下面内容将为您详细讲述。

17

犹太文明的三王时代

　　犹太人的文明史很长，但他们独立建国的历史却出奇地短。摩西通过宗教和政治革新，为犹太人建立自己的国家奠定了基础。然而，他们最值得书写的国家历史仅经历了三位国王就分崩离析了。本章内容将带您回顾犹太民族当年的光辉岁月与落寞悲伤。

一、地中海东岸崛起的孪生文明——腓尼基文明和犹太文明

公元前1200年是犹太文明史上一个重要的转折点，在此之前的300年是最辉煌的青铜时代末期，也是第一次全球化大发展的时期，犹太文明在埃及萌芽并在出埃及后的40年中逐步成长。从公元前1200年到公元前900年，全球化失败，原有的国际贸易体系坍塌了，古老的中东文明中心区陷入了长达300年的经济大衰退。有人说这是第一次黑暗时代，铁器时代拉开了序幕。而犹太文明则迎来了千载难逢的机遇，登上了历史舞台。

当时的四个主要强国已经顾不上国际事务了：赫梯帝国和迈锡尼文明的希腊已经灭亡了，亚述帝国岌岌可危，埃及仅仅能够自保。也就是说，整个地中海东岸的沿岸国家成了一片权力的真空。在这300年中，从埃及到伊拉克，在这些国家的宫廷历史中关于地中海东岸地区的记录都很少。

正是在这种非常有利的国际大环境之中，地中海东岸崛起了一对孪生文明——腓尼基文明和犹太文明。腓尼基人和犹太人同属于闪米特族，血缘关系很近。当时，腓尼基人控制了地中海东部沿岸的一些海港城市，犹太人则占据了迦南的内陆地区，双方密切合作，搭伙做起了国际贸易。

1. 以青铜和染料打天下，腓尼基人垄断地中海贸易

腓尼基人的优势是航海，他们的航海技术在当时是最先进的。希腊的迈锡尼文明衰落后，腓尼基人凭借先进的航海技术，替代希腊人接管了地中海贸易，而且发展出了更先进的造船技术，海洋贸易的范围扩张到了整个地中海。他们的商业殖民地沿着地中海东岸和北非沿岸，扩张到了突尼斯，后来在突尼斯建立了著名的迦太基。然后，他们占领了马耳他，穿过直布罗陀海峡进入了大西洋，最远处甚至到达了英国。腓尼基人的贸易圈比以前希腊人所控制的地区更为广大。

为什么腓尼基人要去英国？因为英国有锡矿。在公元前 1200 年之前的 300 年，锡在青铜文明世界的地位好比今天的石油，而它的主要供应地在阿富汗的东北角，靠近中国新疆的喀什地区，但后来野蛮民族以铁质武器和骑兵向文明中心区发动了大规模攻势，国际贸易的大通道纷纷被切断，阿富汗的锡矿运不过来了。虽然铁器时代已经来临，但在初期，铁的成本仍然很高，主要被用于武器制造上，大约经历了 300 年的演变，铁器才被大规模使用于农业工具上，所以当时青铜贸易仍然有着广阔的市场，而且利润很高。而如果要制造青铜，就必须有锡，阿富汗的锡矿供应断掉之后，腓尼基人只能到英国去找了，因为当时的英国被称为最大的锡矿供应国。所以，锡矿成了腓尼基人手中赚钱的超级商品。

除了垄断了青铜贸易，腓尼基人还有一个拳头产品——紫色染料。地中海有一种紫色海螺，腓尼基人从中提取出了染色剂，颜色紫红，鲜亮好看，染在布料上水洗不变

古城迦太基遗址，坐落于非洲北海岸（今突尼斯），与罗马隔海相望

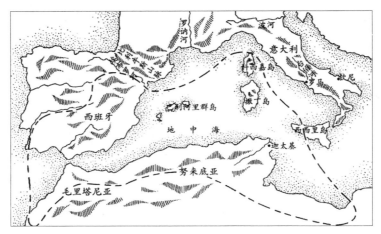

迦太基势力范围，腓尼基人的贸易圈比以前希腊人所控制的要更大

色，成为了当时世界上最畅销的时髦产品。这也是高利润的行业。我们在电影中常看到希腊贵族穿的紫色袍子，用的就是腓尼基人的产品。

另外，由于做生意需要记账，腓尼基人还发明了速记用的字母系统，这是世界上第一种字母文字，是所有字母文字的"老祖宗"。后来希腊人借鉴过来，增加了几个元音字母就变成了希腊文，罗马人在希腊文的基础上又发展出了拉丁文。

2. 犹太人控制红海重要口岸，与腓尼基人搭伙做生意

犹太人进入迦南地区之后，控制了一个非常重要的口岸——红海边上的亚喀巴湾。由于控制了亚喀巴湾的北部，进而控制了红海贸易。犹太人的贸易迎来了新的发展，因为当时的航海技术已经能把印度的商品运到红海地区的也门。所以，印度最重要、利润最高的香料，以及黄金和棉制品，都被运到了也门，也门地区也因此而成为了一个非常重要的贸易中转站，迅速繁荣起来，这就是《旧约》中所记载的示巴王国。虽然现在的也门好像很贫穷、很落后，但3000年前它可是一个非常繁荣的港口。来自印度和东方的大量货物在此地汇集，然后进入红海。进入红海之后有两条

线路可以选择：一条是到埃及；另一条就是经过亚喀巴湾，进入犹太人控制的迦南地区。由于主导地中海贸易的是腓尼基人，而犹太人是商业伙伴。如果走埃及这条路，来自东方的货物就不能很好地进入地中海贸易圈，所以大量东方商品只能走亚喀巴湾这条线路，进入犹太人控制的迦南地区，才能顺利地进入地中海贸易。

早在 3000 年前，也门是东西方贸易中非常重要的商品集散地

3. 犹太人商业启蒙师出名门

腓尼基人控制着地中海贸易，组织和开拓地中海市场；而犹太人负责组织远东的货源，腓尼基人和犹太人同时崛起。现在我们都知道犹太人经商很厉害，但他们刚刚从大沙漠里走出来的时候，还比较土，根本不懂如何做生意。他们做生意的种种技巧都是从腓尼基兄弟那里学来的。所以腓尼基人对犹太人帮助很大，他们一搭伙，就等于控制了两种超高利润的关键商品——锡矿和香料，那时他们真的是赚嗨了。所以，在进入迦南地区之后，特别是在所罗门王时代，犹太人变得非常富有。按《旧约》的说法，就是遍地都是黄金，白银多得就像石头一样，还有香樟木和各种各样的珍奇玛瑙，这些东西在当时的耶路撒冷到处都是，一点儿也不稀奇。

有了这样的历史背景，我们再看《旧约》中犹太人进入迦南地区之后的历史就有了一个大的参照系，很多问题就看得明白多了。

二、西奈山改编：摩西整编犹太部族

摩西在西奈山创立了犹太教，统一了犹太人的思想，解决了大部队最后去哪里的战略问题。并且创制了成文的律法、执行律法的祭司，以及保障整个宗教系统运转的财税制度，这就在信仰上完成了中央集权。同时，摩西还进行了一次深刻的制度改革，可称之为西奈山改编。因为以前犹太部族各自独立生活，缺乏组织协调，现在，需要在行为上也组织起来。

1. 建立在信仰基础上的中央集权

犹太人在埃及生活了400多年。当时，雅各有12个儿子，后来发展成为12个犹太部族。摩西要求每个部族都要做人口统计，这可能是世界上的第一次人口统计。

首先，摩西让12个部族的首领去清点自己手下有多少人，特别要清点20岁以上的可以上阵打仗的男丁。最后记录各个部族报上来结果，在犹太人进入迦南以前，12各部族中可以打仗的男丁人数共60万，再加上妇女、儿童和老人，当时犹太人应该是百万之众了。

第二，建立族长制度。因为以前群龙无首，各个部族的人总是散落在各地，缺少一个有效的组织机构。每个人都需要清楚自己的家谱，《旧约》中有个《民数记》就是讲这件事的。有了家谱之后，各个部族支派要建立族长制度，选拔出来一个族长。和平时期，族长可以帮助大家去评判民间纠纷或者官司；战时，族长可以充当军事统帅。

第三，对这60万青壮年进行有效的组织。为此，摩西设立了千夫长、百夫长、五十夫长和十夫长，也就是建制一直到了班，这样，才能把犹太民族有效地动员和组织起来。特别是面对战争的时候，它的动员能力会变得非常强大。

2. 专门服侍神的犹太教祭司

除此之外，摩西还有一项重大改革——组建中央直属部队。雅各共有 12 个儿子，其中有一个儿子叫利未，利未的后代就被称为利未人，利未人组成了中央直属部队。利未人是专门担任祭司的部族，世袭罔替，主要工作是保护约柜，因为耶和华神与摩西立约的石板就放在约柜里。这项改革之后，以色列的历代祭司基本上都是利未人，这是当年定下的规矩。现在，如果你有机会去以色列，你会看到很多身穿黑袍子、头戴黑帽子、留着胡子的人，他们中的很多都是当年利未人的后代。

图为利未画像，其后代被称为利未人，利未人是专门担任祭司的部族，世袭罔替，利未人的主要工作是保护约柜

当年还有一个规矩就是，摩西家族是属于利未支派的，他给利未人的一个最大的好处是：所有犹太人都要上交什一税，就是 10% 的收入要交给祭司阶层。实际上，利未人是被养起来的。大军在安营扎寨时，利未人作为中央军处于大营中心，其他部族的军队环绕四方，行进时，利未人也在中间，前后由其他部族开路和断后。不过，摩西也规定利未人不能在以色列拥有自己的家产，他们就是专门服侍神的。

有了一个共同的神，有了成文的立法，也有了执行律法的祭司，同时有了保证这套体制运转的财政收入制度，再加上摩西对整个部族的整编，犹太部族的组织性和战斗力可以说是脱胎换骨了，他们的组织力、动员力和精神信仰的凝聚力成为所有游牧民中最强大的。当他们浩浩荡荡杀入迦南地区的时候，所有的迦南地区原住民根本没法跟犹太人竞争。

三、非利士人——犹太人的亡国之困

在接近 200 年的混战中，犹太人灭国无数，只有一个强敌很难对付，那就是非利士人。非利士人其实就是希腊人，在迈锡尼时代的后期，希腊灭亡，大批的希腊人转移到了迦南地区。在所有民族中，希腊人是最擅长作战的民族。他们的武器装备和盔甲都非常先进，战车也非常厉害，而且见多识广，足智多谋，他们和犹太人足足打了 200 年。他们最厉害的地方是有铁制兵器，而犹太人没有。

说到铁器，最早发明铁器的是赫梯人，他们早在公元前 1500 年就已经使用铁器了。但是赫梯帝国对铁器技术实行了严密的封锁，决不允许铁匠随便移民国外，防止铁器技术流传到其他国家。赫梯帝国对冶铁技术进行了 300 年的有效封锁，直到公元前 1200 年，赫梯帝国灭亡了，铁匠们四散奔逃，铁器技术才开始流传到其他国家，其中最早流传到的国家就是希腊。于是，希腊人，包括后来的非利士人，较早拥有了先进的冶铁工业。他们进入迦南地区后，又对当地的犹太人实行了严密的技术封锁，因为他们害怕犹太人将铁器技术用于兵器。因此《旧约》中有记载，"以色列全境一个铁匠也没有"，而且频繁提到犹太人在作战时缺少武器。所以，在跟非利士人作战的过程中，犹太人打得很艰苦，经常打败仗，要被非利士人统治。

为了对抗强敌非利士人，犹太人痛定思痛，在制度上做了进一步的创新。因为西奈山整编的制度已经落伍，当时都是依靠几个有声望的重要人物引领调动，如摩西和其后的约书亚，没有成建制，也没有形成一套中央集权制度。

于是，他们搞出了士师制度。"士师"的意思就是军队首领的固定化，这样才能有效地动员以色列的 12 个部族与非利士人作战。也就是说，战争逼迫以色列人在制度上做了创新。他们必须建立起稳定的部落军事首领推选制度，那时主要是靠先知和祭司们在神的启示下选择。

四、犹太文明的三王时代

在与非利士人作战的 100 多年中，以色列人又发现了士师制度的问题。最大的问题就是权力体系十分不稳定，经常掉链子，很多次出现了继承人的空档，常常很多年没有首领，12 个部族各自为政，每次都出大乱子。那时的犹太人有一个共同的心愿——必须向其他大国学习先进的制度，必须有自己的国王。

老百姓和 12 个部族首领都希望搞国王制度，但是祭司阶层却没那么心甘情愿。因为，以前祭司阶层可以垄断所有权力，如果出现一个中央集权制度的国王，相当于要分走他们的权力，祭司阶层当然不愿意。《旧约》中就曾讲到，祭司撒母耳本来想把自己的权力继续传给自己的儿子，但遭到了所有长老的反对。最后他选出了国王——扫罗。由此，犹太人进入了三王时代。

1. 扫罗王究竟是不是有精神病？

扫罗是个大力士，英勇神武，擅于打仗，大家都推举他，先知只好立他为国王。《旧约》中说大约在公元前 1050 年前后，当时非利士人大败犹太军队，而且兵临耶路撒冷城下，犹太人简直就要亡国灭种了，在这种情况下，祭司阶层才不得已选择了扫罗作为国王。扫罗不负众望，带领犹太各部族打败了强敌，成了大英雄。成为国王后，扫罗难免有些自我膨胀，但威信依然很高。但是《旧约》中祭司阶层对扫罗的描述是

扫罗在关键时刻带领以色列人击溃了非利士人

这样的：扫罗神经不正常，情绪经常不稳定，必须有人弹琴，特别是大卫弹琴，他才能稳定下来，结论就是扫罗不能当国王。

因此，祭司阶层认为一定要找扫罗国王的继任人，于是挑选出了大卫。大卫比扫罗要谦和许多，而且颜值爆表，帅得让大家一见倾心，同时，他的勇猛程度不亚于扫罗，非力士人的勇士歌利亚就是被大卫干掉的。

从逻辑上进行分析，作为国王的扫罗，按照天下所有国王的规矩，他的国王位置应该是传给自己儿子的，祭司阶层怎么可能越过国王去任命国王继任人呢？这明显是对扫罗的一种刺激。而至于扫罗神经不正常，可能性很小。当时，在迦南地区有南北两大派，北面是 10 支以色列部族，他们是坚决拥护和忠于扫罗的，即使在扫罗死后，还是忠于他的儿子；南面则是剩下的 2 支。这说明扫罗不是有精神病，如果他有精神病，还会有那么多部族效忠于他的家族吗？

正因如此，扫罗和大卫的关系天然就是矛盾的，扫罗认为自己的王位应该传给自己的儿子，而祭司阶层推举大卫继承王位，两个人之间的矛盾无法调和。扫罗也试图想过办法来解决这个问题。于是打算将自己的女儿米甲嫁给大卫，让大卫做自己的女婿。但《旧约》中记述道：扫罗还是很嫉妒大卫，因此要迫害大卫，于是，大卫在扫罗的迫害之下逃跑，结果投靠到了非利士人那里，相当于叛国投敌，这是大卫人生经历中的一个污点，正是因为这个污点，以色列北部的 10 个部族始终对大卫不满意。

后来，在与非利士人的一场大战中，由于兵器上的劣势，扫罗和他的儿子以及带领的军队，全军覆没。

图为扫罗的女儿米甲放走大卫，大卫在扫罗的迫害之下逃跑

2.　实现犹太部族统一的大卫王

大卫的政治智慧的确比扫罗高很多。《旧约》中记录了这样一个故事：当时，报信人兴冲冲地跑来告诉大卫，扫罗父子俩都战死了，这意味着王位非大卫莫属，这位报信人是来邀功的。结果，大卫立马把那个报信人杀了，然后伤心痛哭，还写了很多首诗歌。大卫的痛哭流涕是为了争取到以色列北部10个部族的人心。他如果表现出很开心，那就会失去犹太北方部族的人心，大家会觉得大卫只为自己的权势而不顾民族大义。

除此之外，还有一件事情能表现出大卫高超的政治艺术。扫罗死后，他的另外一个儿子继位了，北部的10个部族全部支持扫罗的儿子。大卫只有跑到南部去继承王位，南部只有犹大和便雅悯这两支小部族。这样，就形成了南北分裂的局面。接下来的七年中，大卫被迫跟扫罗的儿子进行了内战。后来，扫罗的儿子被人谋杀，谋杀者拎着人头跑到大卫面前

图为大卫政权与伊施波设政权交战，伊施波设是扫罗的儿子

大卫王将以色列的首都迁往希伯伦和示剑之间的耶路撒冷，以平衡南北势力

图为大卫与拔士巴，大卫王风流惨案的两位主角

邀功，大卫立刻杀掉了邀功者，并将尸体悬挂在城门示众，同时厚葬了扫罗的儿子。这两件事情说明大卫的政治智慧比扫罗要高明很多。

当然，大卫王对扫罗家族并不是完全没有戒心的。扫罗的孙子是个瘸子，不能走路，大卫寻访到此人后，首先是将扫罗家族的土地全部赐给他，以此显示仁义；但考虑到北方犹太部族仍然衷心于扫罗家族，大卫就说你们家的财产全部给你，但你每天都要和我一起吃饭，这实际上是一种软禁。

《旧约》中还记载了很多其他细节，说明大卫起家于南方部族，但南方的犹太人只有两个支派，北方却有十个支派，人数对比是 1∶5，力量对比非常悬殊。而且北方的 10 个部族对大卫家族始终是有看法的，从大卫到所罗门，甚至所罗门死后，过了 100 年还是有看法。所以大卫对北方部族始终有深刻的戒心。

还有一件大事能体现大卫的政治谋略，那就是大卫迁都——从以色列南部的希伯伦迁到耶路撒冷。当时，北部的那些部族集中在示剑和示罗一带。大卫统一了南北两方之后，如果定都南方就会从心理上与北方部族疏远，如果定都北方，那里不是他的根据地，他心里不舒服，所以他把首都迁到了中间的耶路撒冷。

大卫占领了耶路撒冷以后，以色列帝国开始逐渐地繁荣起来。大卫也稍稍有些自我膨胀了。

有一天，大卫在城堡上散步，突然看到城堡旁的一个大户人家里，一位美女在洗澡。他看到这位美女长得非常美丽，就让手下人去打听那位美女到底是谁家的。手下人回报，这位美女名叫拔士巴，是一位赫梯人的妻子，那位赫梯人还是大卫手下的一个忠实卫士，当时正在前线打仗。大卫一听，吩咐手下想办法把拔士巴请到宫殿来。然后，大卫王就和拔士巴在一起了，后来，拔士巴就怀孕了。事情当然瞒不住了，大卫起了歹心，故意让拔士巴的丈夫在前线战死，然后娶了拔士巴。这件事情在《旧约》中记录得非常详细，而且备受历代争论。

不管是扫罗、大卫还是后来的所罗门，他们都犯了当时摩西所立的戒律，而且所违反的戒律都是死罪，但是祭司阶层没办法给国王治罪。最后，法律还是没有战胜权力的力量，祭司们的立法也根本无法制衡国王。

大卫王所碰到的最大问题就是夺嫡之争。他共有 17 个儿子，而王位只有一个。《旧约》中有记录，他的几个儿子因争权夺利而互相残杀。

在大卫的几个儿子中，他最喜欢的一个儿子叫押沙龙，颜值爆表，号称"以色列第一美男子"。押沙龙倚仗父王对自己的赏识和偏爱，想要谋划抢班夺权。他交好祭司们和掌握兵权的元帅们，出门的排场也很大，都是 50 个保镖在前面开路；原本需要找大卫王断案的全国案件后来都找押沙龙断案。按照《旧约》的说法，押沙龙偷走了以色列人的人心。到后来，他更是肆无忌惮，甚至策动兵变。大卫王曾一度逃离耶路撒冷，最后不得不与自己这位最喜欢的儿子进行了一场血战，在这场战争中，以色列人阵亡了好几万人。

大卫王虽然统一了以色列，但他一辈子的时间主要都是在打仗，以色列在大卫时代还算不上一个强大的帝国。

3. 风光无限的所罗门王

大卫王被儿子们的争权夺利搞得心力交瘁，最后终于想明白了，将大位传给了所罗门，正是在所罗门统治期间，以色列真正成为了一个强

东正教所罗门圣像，所罗门被称为以色列最有智慧的国王，他修建了耶路撒冷城墙和第一圣殿

大的帝国。如果来做对比的话，大卫王有点像历经磨难的康熙，而所罗门就是幸运的乾隆。

所罗门上台后，国家战乱结束，开始和平发展。他统治着现在的以色列全境，以及巴勒斯坦、黎巴嫩、叙利亚南部和约旦的部分领土，成为能与埃及、亚述、巴比伦分庭抗礼的强权。所罗门王与腓尼基人开始联手做国际大生意，控制了亚喀巴湾的港口，经营起东方贸易，金银珠宝滚滚而来。

据传，所罗门的后宫有上千妻妾，《旧约》上给出的数字就是1000人。连远在也门的示巴女王都对他仰慕至极，千里迢迢赶来凑热闹，还带来了金银珠宝和香料，结果与所罗门一见倾心，据说还怀上了所罗门的骨血，后来成为了也门国王。连埃及法老都把公主嫁给了所罗门。要知道，埃及可是几千年的老牌大帝国了，从来不把公主嫁给外人，能娶埃及公主意味着犹太人从牧羊民族晋升为贵族阶层了。一时间，所罗门王名声大噪，出尽了风头。

当然，所罗门王最大的功绩还是建造了犹太人的第一圣殿，他用了七年时间在耶路撒冷的圣殿山上建立了圣殿，并把约柜放进了圣殿，从此圣殿山就成为了犹太人千百年来最神圣的地方，影响了犹太人后来3000年的历史。所罗门王做的所有事情加在一起，都不及他修建了第一圣殿一件事重要。

五、三王时代终结，犹太民族再次陷入流离失所

从公元前1050年到公元前930年前后的这120年间，从扫罗、大卫到所罗门，以色列的三王时代是犹太人历史上最辉煌的时期，但却没有维持很长时间。所罗门王一死，以色列马上就南北分裂了。究其原因，还是北方的10个部族对大卫家族不买账，所罗门王的儿子控制不了局面。北方的10个部族因为苛捐杂税而反叛，形成了南北分裂的两个国家，北方叫以色列国，南方叫犹大国。以色列国后来被再度兴起的亚述帝国所灭，北部的10支以色列部族被亚述人驱赶，四散奔逃，被其他民族同化，不再是犹太人，在历史上烟消云散了。真正的犹太人是留在南方犹大国的两支雅各的后代。这个犹太国后来也被新巴比伦所灭，他们的后人就成了现在全世界公认的犹太人的祖先。

所以现在我们所说的犹太人，有广义和狭义两种含义。狭义的犹太人指的是雅各的儿子，是最后留存在犹大国的两支部族的后裔；广义的犹太人是指凡是皈依和信仰摩西所创建的犹太教的人。中国河南就有很多人因为信奉犹太教成了犹太人，现在移民到了以色列。

如果从世俗的角度看，大卫和所罗门时期肯定是犹太国家最风光的时刻，但却一定不是犹太文明最了不起的时刻。每个国家都有走大运的时候，哪个文明古国没有一段辉煌的历史？但这么多文明古国，最后都烟消云散了。而犹太人现在依然存在，这才是我们真正应该去关注的地方。古人常说说：窘视其所不为，贫视其所不取。当一个人成功时，也正是充满了泡沫的时候，这时人品往往被忽视。而当他失败、困窘和贫穷时，这个人还能不能守住底线，这才是考验人品是否贵重的最重要的时刻。所罗门王一死，他的国家就分裂了，后来又亡国了，第一圣殿也被摧毁了。然而，经历了这些之后，犹太文明依然被传承了下来，这值得我们深入研究。

18

犹太文明的财富传承

犹太人几千年来历经屠戮，被迫迁徙流散，然而他们的文明从未断绝。他们所积累的财富也代代相传。《福布斯》杂志曾经报道：世界前 400 名亿万富翁中，有 60 名犹太人。被称为"世界第一商人"的犹太人有着怎样的财富传承奥秘？我们能从中学到什么？

一、犹太人发家之始

大家都知道犹太人很会赚钱，世界的"钱袋子"在犹太人那儿。华尔街基本就是犹太人的天下，英特尔、谷歌、甲骨文、脸谱的创始人也都是犹太人。美联储历届主席中，像耶伦、格林斯潘和伯南克等，很多都是犹太人。在美国富豪排行榜上，犹太人占了一半。所以，在当今世界，犹太人就是金钱的"先知"。那么犹太人是凭借什么成了金钱的"先知"的呢？

在摩西带着犹太人出埃及时，他们只是一群游牧民族，没见过什么世面，和阿拉伯人、突厥人差不多，并没有特别的商业天赋。犹太人的第一桶金实际上是和腓尼基人合伙赚的。在3000多年前进入迦南地区后，犹太人和腓尼基人合伙做国际贸易，垄断了锡矿和香料这两种超高利润的商品，可以说，腓尼基人是犹太人经商的师傅。犹太人跟着腓尼基人苦心修炼了300多年的经商之道，才开始独立经营。

二、犹太人的核心竞争力之一：契约精神

后来，希腊人和罗马人来到了地中海贸易圈，犹太人开始在全世界的商业舞台上和各个民族展开较量。这时，犹太人的商业才能逐渐崭露头角，因为犹太人比其他民族多了一项制胜法宝，这就是"契约精神"。

如果说《旧约》是犹太人的精神宪法，那么《塔木德》就是他们的

米开朗琪罗《最后的审判》，画面大致可分为四个阶层，最上层是天国的天使，画面中央是耶稣基督，下层是受裁决的人群，最底层是地狱，描绘了大审判的情景

人生操作手册，将人与神之间的契约精神全面贯彻到生活中的方方面面，商业活动是其中的重要组成部分。《塔木德》上说，当末日来临进行大审判时，神会问5个问题，第一个就是你这辈子做生意时，有没有欺诈行为，如果有，那就进不了天堂，只能下地狱了。犹太人对宗教的虔诚使他们的很多行为都具有很强的自我约束力。犹太人认为，神与他们是一种契约关系，他们永远敬拜耶和华神为唯一真神，作为对价，神拣选了犹太人并让他们超然于万民之上。纵览世界各个民族，只有犹太人还将约柜作为最神圣的敬拜对象，约柜里装的是神赐给摩西的两块石板，上面刻着十诫，也就是说，犹太人最敬拜的竟然是一份法律合同书！而且，在犹太人看来，这种契约关系并不是可有可无的，也不是一件可以用法律来强制执行的事情，这种契约关系神圣而不可侵犯。对他们来说，这是一种信仰，不相信的话，未来就会下地狱。对于信仰虔诚的犹太人，谁也不敢因违反契约而承担这么严重的惩罚。

1.《塔木德》中关于契约精神的规定

虽然很多民族都有要诚实经商的教诲，但在执行力上怕是赶不上律法民族犹太人的。在《塔木德》中，为了保证公平交易，甚至规定小商店一定要经常清洗砝码，手摸着不能发黏，每称完一样东西都要擦拭一次天平；为了保证诚实交易，在推销东西时，不能以次充好，比如把新鲜水果盖在坏掉的水果上；为了实现合理利润，交易价格不能超过平均价的16%，否则买卖自动失效；如果买家买了不熟悉的东西后悔了，可以在一定期限内无条件退货。现代商业的无条件退货原则、合理利润、公平价格、信息披露，都来源于《塔木德》。

关于犹太人的契约精神这一点，其实有很多文学作品都描述过，其中最有名的就是莎士比亚的名著——《威尼斯商人》。犹太商人夏洛特借钱给基督徒安东尼奥，契约上规定如果到期不还，代价将是从违约者身上割下一磅肉，结果安东尼奥由于生意失败而违约，夏洛克坚持按契约规定办，索要那一磅人肉。故事虽然是艺术创作，但这种文学描述给读者一种犹太人非常刻薄的强烈感受，从一定程度上也反映了当时欧洲基督徒对犹太人的印象。但从犹太人的角度看，他们不这么认为，他们认为契约就是契约，没有任何条件或理由反悔，既然立了契约，就一定要坚守到底。可见犹太人是个非常较真的民族，对契约执行不依不饶的态度到了骇人听闻的程度。

中世纪法国的犹太人形象，中世纪的欧洲普通老百姓对犹太人的印象是非常刻薄

《塔木德》是流传 3300 多年的羊皮卷，一本犹太人至死研读的书籍

这个故事也让我们从侧面了解到，中世纪欧洲的普通老百姓对犹太人的印象是非常刻薄的。而从另外一个角度看，同时展现了犹太人是非常注重契约精神的。时至今日，我们还是可以找到类似的案例。有一次，一个日本商人跟犹太商人做生意。按照合同规定，日本商人要向犹太商人提供 10 万个罐头，每个罐头重 100 克，结果日本人在操作过程中出现了点失误，比合约规定多了 50 克。日本人觉得这个问题可以去找犹太人商量，我们发错货了，怎么办？结果，犹太人说，不行，必须全部退货。日本人觉得这样一来，金钱和时间都耽误了，于是日本人就说，多出来的 50 克不多收钱了，还是按 100 克的价钱收，怎么样？犹太人说，对不起，我们只要合约上规定的东西。日本人只好作罢，他们从没有跟如此较真的民族打过交道。 在亚洲民族中，日本人已经算是非常较真的了，结果他们发现犹太人更较真，终于遇到"对手"了。

2. 犹太人能够坚守契约的原因

犹太人的契约精神是以一种敬畏之心为后盾的，他们对神的敬畏使他们能坚守契约。契约精神是商业文明的基础，敬畏之心则是契约精神的灵魂。我们也常说诚信和契约精神，但往往是说说而已，违反了又能怎样呢？因为很多人都没有那种敬畏之心。这就是我们所谓的"契约精神"跟犹太人的契约精神之间真正的差距。

那么，犹太人会不会说一套做一套呢？我们可以用逻辑反推一下，如果他们真是这种人，那怎么解释他们几千年来对各种律法的严格遵守？我们的问题就是心眼儿太活，活到不敬畏任何东西。契约精神如果没有敬畏之心做基础，不过是一句口号罢了。其实，很多人都与犹太人打过交道，大家共同的感受就是犹太人很讲信用，甚至口头承诺也非常靠谱。

当然，犹太商人中也会有不遵守契约精神的现象，但并不常见，道理很简单，一个备受歧视无依无靠的民族在欧洲做生意，如果欺诈和违约是普遍现象，那么他们的商业活动根本就不可能生存下来。对犹太人而言，信誉比生命还重要。中世纪时，有一个法国国王生了病，到处找犹太医生，因为他们的医术很高，口碑也很好，后来找到一位犹太名医。国王一边让医生看病，一边痛骂犹太人，医生吓坏了，赶紧说我已经皈依基督教了，结果国王脸色一变，说你别给我治了，去找一位真正的犹太医生来。国王虽然讨厌犹太人，但真到性命攸关时，还是犹太医生靠谱。

三、犹太人的核心竞争力之二：犹太人网络

除了契约精神，犹太人还有第二个核心竞争力——犹太人的网络。公元70年，罗马爆发了内战，犹太人错误地判断了当时的形势，他们认为罗马帝国要崩溃了，于是起来造反，对抗罗马人的统治。结果犹太人遭到了罗马帝国的严厉镇压，被驱散到了世界各地。很多犹太人到处流浪，有的在中东地区，有的到了欧洲地区，向东最远的一支到了中国。

到中国的这一支犹太人大概是在中国的北宋时期来到开封的。北宋时期的金融交易活动极其活跃，票据交易更是达到了历史顶峰。我认为这跟到中国的这些犹太移民是有关系的。

1. 大流散过程中，犹太人天然构成了商业网络

在大流散过程中，犹太人具备以下几个特点：第一，他们有非常虔

油画《提图斯攻占耶路撒冷》，在公元70年的犹太战役中，在提图斯的围城与强攻之下，圣城耶路撒冷因为饥馑与疾病，最后终于陷落

诚的信仰；第二，他们有非常坚定的契约精神；第三，他们都有《塔木德》作为共同的人生操作手册，他们处理问题的方式都一样，而且都是用希伯来语。这样一来，遍布世界各地的犹太人就构成了一个天然的商业互联网。在这些条件下，犹太人就自然具备了做跨境贸易和国际贸易的优势，国际贸易和商业活动逐渐被犹太人所垄断，这给犹太人带来了可观的财富积累。

在罗马帝国后期，西欧的犹太人逐渐脱离了农业。这是因为星期六是安息日，犹太人不能工作，而星期天基督教会又禁止犹太人下地干农活，这种时间上的限制使犹太人不得不放弃农业而转向商业和手工业，因为这些工作时间相对灵活。后来日耳曼野蛮民族大迁徙冲垮了罗马帝国，复杂而精致的全球化再次失败，经济倒退到自给自足的割据状态，贸易活动大大减少，基督教早期教义又严格禁止高利贷和从事商业，认为商业利润是灵魂得救的障碍，经商成了既不光彩，赚钱又辛苦的行业。于是，封建领主和基督徒不再从事商业，转而经营大地产和庄园经济。这样一来，商业和放贷领域就形成了真空地带，犹太人的特长正好填补了市场空缺。

2. 犹太人挺进城市经济圈，搭建两大经济网络

日耳曼民族有一个民族约法，就是客民在主民的土地上不能拥有土

欧洲犹太人多种传统技术工种职业图，分别为裁缝、
鞋匠、面包师、纺织工、铁匠、钟表匠

地。犹太人之所以经商，也是因为他们不能拥有土地，只能做贸易。

还有一个客观原因就是，罗马帝国的崩溃意味着第二次全球化的失败。整个社会无法维持以前那样复杂而精致的生活方式，人们的生活回到了自给自足的状态。封建割据又出现了，封建地主经营着大庄园，庄园里什么都有，不需要跟外界有过多的贸易或商业来往。

在种种原因的综合作用下，商业贸易量减少了，这对犹太人来说，这是一次机会。于是，犹太人进入了城市商业圈。他们本来是做国际贸易的，又将生意延伸到了国家内部的城市经济体。所以，犹太人搭建了两个贸易网络——全球网络、地区和城市网络。在这两个网络的互动过程中，犹太人获利颇丰。大家都说犹太人很会赚钱，其实他们不是单靠个人的努力经商，而是靠整个商业网络赚取利润的。

3. 犹太人和封建领主形成共生关系

　　虽然犹太人这么有钱，但这并不意味着他们的政治地位高。因为在中世纪，政治地位是跟土地挂钩的，犹太人不能拥有土地，所以他们的地位并不高。即便再有钱，也得依靠封建领主或者国王的保护。所以，犹太人与封建领主、国王形成了一种共生关系。封建领主们一方面依赖犹太人从事商业活动来获得东方的奢侈品，另一方面又从犹太人身上征收沉重的苛捐杂税。当然，犹太人的日子应该比当时欧洲农奴们的日子好过一些，也更自由一些。公元12世纪，英国仅有2500户犹太人，还不到总人口的百分之一，但是所交税额却占到全国税收的七分之一。从这个数据中，我们可以看到，犹太人在中世纪前期获得了巨额的商业利润。有了如此丰厚的经济基础，犹太人又进入了金融行业，开始放高利贷。可以说，从罗马帝国崩溃到公元10世纪的这500年间，犹太人的生活状态相当不错。在这种情况之下，犹太人不仅赚了很多钱，而且与西欧当地封建领主和基督徒们关系还是比较融洽的。

四、欧洲人反犹，其实是仇富？

　　公元10世纪以后，犹太人的地位发生了变化，欧洲开始了反犹运动。大家可能会很奇怪，既然犹太人如此聪明且靠谱，欧洲历史上为什么会频频发生反犹事件呢？这是因为中国自古以来就没有一神教传统，我们是祖先崇拜，所以很难理解宗教矛盾。反犹主义源于罗马帝国后期基督教的兴起，基督教虽然是从犹太教衍生出来的，但对于犹太人却有着深刻的仇恨。大家可能又会不理解，耶稣不也是犹太人吗？既然基督徒信奉耶稣，为什么会痛恨耶稣的民族呢？因为在犹太人眼里，耶稣根本就不是弥赛亚，即救世主，甚至连先知也不算。要是这样，那基督徒信仰的耶稣不就成了假先知了吗？整个基督教的信仰基础就崩溃了，这是双方水火不容的根源。

另外，基督徒相信是犹太人把耶稣出卖给了罗马总督。耶稣在传教过程中被犹太人所嫉恨，他们就去罗马总督那里告状，说这里有一个假先知。当时，罗马总督并不想干预犹太人内部的事务，但犹太祭司们软硬兼施，最后迫使罗马总督处死了耶稣，这简直是无法化解的天大仇恨。

现在有学者认为这是诬陷，认为犹太人并没有出卖耶稣。道理很简单：第一，犹太人当时也是被统治阶级、罗马帝国的二等公民，罗马总督怎么会听他们的？第二，当时，罗马帝国正在逐渐接受基督教，最后还把它立成了国教，基督徒不愿指责罗马帝国杀死了耶稣，而让犹太人当替罪羊。

不管真相如何，犹太人拒绝承认耶稣是救世主，这激怒了所有基督徒，在中世纪的欧洲，犹太人成了基督教世界唯一的异教徒，被锁定为全欧洲基督徒的打击对象，再加上犹太人的轴劲儿，他们又赚了那么多钱，自然会引起其他人的嫉恨。我们很多人认为外国人没什么仇富行动，但其实反犹主义表面上看是宗教冲突，本质上就是一种仇富行动。

1. 犹太人成为基督徒商人崛起的障碍

在公元前 10 世纪以前，欧洲历史上虽然有意识形态上的反犹，但从来没有出现过大屠杀、驱赶等行为。这些行为是从十字军东征开始的，也就是说，公元 1095 年才开始出现排犹和屠杀驱赶犹太人的行动。这背后有着深刻的经济原因。

由于犹太人在国际贸易上占垄断地位，同时又垄断了欧洲各国国内城市的经济贸易，所以他们赚了很多钱。从公元 476 年罗马帝国崩溃直到公元 10 世纪的 500 年间，整个欧洲乱成了一锅粥，由罗马大帝国崩溃所引发的大震荡持续了 500 年。到了公元 10 世纪，罗马帝国崩溃后造成的 500 年大震荡逐渐稳定下来，欧洲的经济开始复苏，城市重新获得了生机，商业和贸易开始繁荣，对货币的需求逐步扩大，教会禁止商业和高利贷的清规戒律也逐步放松了，这时社会上涌现出了两股新的城市力量，一个是逐渐壮大的基督徒商人群体和商会，另一个是逐渐崛起的城市手工业者行会。在基督徒商人崛起的过程中，他们所面临的第一个主要障碍就是犹太人，而那时犹太人在各国的城市经济中已经处于垄断地位了，基督徒商人想要崛起，显然要跟犹太商人 PK。这就是基督徒之所以仇恨犹太人，特别是基督徒中的商人阶层仇恨犹太商人的一个非常重要的原因。除此之外，当时在欧洲的各大城市里，手工业行会崛起，这两股力量形成了同盟，与犹太人的城市商业活动产生了激烈冲突。

此外，当时的大庄园经济已经开始出现解体了，很多破落的地主和失去土地的农民，都要靠向犹太人借高利贷来维持生活。这些社会中的平民阶层也开始痛恨犹太人了。以前，犹太人有封建国王的保护，但是那些基督教国家内部发生巨大变化之后，全国从上到下都开始仇恨犹太人了。《威尼斯商人》中的夏洛克就是高利贷者，他与安东尼奥所代表的基督徒商人发生了冲突。

2.　十字军东征爆发，犹太人面临四面楚歌

在这个关键的历史阶段中，十字军东征爆发了。教皇号召士兵打到耶路撒冷去，消灭异教徒，夺回圣城。封建国王和大领主将自己的势力范围扩张到了地中海东岸，占领了叙利亚、黎巴嫩、以色列、塞浦路斯等地区，国王们已经与基督教商人阶层形成联盟，将商业活动扩大到了国际贸易领域。这样一来，基督徒商人不仅在本国的城市商业活动中与犹太人激烈竞争，同时又在犹太人拥有传统优势的国际贸易中与其形成尖锐对抗。此时，作为犹太人的保护者，国王和封建领主们却选择站到了基督徒商人一边，犹太人的处境非常不妙，城市的商人和市民阶层反犹，农村的破落地主和负债农民也反犹，再加上教会的意识形态敌视，国王又不再保护，欧洲第一次大规模暴力迫害犹太人的活动不可避免地爆发了。

教皇的号令一发出，法国的十字军首先响应号令，但是他们想到自己身边那些富有的犹太人不就是异教徒吗？那些犹太人拒绝接受主耶稣，同时还那么有钱，为什么不就近先剿灭他们呢？所以，在公元1095年，教皇发出号令后，法国人首先开始对犹太人进行大屠杀，而且抢了犹太人的钱财，把他们的房屋烧得一干二净。

3. 愈演愈烈，反犹行动从意识形态升级暴力行为

十字军之所以冒着生命危险东征，并不仅仅是因为宗教原因，最主要还是经济原因。他们认为杀到中东地区，就可以抢劫当地人，获得战利品。法国人屠杀犹太人的事情传播开来之后，德国人看到法国十字军打劫犹太人发了一笔横财。既然法国人开了先例，德国人在经过莱茵地区时，对各大城市的犹太人也进行了屠杀和抢劫，当时的口号是，"干掉一个犹太人，以拯救你的灵魂"，这标志着所谓的"排犹"和"反犹"从意识形态上升到了暴力行为。

公元1099年，第一批十字军攻克了耶路撒冷，在圣殿山疯狂地屠杀了10万人。中世纪时期，宗教的狂热和经济贪婪结合在一起就会演变出恶魔。从此，历次十字军东征，犹太人都要遭到一番浩劫。1240年，法国人不仅洗劫了犹太人的财富，还烧毁了24车《塔木德》，因为罗马教会认为《塔木德》是犹太人顽固不化的根源，就是因为《塔木德》的毒害，犹太人才不肯皈依基督教，所以"焚书坑儒"的事情不仅仅发生在中国。

1492年之后，西班牙开始了大规模的排犹，同时成立了异端裁判所，抓了40万犹太人，3万犹太人被屠杀。其实，历史上穆斯林对犹太人比基督徒要宽容多了。

十字军东征对犹太人的商业网络造成了沉重的打击。本来犹太人在全球贸易系统中占有着绝对的优势，在欧洲各国占有地区网络的优势，这两个优势结合在一起，原本是独步天下的，但正是十字军东征把这个局面打乱了。一方面国内的经济网络资源被基督徒商人竞争夺走，另一

油画《十字军东征攻占耶路撒冷》，公元1099年，十字军抵
达耶路撒冷，同年7月15日，十字军终于攻占了耶路撒冷

方面十字军东征占领了地中海东海岸，建立了一系列基督教公国。这样
一来，犹太人在国际贸易中的垄断地位就被颠覆了。

五、金融 2.0 版本——遍及世界的金融网络

　　经过几百年十字军的重大打击，犹太人的商业网络受到了重创，积
累的财富损失非常大，那么犹太人是怎么抗住这一系列的打击呢？

　　这都要归功于犹太人"互联网式"的网络，不仅是信仰网络，他们
的商业网络也是互联网式的，这种网络没有中央控制系统，全都是呈离
散化、去中心化分布。德国反犹的时候，犹太人就跑到法国，法国反犹
的时候，他们又跑到中东。总之，如果不是所有国家一起反犹，犹太人
的整套系统就不会被摧毁。这就是互联网式网络的特征。正是由于犹太
人建立的这个互联网式的商业网络，他们的抗打击能力才能如此强大。

在被沉重打击之后，犹太人的经济贸易大概衰退了一段时间，他们一直在等待复出的机会。

最后，犹太人选择德国作为大本营重新崛起。德国地处欧洲东西之间的连接点，柏林更是位于欧洲地理中心和交通枢纽的位置上，东西南北的客商都云集在德国，这些商人往往带着本国的金银币，而所去经商的国家常常流通不同的货币，因此，大家都需要在德国进行货币兑换，于是，德国成了欧洲大陆天然的金融中心。也正是在这片土地上，犹太人孕育出了一种全新的商业文明，这种金融模式至今仍影响着我们地球上所有人钱袋子。如果说以前犹太人的商业活动好比是几百万年不断从非洲大陆扩散出来的猿人，那么18世纪开始从这里走向全球的就是现代人类了，他们进化出了比商业网络更先进的金融网络。

1618 — 1648 年的 30 年间，德国爆发了一场持久惨烈的战争——三十年战争。经历了 30 年的混战，德国经济遭受重创，5/6 的农村被摧毁，人口大幅减少，整个国家支离破碎，分裂成了 1800 多个小公国。在这些小公国里面，普鲁士悄然崛起。为了扩大影响力，普鲁士急需资金，于是对犹太人实行特殊政策，赋予很多特权并提供保护，被欧洲其他国家整得死去活来的犹太人大举移民德国。

在金融活动中，移民进入德国的犹太人研发和进化出了一种崭新的商业文明——金融 2.0 版本。以前，传统经商的犹太商人构建的是商业网络，而后来进入德国的这批犹太人在全世界建立了一个非常强大的金融网络。正是这个强大的金融网络，使得犹太人在全球的影响力获得了几何级数的倍增。

19 世纪至今，主宰着美国、英国以及欧洲大陆金融体系的最重要的 17 个金融大家族，绝大部分都是源于德国的犹太人，我们当今所熟悉的一切金融制度和规则，都与这批人息息相关。其中，有的家族陨落了，如著名的雷曼兄弟公司；有的隐身了，如罗斯柴尔德家族；有的进行了重组或合并。但他们所建立起来的遍及全世界的金融网络，到今天仍然在运行。

六、犹太人的商业智慧存在于网络

在研究犹太商人的时候，很多人仅仅关注某个个体，觉得他们如何聪明、如何智慧。我觉得不应该这么看问题，如果把一个温州商人和犹太商人做比较，温州商人的精明程度不一定比不上犹太人，但是要把温州商人的商业网络和犹太人遍布全球的金融网络相PK，温州商人肯定不是对手。犹太人的商业智慧并不是存在于某个个体，而是存在于整个网络之中。中国人有句俗语"富不过三代"，就是说，在一个家族传承过程中，过了三代，家族财富基本上就会被孙子辈的人耗尽了。但是为什么两千年来，犹太人始终掌握着世界的财富呢？因为犹太人的财富传承并不是靠一个或几个家族，而是靠互联网式的商业网络和他们所控制的全球金融网络。只要这个网络不出问题，能被他们永续控制住，全世界的财富就会不断地流入犹太人的口袋。

犹太人的商业智慧不是存放在几个超级聪明的大脑里，而是存储于他们的网络之中；犹太人的财富传承，不是靠单个家族的持续兴旺，而是靠他们的网络永续存在。这就是犹太人几千年来始终掌握着世界财富的秘密。

19 ▶

犹太秘密传承的
互联网思维

犹太人在颠沛流离的漫长岁月中，不仅没有被其他民族同化，反而不断创造了新的辉煌成就，这其间的奥秘来自于他们独特的信仰、智慧和财富传承。犹太人最早建立了遍布世界各地的犹太会堂体系，这是一种典型的去中心、离散化、分布式的互联网思维。这套体系灵活无比，坚不可摧，使犹太文明成为世界上最成功的文明传承系统。本章内容将带您深度解密犹太人互联网思维的进化史。

一、犹太文明的三大传承

犹太文明的起源和兴盛，以公元前 1200 年作为时间中轴点，之前的 300 年是人类第一次全球化的高潮期，犹太文明开始孕育，之后的 300 年是全球化失败之后的黑暗期，在权力真空时代，犹太文明得以迅速崛起。到这时为止，犹太文明并没有什么非常特别的地方。真正让人们对犹太文明刮目相看的，是犹太人亡国之后的表现，即"国亡信仰不亡、民散智慧不散、财穷财商不穷"。

二、世界上最坚定的信仰和最繁多的律法

我有一个朋友嫁到了以色列，已经在那里生活了 18 年。她刚到以色列的时候，由于对当地的风俗传统很不了解，出现了很多状况。

有一次，她搞到了几块中国豆腐，这在以色列是很少见的，她想让家人尝尝中国菜的口味，于是拿了一个锅来炸豆腐，这时她公公恰好来到厨房，看到煎锅里白色的豆腐气得暴跳如雷，举起手杖使劲敲桌子，她从来没见过老人家发这么大的脾气，脸都吓白了。她公公冲上前一把抢过那个煎锅，立刻把锅和豆腐都扔到了房子外的垃圾桶里。这是怎么回事呢？原来她公公把豆腐当成了奶酪，而那口锅是他们家煎肉的锅。在犹太人的传统里，肉和奶是绝对不能混在一起吃的。这个典故出自

《旧约》里的《出埃及记》，里面有一条律法：不可用羊羔母亲的奶煮小羊羔。这很容易理解，用羊妈妈的奶来煮自己的孩子，显然是很残酷的。后来演变为肉和奶不能同时吃的严格律法。其实，这个朋友全家都是世俗犹太人，并不是犹太教的忠实信徒，连他们都如此严格地遵守犹太律法，要是保守的犹太人，就更不得了了。目前，在以色列的 800 万人口中，保守派犹太人大约有 100 多万。

这仅仅是一个例子，像这样的律法在犹太人生活中到处都是，多达600 多条。比如在安息日（每周五下午太阳落山到周六太阳落山的时间），人们是不能用电的，这也是源自于《旧约》的一条规定——不能使用明火，这条规定演变到今天就成了安息日绝对不能用电。这次去以色列，有个跟我们同行的朋友，他没听清楚这个律法，周六早上我们吃早餐，大家都知道电梯肯定是不能用了，就走路下去，结果我们在楼下左等右等，等了 20 分钟他才来，他还纳闷今天电梯怎么出了状况，每一层都自动停，从几十层楼上下来用了这么长时间。为什么安息日里，宾馆的电梯都改成了这种奇怪的模式？就是因为不能用电的规定，所以不能用手去摁电梯按钮，一按就违反了律法，可见犹太人的律法意识是非常强的。

在安息日，整个以色列的马路上很少见到车辆，路上空空荡荡，全国都好像陷入了停顿，餐馆歇业，电影院关门……每个人都在家里，不能用电，不能用手机，也不能上网。犹太人的律法意识给我们留下了非常深刻的印象。以前只是听说，犹太人被称为律法民族，亲身感受才知道他们的律法之严确实惊人。

1. 最坚定的信仰和律法传承之道

在长达 2000 年的时间里，犹太人是散落在世界各地的，他们没有祖国，没有政府监督和执行律法的机构。这就产生了一个天大的问题：在一个没有国家，缺少中央集权执法能力，而且人民散居世界各地的情况下，犹太人究竟是如何保持信仰和坚守律法的？

要研究这个问题，首先要明白犹太人的律法和信仰系统是怎样传承的。三王时代是犹太文明的辉煌时期，但是好景不长，所罗门王死后，以色列就分裂成了两个国家——北部的以色列和南部的犹大国。后来这两个国家先后被亚述和新巴比伦所灭，所罗门王在耶路撒冷所建的第一圣殿也被摧毁。北方以色列的10个犹太部族被抓到了亚述帝国，由于没有坚持自己独特的信仰和民族认同，最后逐渐湮灭在历史的长河之中。南方的犹大国是比较独特的，其首都是耶路撒冷，他们对宗教信仰的坚定程度比北方部族要强得多。后来，数万贵族、祭司、学者被新巴比伦的尼布甲尼撒抓到了巴比伦，这就是历史上著名的"巴比伦之囚"。

犹太人的故事本该到此结束，历史上有无数民族在亡国之后就逐渐烟消云散的例子，但犹太人并没有重蹈覆辙。这些巴比伦之囚大都属于犹太社会的精英，在耶路撒冷的时候，成天争权夺利，没有专注于信仰的问题。灭国后，他们被集中圈禁在一起，既没有权力可以争夺，又没有土地可以侵占，更没有财富的诱惑来分心，这种情形就创造了一个难得的集体反思的机会。于是，他们把全部精力都投入到了痛定思痛的大讨论、大反思中，反思自己的民族到底出了什么问题。最后，他们得出的结论是：从前我们屡屡违背神的律法，背弃了耶和华神，所以才被神所抛弃，遭遇亡国灭种的悲惨命运，要想重新复国，就必须坚定对神的信仰，重建一套坚定的律法体系。

2.《旧约》——犹太人的"精神宪法"

在此之后长达300多年的时间里，这些犹太精英每天生活的中心就是系统梳理从摩西时代流传下来的各种律法。在历史的传承过程中，有些律法是已经成文的了，例如《摩西五经》；但有些是各个时代拉比、祭司的语录，有文字的，也有口传的，这些都要逐条进行解读和辩论，最后用文字记录下来。

这个过程极其重要，从前摩西所创的犹太教只是个粗糙松散的信仰雏形，经过 300 年的反复压实和锤炼，犹太教终于进化出了一套严密的信仰和律法体系——《旧约》。对于犹太人而言，《旧约》就是他们的精神宪法，永世不变。一般来说，宪法是人与人之间的契约，比如《美国宪法》，而《旧约》是神与人定的契约，《美国宪法》可以不断增加修正案，而犹太人的精神宪法 2000 年来是一个字都不能变。我们去以色列昆兰的时候，有幸看到了 20 世纪最伟大的考古学发现——《死海古卷》。《死海古卷》中有很多公元前 150 年流传下来的《旧约》和其他经文。

在《死海古卷》的《旧约》内容中，有一篇写在了长达 8 米的整张羊皮上，而且内容与我们现在看到的犹太人《旧约》几乎一字不差，这十分令人震惊。稍有偏差的几个字是因为犹太希伯来文形式的演变，但是语意是完全没有变化的。

历经 2000 多年的时间，在《圣经·旧约》的抄写过程之中一个字都没有错，这件事情让我非常震撼。而且更让我震惊

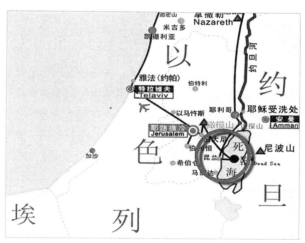

昆兰靠近死海的西北岸，多干旱少雨的山地，《死海古卷》就在此地被发现

《死海古卷》是泛称 1947 – 1956 年间，在死海西北基伯昆兰旷野的山洞发现的古代文献

的是，羊皮上的笔画和书法形式跟 1000 年后考古学发现的《旧约》誊写几乎一模一样。这说明，抄写经书的犹太人花费了非常大的心思，连每个笔画都没有出错。犹太人要沐浴更衣之后才能够抄写《旧约》，而且哪怕抄错了一点，笔画错了一点，整张羊皮就废了，还得重新抄写，所以，要有极大的虔诚和认真，才能实现这一点。

Tips

　　1947 年，一群牧羊人追寻丢失的小羊羔，一直追到了死海西北的基伯昆兰旷野，以为小羊羔跑到了山上的 11 个山洞里去，于是，他们就往山洞里丢石头。结果，往一个山洞里丢完石头后，他们听到了陶罐破碎的声音，就从山洞里拿出了破裂的陶罐，发现原来里面放着羊皮古卷。据考古学认定，羊皮古卷上的内容记录于公元前 150 年，而且有内容预言了耶稣的诞生，还有很多内容记录了他的成长经历，这是一个非常令人震撼的发现。《死海古卷》的发现，证明了在耶稣诞生前 150 年，人们对他的预言就已经存在了。

　　设想一下，在没有发明印刷机的中世纪，全世界好几百万的犹太人，要是人手一本《旧约》，每本都是一个字也不能错，他们得手抄多少本？这得要求几十代的犹太人带着同样的虔诚和认真，才能做到如此高度准确的抄写。这就好比一家生产手工产品的公司，分公司散落在世界各地，运行了 2000 多年，所有产品的质量还是高度一致，并且没有任何缺陷，那可以说，这家公司的质量管理体系完善到了极点。犹太人绝对的认真和虔诚给世人留下了非常深刻的印象。用我们熟知的《红楼梦》作对比，到现在，《红楼梦》问世不过 200 多年，但《红楼梦》的手抄本已有 50 多个版本，每一个版本、每一章都会有字数的不一致或抄写错误。

　　公元 70 年，罗马帝国攻占了耶路撒冷。犹太人的反抗遭到了罗马军队的镇压，因此犹太人出现了大流散，逃向了全世界各个地方。在这种情况下，犹太人怎样保持自己的信仰传承和律法系统的正常运转？靠的就是巴比伦之囚那300年的夯实工作。虽然罗马人摧毁了犹太人物质上的圣殿，但永远也摧毁不了他们心中的精神圣殿。

Tips

永不陷落的马萨达精神

在犹太人的心目中，马萨达是不屈不挠的象征。它使犹太人始终铭记"宁可战死，也绝不投降"。公元68年左右，耶路撒冷地区被罗马占领，大概1000多名耶路撒冷难民跑到了马萨达。占领了这些山地之后，他们跟罗马士兵对峙了3年，从公元70年一直打到公元73年。

当时，罗马使用了各种各样的攻城武器，然后大军围困，后来又动员了大量劳力，用了好几年的时间，在悬崖旁边人工堆起了一个土坡，最终得以通过土坡攻上来。但坚守的1000个犹太人决定宁死也不投降，因为投降就意味着被拍卖成奴隶。最后，这些人选择了集体自杀。因为犹太教是不允许自杀的，自杀的话就永远上不了天堂。所以，他们分成了10组，每组大概100人，每个组推荐出一个人来杀其他人，最后，10组还剩10个人，这10个人再选出一个人将其他9个人杀死，最后剩下的一个人不得不自杀。当罗马人攻上山的时候，正好看到这些犹太人集体自杀的场面，深受震撼。在犹太人的历史上，马萨达事件成了一种精神的丰碑。直到现在，以色列的年轻人入伍之后都要到马萨达进行宣誓，宣誓以色列人永远不允许马萨达再次被别人所攻占。

---

3. 犹太人的原创：会堂系统的互联网式运作模式

在大流散期间，犹太人面临着一个巨大的问题——有了坚定信仰，但是怎么传播和保持这个律法系统呢？要解决这个问题，犹太人就进化出了一套独特的犹太会堂系统：每十个犹太人家庭就会设立一个专职的拉比，

图为犹太教堂（或称犹太会堂），直译就是"聚会的场所"。一般由一个主要的祈祷房间和另外几个比较小的研究和学习犹太教《圣经》的房间组成

这也就是"什一税"的由来，十个人供养一个专职的神职人员。

在犹太人更多的地方，设立犹太教的会堂。每一个犹太会堂中间都有一个约柜，就像耶路撒冷的第一圣殿一样，约柜里面供的就是《摩西五经》的经卷。犹太会堂用于每天组织大家三次的祷告，就像我们的政治学习。另外，犹太会堂还是教育、信息交流以及进行日常活动和公共活动的场所。这套由犹太人首创的系统非常奏效。

犹太会堂系统的基本特色有如下几点：第一，去中心化。因为作为中心的耶路撒冷圣殿已经被摧毁了，此外还有离散化和分布式。现在来看，这三点完全符合互联网思维的特点。也就是说，犹太人的信仰系统很早就具有了互联网思维。

去掉了中心，不管摧毁哪一点都不会引起整个系统的瘫痪。遍布世界各地的犹太会堂系统都有人员和信息的交往，这样就保证了全世界犹太人的信仰系统和律法系统得到了有效的传承和维护。

这就好比在我们的日常生活中，任何一个人都会有很孤独、脆弱的时候，就像一根筷子比较容易折断。但是，会堂里有十个跟你一样的人在一起交流、一起祷告，这样就会使信仰变得非常坚强，十根筷子要扳都扳不断了。

另外，犹太人还有一套信仰的"互联网系统"，这是一个信仰呼召系统。分散在世界各地的犹太会堂保持着信息和人员的互联互通，这就形成了互联网式的涌现效应。每一个孤立个体的信仰呼召，都能从整个网络中获得信仰涌现的力量。所以，犹太教的信仰体系变得超级强大。

经过以上分析，我们可以看出，犹太民族跟其他民族之间最大的不同之处在于，其他的民族一旦灭亡之后就再也没有坚定的信仰和信仰的传播系统了，所以很快就销声匿迹。但犹太人不仅有非常强大而坚定的信仰，还有维系信仰的互联网式的犹太会堂系统。这就是犹太人灭国两千年，但其文明并没有消失的奥秘。

三、犹太人如何进行智慧传承

犹太人的智慧传承系统也非常强大。全世界的人都知道，犹太人非常聪明。各个领域的"祖师爷"，很多都是犹太人，比如爱因斯坦、弗洛伊德和马克思等，每一个人都开辟了一个全新的领域。此外，"原子结构之父""量子力学之父""原子弹之父""氢弹之父""控制论之父""X光之父"以及"青霉素之父"等等，也是犹太人。从1901年到2001年的100年间，全世界一共有680位诺贝尔奖得主，其中有138位是犹太人。到现在，全世界的犹太人加在一起也不过1000多万人，还不到北京市的人口数，他们却贡献了1/5的诺贝尔奖获得者。在美国，1/4的大学教授、1/4的医生和接近1/4的律师全是犹太人。总之，犹太人在智商上的优势是被全世界公认的。

犹太人之所以如此聪明，并不是他们的智商天然地高人一等，而是他们的智慧传承系统的过人之处。

1. 奇书《塔木德》——犹太人一生必读书

所有的犹太人从小到大都要读一本奇书——《塔木德》。如果说《旧约》是犹太人的精神宪法，那么《塔木德》就是他们的人生操作手册。

它的起源与《旧约》一样古老，可以追溯到巴比伦之囚时代。

《旧约》是精神宪法，是阐述犹太人与神之间关系的纲领性文件，它比较抽象，讲的是一些原则，但并不详细，对每个犹太人日常生活的实际指导意义有限。而《塔木德》则是根据《旧约》这部宪法的精神，来具体阐述人与神、人与人、人与自然之间的关系的，具体到了日常生活中的细节。比如"羊羔妈妈的奶不能够去烹煮小羊羔"这个原则，在我们日常生活的实践中，就会有一个转化的过程，然后落实到一条一条的律法中。这就是《塔木德》要做的事情。

也许有人会问，一天之中会遇到很多事，应该如何处理才能符合《旧约》的精神？通常来讲，犹太的拉比学者会先提出自己的论点，然后进行激烈辩论和反驳，很多论点被驳倒了，有些经过修正后再度辩论，只有最终形成广泛共识的论点才能被《塔木德》所收录，但这些论点都是开放式的，因为后代的学者仍然会不断提出反驳。这就形成了犹太人智慧的传承系统。

《塔木德》对生活中的方方面面和一切可能碰到的人生问题都进行了大讨论，从巴比伦之囚时代一直讨论到公元后的 5 世纪，整整讨论了1000 年。在这个过程中，2000 多名最聪明的拉比和顶级的大学者都参与到了其中，而且最后形成的是一个开放式的结论。

如果翻看《塔木德》的话，你会发现书中的每一个观点都有几百年之后的人去质疑，然后还有更后面的人去反驳，它形成的是一个开放式的建议。这大大加强了犹太人的思维逻辑，特别是分析能力的训练。

2. 思维训练从娃娃抓起，站在拉比的肩上看世界

以前我一直搞不明白一个问题，为什么美国律师中会有这么多犹太人？像华盛顿、纽约等这样的地区中，40% 的律师都是犹太人。看了《塔木德》之后，我终于明白了。人家辩论了上千年啊！更重要的是，这种高强度、跨时空的思维训练，极大地提高了犹太人的逻辑分析能力，这

也是犹太人盛产科学巨人的重要原因。

犹太人的思维训练是从小就开始的。每个犹太人5岁就开始读《旧约》,10岁读律法书,15岁必须开始读《塔木德》,并且在一生中不断重温。

经过上千年的积累,《塔木德》融合了2000多名犹太拉比的总体智慧,形成了一部70多卷的庞大著作,总字数高达250万字,堪称是犹太人智慧的源泉。这种智慧传承体系就是犹太人跟其他所有民族最大的不同之处。不夸张地说,《旧约》和《塔木德》就是大流散时代犹太人精神上的"祖国"。

在犹太人的世界观里,《旧约》就好比是太阳系的太阳,它是所有问题的中心;《塔木德》则是阐述整个宇宙空间运行规律的奇书,它解释了人与神、人与人以及人与自然三大关系。

3. 犹太人的绝对价值观体系——以不变应万变

由于人和神之间的关系是神圣不可侵犯的,永世不变的。因此,在犹太人的世界观里,就确立了一个绝对的价值观坐标体系,凡是违反神的都是错的。

在这个固定坐标系中,人与人、人与自然的全部法则都能找准自己对应的位置,这样一来,生活中的变量就大大缩减了,即天不变,道亦不变。犹太人想明白了一个道理,不管世界怎么变,某些根本性的原则永远不变,《塔木德》重点研究的就是这些不变的东西。

中国人认为,世界永远在变化。现在都是互联网时代了,3000年前的生活与现代毫无共同之处,就连30年前父母一辈的观念也是老皇历了,可以说,中国的社会处在移动的坐标系里,没有绝对正确的价值观,因此生活充满了变数。我们生活的全方位都是变量,每个人每天都要碰到大量变化的参数。人们被很多事情分神,会过得很累,几个跌停板一下来,就被闹得六神无主,心乱如麻,全国人民都不想干活了。

生活中的变量越少,人的定力就会越强,精力和能量就越能聚焦,这就像激光效应；而生活变量太多，时时刻刻都处在强烈的干扰中，搞得人心力交瘁，这就成了散射光。这也是犹太人和中国人之间的一个非常重要的差别。

几年前，《曾国藩家书》很畅销，曾国藩把他的很多人生经验写成了家信，虽然过了一百多年，但很多人看完都觉得曾国藩非常了不起，因为很多做人做事的道理并没有失效。

生活中总有一些东西是永远不变的，这就是《塔木德》重点研究的内容。虽然地球在旋转，月亮在旋转，每个东西都在变化，但是它的轨道运行规律是不会变的。如果把《塔木德》跟《曾国藩家书》做一个对比，那么《塔木德》就相当于2000多位曾国藩级别的人物，历经1000多年才想明白的大智慧，高度浓缩在了一本书里。《塔木德》中的每一段话都像一道人生思考题，犹太人在读《塔木德》时，就好像他背后站着千百年来无数的先知，千百年来的先哲都成了他的人生导师，在这么多绝顶高手的指导下，犹太人的智商进步突飞猛进。而我们中国人放弃了老祖宗传承的智慧，生活中的每一件事情，都得我们自己花心思慢慢去琢磨，慢慢去体会，所以我们才会经常说活得心累。因为我们每个人都得靠自己去重新发明轮子。在真正开始做大事之前，我们的时间、精力就已经被消耗殆尽，身心疲惫了。与犹太人相比，这才叫真正地输在了起跑线上。

四、"上帝的选民"：心理暗示的超强能量

我从不认为中国人的智商一定比犹太人的低，但是为什么我们的成就跟犹太人的相比差距如此之大呢？因为他们的确拥有两大优势，除了智慧传承之外，他们虔诚的信仰也是一种优势。犹太人相信自己是上帝的选民，在他们看来，做出一切惊天动地的伟大成就都不稀奇，他们的

成功就是为了彰显了神的荣耀，说明神没看错人。这是一种强大的心理暗示，心理暗示非常重要。

美国曾有心理学家在一个学校做过测试，老师随机选中班上一些学生告诉他们：你们的智商比其他同学要高，结果一个学期之后，这些学生的成绩果然高于平均成绩。不信大家可以做个实验，每天早上出门之前，对着镜子说："我是很优秀的！我是最棒的！"先灌一碗心灵鸡汤再出门，肯定浑身暖洋洋的。犹太人由于高度虔诚，所以这种心理暗示的效果会更明显，当大家一起在会堂做礼拜，信仰呼召的能量超级强大。他们越是自认为优秀就会真的越优秀，而这种结果又反过来强化了心理暗示，形成了心理暗示的正反馈机制。

中国科学家与犹太科学家也许在智商上不相上下，但犹太人的底气更足，他敢去想世界上没人敢去想的东西，敢去试世界上没人敢试的东西，因为在他们看来，做出世界最伟大的发明是理所当然的，谁叫他们犹太人是神的选民呢？而中国科学家在面临最尖端的突破时，在思考前人没有想过的东西的时候，难免会腿肚子转筋，一想，美国人没有这种观点，日本人也没有提出过这种观点，我行吗？这就像华山论剑，绝顶高手过招时，其实比的并不是剑法，而是胆气。胆气最重要，如果我们的科学家没有这种胆量和胆气的话，缺少亮剑精神，在科学的高峰上，最后也会败下阵来。

犹太人之所以能做出这么多伟大的贡献，主要是因为他们有两个独特的系统——高度虔诚的信仰和独特的智慧传承体系。

Iran

伊 朗

　　伊朗——曾经威震欧亚大陆的波斯文明古国，伊斯兰教什叶派聚居的国家。作为世界第四大石油生产国的伊朗，曾一度是大国们反复角力的经济战场。伊朗是怎样走向政教合一的国家的？什叶派为什么选择了伊朗？

20

居鲁士首创帝国模板

　　作为历史上的第一个大帝国，波斯帝国的领土曾横跨欧亚非三洲，首创了中央集权的理论体系和行省制度，成为全世界后续各大帝国的样板。这些辉煌成就的缔造，首先要归功于波斯历史上的三王——居鲁士大帝、冈比西斯和大流士，本章内容将带您一一了解这三位波斯君主，读懂伊朗人骄傲的光荣时代。

一、波斯帝国的国父——居鲁士大帝

　　伊朗南部的城市设拉子在历史上曾经是波斯帝国崛起的最重要发祥地。

　　在一次关于"在伊朗人心目中，谁是伊朗两千多年历史中最重要的国王或者历史人物"的民意调查中，绝大部分人选择的都是居鲁士大帝。在犹太人的历史中，就是居鲁士大帝把巴比伦之囚的犹太人放回了以色列。

　　居鲁士大帝生活的时间大概是在公元前 6 世纪，当时的伊朗是什么样的情况呢？当时的伊朗境内有两个主要的王国。北部的王国叫"米底"，米底人也是雅利安人；南部的则叫"波斯人"。

图为居鲁士大帝画像，在伊朗人心目中，居鲁士大帝是伊朗两千多年历史中最重要的国王或者历史人物

米底人和波斯人血缘关系非常近，是同属于雅利安人的两个部族。居鲁士的父亲娶的就是米底国王的女儿，居鲁士就是米底国王的外孙。

1. 居鲁士大帝传奇的身世传说

　　历史上，关于居鲁士大帝的身世有很多传说，我们在伊朗也问了很

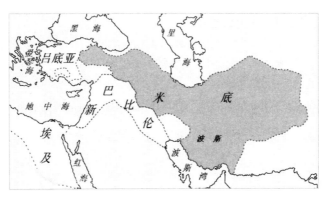

米底和波斯地图，米底人和波斯人都为雅利安人，米底王国在波斯的北部

多人，但由于那段历史缺少文字记载，大家现在普遍采用的是希腊人希罗多德的一个版本。

在居鲁士出生的时候，米底的老国王做了一个梦，他梦到他的外孙出生之后，头上长了两个角。他不理解这是什么意思。于是，第二天他就问米底的大祭司，说我梦到我外孙生下来很奇怪，这是什么意思呢？大祭司就跟他解释说，这意味着您的外孙以后要夺取您的帝国。米底老国王很惊讶，他就对大臣说，我一定要把这个外孙给除掉。

于是，他把这个任务交给了他手下的一个大臣，但是这个大臣想来想去，觉得他亲自去操作这个事情似乎不太妥当，他就把除掉居鲁士这个小孩的任务安排给了他手下的一个牧羊人。按照希罗多德的说法，这个牧羊人当时并没有杀死居鲁士，而是收养了居鲁士。最后牧羊人回禀这个大臣说，他已经把居鲁士给除掉了。

米底老国王听说居鲁士这个孩子已经没了，心中的隐患就消除了。过了十年，老国王突然又想起了这件事情，于是就开始调查这个孩子到底还在不在。这个时候，牧羊人就把居鲁士带回了老国王身边，老国王发现这个孩子长得很精神，他很喜欢，结果米底老国王非但没有杀居鲁士，反而把他送回了老家，就是在设拉子附近的安善王国。后来，居鲁士就成了安善王。

2. 居鲁士大帝的征服之路

　　居鲁士长大成人后，他果然发动了对米底的战争。当时的米底内部已经出现了很多动乱，原因之一就是老国王对当年负责除掉居鲁士的那位大臣怀恨在心，对他的忠诚产生了怀疑，决定必须严惩此人。老国王下令把这个大臣的一个孩子给杀掉了，在大臣不知情的情况之下，让他吃下了自己孩子的肉。所以这个大臣对米底的老国王非常痛恨，一心想找机会报复，这就导致了米底王国内部出现了内奸。这个大臣后来与居鲁士联手，在公元前550年，帮助居鲁士的大军攻占了米底王国。

　　消灭了米底之后，居鲁士把米底与波斯合并在一起，建立了波斯帝国，从此开启了人类历史上的第一个帝国时代。

　　在波斯帝国周边，还有三大强国，即土耳其西部的吕底亚、伊拉克的新巴比伦和北非的埃及。其中，吕底亚虽然富裕，但实力最弱，于是，居鲁士决定率先灭掉吕底亚。由于吕底亚国王错误估计了形势，将本国安危寄托在同盟国埃及和新巴比伦的援救上，结果被居鲁士打了个措手不及，一年之内就被居鲁士征服。

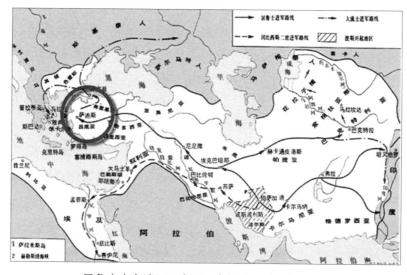

居鲁士大帝消灭吕底亚，占领土耳其西部地区

吕底亚的亡国使新巴比伦备感惊恐，波斯帝国的势力已经远远超过了新巴比伦。伟大的尼布甲尼萨国王去世之后，新巴比伦出现了严重的内乱，国王与祭司阶层争权夺利，国王同时还失去了民心。居鲁士抓住机遇在公元前539年发动了灭亡新巴比伦的战争，在当地祭司阶层和民众的支持下，居鲁士大军兵不血刃地占领了新巴比伦的首都，又一个强国被波斯征服。

从公元前550年居鲁士起兵到公元前539年灭掉巴比伦，在这短短的十几年时间，居鲁士连灭三个强国——米底、吕底亚、新巴比伦，这可谓是史无前例的征服。在他之前，整个中东地区还从来没有出现过这么大的帝国。为什么居鲁士在伊朗人心目中地位这么高？就是因为他是整个波斯帝国的奠基人，也可以说是"波斯国父"。

在居鲁士灭掉三大强国之后，波斯帝国东北部边疆出了问题，也就是在土库曼斯坦和乌兹别克斯坦一带，有一个新的游牧民族崛起了，威胁到了波斯的东北边境。居鲁士率领波斯大军征讨东北方的游牧民族。结果在这次战争中，居鲁士大帝不幸阵亡了，他的遗体被运回了波斯。

居鲁士大帝死后出现了一个重大问题：这么大的波斯帝国，该由谁来继承呢？居鲁士有两个儿子，一个叫冈比西斯，当时正在新巴比伦做总督，另一个儿子留在了波斯。冈比西斯年长，继承了王位。

二、东征西伐：冈比西斯继续扩张波斯帝国

冈比西斯继承王位之后，做的第一件事情就是为父报仇，他带领波斯大军向东北方向进发，横扫土库曼斯坦、乌兹别克斯坦一带的游牧民族，最后成功替父报仇，剿灭了当地的叛乱。

冈比西斯在征服了东北方向的游牧民族之后，回到了波斯，他下一个准备灭的国家就是埃及。在他征伐埃及之前，他还有个心事：去那么

远的埃及作战，他的弟弟在国内会不会篡权呢？所以他在出征之前，就秘密地杀害了自己的弟弟，但是这个事情只有少数几个人知道，其他人都被蒙在了鼓里。

公元前525年，冈比西斯带领大军灭掉了埃及，建立了波斯的法老王朝。在征服了埃及之后，冈比西斯继续扩大战果，向西打进了利比亚，向南进攻努比亚，也就是现在的苏丹。

三、推翻"假弟弟"，大流士接手波斯帝国

就在冈比西斯在埃及作战的时候，波斯帝国国内真的出了乱子。国内的一位宗教大祭司高墨达在得知了冈比西斯的弟弟已经被杀后，觉得自己和冈比西斯的弟弟长得很像，就冒充冈比西斯的弟弟在波斯境内自立为王。冈比西斯在埃及听到国内出现了大乱的情况后很着急，立刻调动大军赶回波斯。但是他在路上出了意外——在冈比西斯跨上战马的时候，一不小心被腰间的佩剑刺伤了大腿，蹊跷的是这把剑上不知已经被谁涂上了毒药，结果冈比西斯中毒身亡。

浮雕——大流士将高墨达踩在脚下，大流士推翻高墨达，建立了大流士的波斯帝国

在波斯帝国境内，假弟弟篡权这件事是纸里包不住火的。虽然高墨达长得很像冈比西斯的弟弟，但最后还是露出了破绽。居鲁士有两个儿子和三个女儿，其中有一个女儿发现，她的这个"哥哥"看起来比较奇怪，所以她就告诉了她的丈夫大流士。她说，这个人虽然长得很像我哥哥，但是从言谈举止、生活细节中判断，他一定是个冒牌货。于是，

大流士就联合了波斯帝国的六个大贵族，发动了政变，推翻了这个假弟弟——高墨达，建立了大流士的波斯帝国。

四、居鲁士大帝的功绩，帝国初见雏形

居鲁士之所以被全世界公认为居鲁士大帝，首先当然是因为他的战功极其显赫，只用了短短十几年就征服了米底、吕底亚和新巴比伦三大强国，灭掉的小国更是数不胜数，创造出一个前所未有的庞大帝国。不过，如果居鲁士仅仅是靠武力打天下，那么他最多也就是一个勇敢的国王，而当不起大帝的称号。古往今来，凡被世人称为大帝的，除了武功盖世，还要宽仁为怀。居鲁士得天下，最主要是靠得人心。

1. 重要的是征服人心

居鲁士吸取了以前各大帝国的教训。比如亚述，亚述是一个非常残暴的帝国，经常是打进其他国家之后把王族全都杀死，把民众全都迁走，然后掠夺它的财富。亚述的征服是一种残暴和掠夺性的征服。

另外一个例子就是新巴比伦。在公元前586年，新巴比伦征服了犹大国，就把犹太人迁移到了巴比伦，也就是著名的巴比伦之囚。新巴比伦采取的也是把民众迁走，把祭司和贵族全部流放。所以在这样的情况下，被压迫民族的反抗也是非常强烈的。不管是亚述还是新巴比伦，他们只是强盛一时，随之而来的灭亡也非常迅速。

居鲁士从这两个帝国迅速衰败的命运中吸取了一个重要教训：武力征服是次要的，最重要的是一定要征服人心。所以他在灭掉新巴比伦之后，立刻释放了所有的犹太人，不仅让犹太人重回家园，还给他们资助，帮助他们重修第二圣殿。

2. 居鲁士采取宗教宽容政策

与此同时，居鲁士还采取了宽容的宗教政策。除了释放巴比伦之囚之外，对巴比伦的祭司阶层采取了笼络方针，不仅完全尊重他们的宗教信仰，还重新赋予他们特权。在冈比西斯灭掉埃及之后，波斯帝国对埃及的宗教也非常尊重。犹太人、埃及人，还有两河流域的巴比伦，这些地区都是最早文明的发源地，当地的宗教势力根深蒂固，波斯帝国采取了一种扶持和依靠当地祭司阶层的政策，因此各国的祭司阶层都非常支持居鲁士大帝，反而对自己国家的统治者非常不满。这就是居鲁士高明的一招。他首先赢得了祭司阶层的人心，给他们特权，赢得他们的效忠，使当地社会迅速恢复安定，这就是居鲁士大帝能够在十几年之内灭掉这么多国家的一个重要原因。

3. 居鲁士建立帝国中央集权制度模板

除了以上两点之外，居鲁士还采取了一种与众不同的管理模式——建立中央集权的行省制度。其实，行省制最早的发明者并不是波斯帝国，而是亚述人。但亚述的行省制度比较粗糙，在征服一个地区之后，派遣一个总督，上马管兵，下马管民，还管司法，各种地方大权集于一身。如果帝国内部一旦陷入内乱，地方总督就很有可能闹独立。居鲁士大帝将这一制度进行了改革，把军政分开，这是关键的一点。总督只负责行政方面的工作，军队则由军事统帅负责，除此之外，中央政府还派驻一名监察官作为国王的耳目，一方面监视行政官员，一方面监视军事官员。

当然，最重要的还是中央政府的设立。居鲁士的中央政府叫王室办公厅，主要负责王室与行省之间的关系。这套中央集权的理论体系和实践，也就是帝国的模板，都是居鲁士大帝的首创，波斯帝国之所以是全世界后续各大帝国所学习和模仿的样板，就是这个原因。

4. 国法和乡规民约并存

居鲁士做的第四点改革也非常有意思，就是改革法律体制。因为当时波斯文化相对于传统的文明中心还是比较落后的，比如两河流域的文明历史就比波斯要久远，埃及文明和吕底亚文明程度也都高于波斯。居鲁士大帝明白，要是用自己本地部落级别的文明水平和法律制度去管理先进的地区，显然是不可行的。所以他采取了因地制宜的政策，虽然设置了一套中央的法律体系，但是各个地区还有自己的法律体系，并不强求地区执行中央的法律体系。

在法律上，居鲁士大帝还有一个非常有意思的重大创新——他颁布了世界上第一部人权法案。历史上最早的成文法律是《汉谟拉比法典》，共有 68 条，里面规定如果一个人欠别人的钱还不上，可以把老婆抵押给别人干活，也可以把自己的孩子抵押给别人做童工。这是《汉谟拉比法典》的内容，用于规范社会中人与人之间的关系，如债务债权关系、主人奴隶关系、财产关系、继承关系、婚姻关系等等。居鲁士在《汉谟拉比法典》的基础上做了一个重大的创新：假如一个人欠债还不上，是不可以抵押亲人去做别人的奴隶的。也就是说，负债人的亲人有自己的权利，不能够被抵押或转让。这里面就已经有人权的色彩了。

另外，如果雇佣孕妇做工，法律规定要付两倍的酬劳。这可以理解成对于孕妇的一种保护，也是从人权的角度来定义的。还有一点也比较有意思，就是假如你

《汉谟拉比法典》是古巴比伦国王汉谟拉比颁布的法律汇编，是最具代表性的楔形文字法典，也是迄今世界上最早的一部完整保存下来的成文法典

是个自由人，没有人能够强迫你为别人做没有酬劳的工作，这也是从保护个人权利的角度去定义法律的。

所以从法律的角度来看，居鲁士对法案进行的改革实际上是对《汉谟拉比法典》的提升，《汉谟拉比法典》是规定社会中人与人之间关系的法律，但是居鲁士的人权法案，是从个人权利的角度去定义人与人之间的关系。从这点来看，居鲁士的方案堪称是人权法案的鼻祖。

5. 居鲁士降低老百姓税赋

与亚述和新巴比伦的第五点不同，是居鲁士既不是采取掠夺式的征服，也不是一种压榨式的征服，而是在他征服的地区减少老百姓的赋税，这一点也非常重要。当年的亚述和新巴比伦最大的毛病就是涸泽而渔，用武力去强取别人的财富，结果引发了强烈的反击。居鲁士则采取了一种轻徭薄赋的政策，所以很多地区一听居鲁士大帝要打过来了，立刻就现身投降，打了几百年甚至上千年都没有完成统一的地区，结果被居鲁士搞定了。这是他能在十几年时间内统一各大帝国的另一个秘诀。

正是由于这五大方面的因素，使居鲁士创建的波斯帝国成为全世界后世帝国纷纷效仿的对象，居鲁士大帝被人们称为帝国的创始人。

6. 居鲁士的统治政策过于宽松

到了大流士时代，居鲁士当年的政策也显现出了潜在的问题，原因在哪儿呢？就是过于宽松。这就好比秦末汉高祖刘邦废除繁复的秦法，简单搞了个约法三章，杀人偿命，伤人和偷盗者判罪就完事了，没有其他更多条款，诚然，这对初期恢复秩序和恢复经济是有好处的。但是随着国家的发展，经济越来越复杂，各个地区的离心力也会越来越强。在这样的情况下，如果还是采取当年的政策，就会出问题。这也就是大流士上台之后碰到的问题。比如，由于居鲁士在政治上比较宽容，所以很多地区仍然保留着当地的王和贵族，他们只是名义上臣服。当他们经济有所恢复和发展之后，就出现了离心力，时常发生反叛，埃及和其他地区都发生过叛乱。

另外，北方的游牧民族看到大流士刚刚上台根基不稳，波斯帝国出现了内乱，就纷纷发动侵扰波斯边境的袭击。大流士要想巩固帝国，就必须在政治制度上进一步改革，加强中央集权。

五、大流士的改革，帝国走向完善

1. 大流士对军事制度的改革

居鲁士宽松的政策虽然能很快征服一个国家或地区，但过度宽松越来越不能适应帝国新的情况。大流士的改革重点就是在居鲁士打下的国家基础上加强中央集权。

首先，大流士在军事制度上做了重大的改进。他搞了一支"万人不死军"的精锐部队，编制始终保持在一万人，全都是波斯人，个个都是战斗力最强悍的武士，如果在战斗中有一个人受伤或者死亡，立刻递补一个人，保持这一万人战斗力永不衰竭。这是大流士最精锐的一支战略机动力量，也是他的独创。

第二，他把全国分成了五大军区，每个军区都有军区司令坐镇。在五大军区之内，配置了国防军，负责边防问题和对外打仗；建立地方军队负责对内治

大流士画像，大流士上台后，居鲁士统治政策过于宽松引起的种种问题急需他的改革

安；此外，还有专门保护王庭的禁卫军。大流士的军事制度改革，可以说比居鲁士要大大前进了一步，从军事上来说，中央集权的能力得到了巩固。

除此之外，大流士还对兵种进行了划分，这是在居鲁士时代没有实现的。他根据军事上的分工，把兵种分为骑兵、步兵、大象兵、工程兵等。这样一来，整个军队的作战效能就有了大幅提升，比如希腊人组成的雇佣兵作为步兵很强大，印度人擅长驾驭大象作战等，大流士的这套军事功能的划分是非常科学的。在强大的军事力量的基础之上，波斯帝国的政权逐步稳定下来。

2. 大流士对行省制度和交通系统的改革

在行政方面，大流士将波斯帝国划分成了 20 个行省，这也是对居鲁士行省制度的一个重大改造。居鲁士当时的划分是比较粗的，而大流士把波斯帝国划分成了 20 个更加精细的行省，使全国的行政管理能力得到了提升。

大流士时代还建立了全国的御道系统。因为一个帝国要想进行有效的统治，交通非常重要。一旦建立起了全国纵横四方的公路体系，那么调兵遣将的速度就会非常快。同时，全国的经济贸易也会得到极大的提升。波斯帝国最有名的波斯御道，从苏萨一直连通到吕底亚，全长 2600 公里，每隔 25 公里设有一个驿站。在希波战争期间，波斯军队打进希腊攻入雅典后，就是用在驿站中间举烽火的方法来通知波斯帝国这个好消息的，2600 公里的信息传递只用了 4 个小时，攻占雅典的消息就传到了波斯首都。在交通、通讯和基础设施方面，大流士比居鲁士时代取得了重大改善。

波斯御道，大流士时代所建立的全国性御道系统

除此之外，大流士还修建了很多运河，使得波斯帝国境内的很多河流被开发出来，其中最著名的一条运河在埃及。我们都知道尼罗河流入地中海，大流士在尼罗河和红海的平行处修建了一条运河，船队可以从波斯湾出发，经过红海走运河，再经过尼罗河直达地中海，这也是大流士当年非常重要的

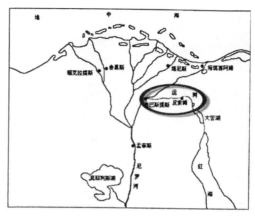

尼罗河和红海之间的运河，大流士时代所建

贡献之一。这条运河比苏伊士运河要早 2000 多年。交通体系的改善对巩固帝国的政权起到了重大作用。

3. 大流士统一货币和度量衡

在经济方面，大流士统一了货币和度量衡。以前波斯帝国货币的使用十分混乱，即便是在居鲁士时代也没有完全统一，有的人用银块，有的人用铜钱，还有人用金块及其他各种货币。由于波斯帝国统治的国家太多了，大家各用各的货币的话就乱套了，于是大流士完成了货币统一。他发行了三种货币，金币、银币和铜币。金币当然价值比较高，主要用于赏赐；银币的含银量为 5.6 克，主要用于贸易，银币的铸造学习了吕底亚的铸币技术。

大流士金币，公元前六世纪末为波斯国王大流士一世所铸，因而得名，该金币只能由中央铸造，可以流通全国

大流士的银币，各行省可铸造银币，银币和铜币在一定地区内流行

公元前 700 多年，吕底亚在全世界第一个发明了铸币，在此之前大家用银块，每个银子的重量不同，成色不同，交易起来很麻烦，吕底亚的国王最早发明了铸币，把自己的印章盖在银币上作为标准的重量和纯度凭证，用国王的信誉做担保，这就是主权信用的起源了。这套体系被大流士所吸取，在整个波斯境内第一次开始流通统一的银币，使整个帝国境内的贸易空前发展。

除此之外，各个行省可以按自己的需求发行自己的银币和铜币，但是交税时必须按照含银量进行标准银币的折算。

大流士对行政管理方面也做了重大改革，以前有很多地方是当地的国王和贵族掌权，反叛的可能性还是比较大的。大流士采取主要的行政措施是所有重要职务全部由波斯人来担任，不过，政府可以用当地人做顾问，这样就可以有效地控制当地的政权了。

六、大流士的功绩

可以说，波斯帝国是在大流士手中才被真正打造成型的。如果说居鲁士是波斯帝国的开创者，那么大流士就是帝国的完善者。在这之后，大流士开始四处征伐，在欧洲他甚至打下了色雷斯和保加利亚，波斯帝国成了横跨三大洲的大帝国；随后大流士又带领军队从波斯帝国的东北边疆一直打到了阿姆河和锡尔河流域之间的河中地区，然后向南方一直打到印度河。在大流士的统治下，波斯帝国的幅员高达500多万平方公里，人口数千万。这在公元前500多年的时候，堪称"世界上第一大帝国"。

大流士可以说是功高盖世，他也觉得自己很牛，于是就留下了一篇贝希斯敦铭文，即在一个悬崖上刻上很多关于他伟大功绩的文字，主要阐释了以下四点：

第一个很重要的观点就是，大流士是正统的王室血脉。现在的伊朗人都信仰什叶派。我们知道，越是文明久远的国家，就越强调自己的血脉传承，虽然当年大流士夺取了政权，而且政绩很好，但是他最担心的就是怕别人说他不是居鲁士大帝的直系血脉。虽然他和居鲁士都属于阿契美尼德家族，不过却是不同的两支，相隔比较远，后来他迎娶了居鲁士的女儿，觉得自己离王室血脉更近一点了，所以他要特别强调自己的出身是高贵的，也是带有王室血脉的，是阿契美尼德老祖先的直系传人，并不比居鲁士差。

第二，他强调君权神授。在贝希斯敦铭文中，他特别强调是阿胡拉·玛兹达神赋予了他权力，让他来统治国家，这是人类有史以来第一次出现君权神授的理念——我是获命于天来统治这个国家的。这个观点很有意思。大流士把血脉放到了第一位，把君权神授放到了第二位。

第三点是大流士英勇善战。他在铭文中记述道，在他的一生中共进行了19次战争，平定了10个国王的叛乱。这是波斯人认为合法统治的第三个基础。

第四，大流士是一个政绩卓著的君主。这么大个帝国，有万邦来朝的架势，现在我们还能看到，在当时帝国首都的大门上有很多浮雕，展现的就是在他统治下的27个王国的国王们来朝拜大流士的场景。

贝奇斯敦铭文就是大流士对自己作为国王合法性的四点概括。从居鲁士到大流士这三代王的领导下，短短几十年的时间里，波斯就从一个比较落后的游牧民族迅速崛起，统治了亚欧非三大洲的多个国家和地区，这跟波斯人的制度创新有极大的关系。

直到今天，伊朗人仍然以自己是居鲁士大帝的后人而自豪。

21 ▶

伊朗民族主义
百年风云

　　中国想要践行"一带一路"的大战略，伊朗作为古丝绸之路的重要驿站，也是新丝绸之路的必经之地。伊朗曾经历过辉煌的波斯时代，然后饱尝帝国衰落和殖民的痛苦，如今又正在努力突破西方国家的封堵，渴望建成一个独立自强的伊斯兰国家。这是一个外人看来充满神秘的国度。本章内容就带您走进伊朗，深度了解它的真实面貌。

一、政治协商行不通，伊朗率先走向宗教复兴道路

从 1948 年第一次中东战争，一直到 1978 年《戴维营协议》的签订，经过五次中东战争，整整 30 年的奋斗，泛阿拉伯民族主义运动最终以失败告终，没有完成阿拉伯世界的政治统一。根本原因有两点：第一，在阿拉伯世界中，没有一个国家有足够的实力以军事手段来实现政治统一；第二，由于中东地区拥有丰富的石油储藏，世界强权不能容忍一个独立统一的阿拉伯合众国出现，这使得通过政治协商来完成统一同样不可能实现。泛阿拉伯民族主义失败后，阿拉伯人和所有穆斯林迫切需要寻找新的道路来实现伊斯兰文明的复兴。这就是 1979 年伊朗爆发的伊斯兰革命。

从 1979 年伊朗爆发伊斯兰革命一直到今天，阿拉伯人以及整个伊斯兰世界进入了一个新的民族复兴模式——靠伊斯兰教的复兴来振兴国家。

关于伊朗，很多人会误以为它是个阿拉伯国家。其实，伊朗人属于波斯人，不是阿拉伯人，伊朗人最烦别人说他们是阿拉伯人。波斯人是雅利安人，而阿拉伯人属于闪米特人。波斯原是雅利安人的一个部落，后来，他们建立了伟大

礼萨·沙阿·巴列维将"波斯"改名为"伊朗"

的波斯帝国，波斯的含义扩大为波斯人统治的所有地区，或者波斯文化占统治地位的地区。那么，为什么波斯现在叫伊朗呢？这是1935年改的名，当时的国王礼萨·沙阿·巴列维是个雅利安民族主义者，他认为波斯只不过是雅利安的一个部族名，概念不够大，所以将"波斯"改为"伊朗"。伊朗（Iran）指的是雅利安人（Aryan）的国家，这个概念够气派。

当然，改国名之后，一开始国际上不太接受，因为大家用"波斯"早就习惯了，但国王下令邮局不得投递带有"波斯"名称的信件，必须使用"伊朗"。如果你写"波斯"，不管是国外信件还是国内信件，伊朗邮局都是拒绝接收的，你必须写"伊朗"，这个信件才能寄到。经过了很长一段时间，国际上才慢慢接受了"伊朗"这个名称。

1. 追根溯源：雅利安人的来历和迁徙过程

当年希特勒曾宣扬"人种论"，认为金发碧眼的日耳曼人是最完美的雅利安人，为拉拢伊朗加入轴心国阵营，吹捧伊朗人也是优秀人种。

实际上，雅利安人是印欧语系游牧民族的一个分支，印欧语系是许多欧亚民族共同的祖先，他们原来生活在黑海、里海和高加索山脉以北的俄罗斯南部的大草原，属于游牧民族。

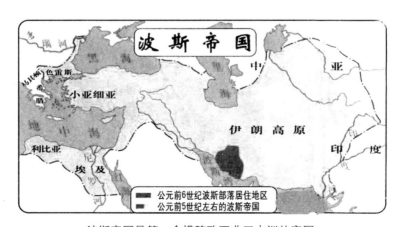

波斯帝国是第一个横跨欧亚非三大洲的帝国

大约在 5000 年前，印欧语系的民族分成了几支，一支向西进入了西欧，成为了欧洲白人的祖先，也包括日耳曼人；另一支向东来到了中亚，后来向南到达了伊朗和印度，今天很多肤色较浅的印度人也属于雅利安人种。

2. 波斯地区伊斯兰教的融合与演变

历史上波斯人总有一种强烈的民族自豪感，因为他们是雅利安人，雅利安就是光明和高贵的意思。另外，波斯人在公元前 550 年建立了世界上第一个地跨欧亚非的大帝国——波斯帝国，创建了世界性帝国的标准模板，也就是说，中央集权制度最早是由波斯人创造的，另外，地方的行省总督制度、统一货币、统一度量衡等等，也都是波斯人的原创。波斯在古代一直都是欧亚非大陆三大文明体系的中枢，联结着东亚的中华文明、欧洲的罗马和拜占庭文明，以及南亚的印度文明。历史上波斯人不仅有一种民族的优越感，还有一种文化上的优越感。我们今天与伊朗人打交道时，时常会感受到他们骨子里有种傲气，一种不同于土耳其突厥人和阿拉伯人的独特气质。

阿拉伯人曾经以武力征服了波斯人，但最终却是征服者被波斯文明所同化。伊斯兰教起源于阿拉伯地区，但在传入波斯的过程中，经历了与波斯文化的碰撞与融合，形成了伊朗独特的伊斯兰教派——什叶派。这一点与当年佛教传入中国时比较相像。佛教在进入中国的几百年间，与中国儒家文化和道家文化进行了几百年的融合，最后演变而成的中国佛教是不同于印度原产地的佛教的。

那么，伊朗的伊斯兰教与阿拉伯地区的伊斯兰教有什么重大差别呢？伊朗是信奉什叶派的最主要国家，其他阿拉

伊朗什叶派只认阿里·本·阿比·塔利卜是正宗

《古兰经》，伊斯兰教的经典，共有30卷114章6236节，《古兰经》每一章以一个阿拉伯词汇作为章名，穆斯林确信《古兰经》是真主对先知穆罕默德启示的真实语言

伯国家大都是以逊尼派为主。两者之间的主要区别有以下两点：

第一，什叶派认为先知穆罕默德的女婿阿里和他的后人才是正统，而其他的伊斯兰国家，包括阿拉伯国家，大部分都是逊尼派，他们认为阿里不过是个普通的哈里发，没有什么独特之处。逊尼派认为谁能发扬光大伊斯兰教，谁就是正统。其实，越是历史悠久的国家，越是强调血缘的正统性。

第二，伊朗什叶派的宗教学者阶层，也就是欧莱玛，拥有一种逊尼派所缺乏的重要权力，这就是伊斯兰教法的"创制权"。犹太人有自己的精神宪法，也就是《圣经·旧约》，即《希伯来圣经》。此外，犹太人还有一部人生操作手册《塔木德》，指导犹太人日常生活的一切行为。伊斯兰教也一样，《古兰经》相当于穆斯林的精神宪法，而穆斯林也有自己的《塔木德》，这就是《沙里亚》，即伊斯兰教法。伊斯兰教法的源头有两个，一个是《古兰经》，另外就是先知穆罕默德的言行，也就是"逊奈"。

3. 历经百年的逊奈

所谓"逊奈"，就是先知的格言和行为。《古兰经》还好办，因为已经有成文的记录了，但要搞清楚先知的言行就没那么容易了。先知说过很多话，也做过很多事，他在世的时候，身边的弟子们虽有一些记录，但并没有汇集成权威著作。先知去世后，这就成了一个大难题。因为每个人对先知言行的记录并不一定准确，大家在传教时对"逊奈"的说法和理解可能大不相同，时间越长，传播范围越大，偏差也就越大。所以，早期的伊斯兰欧莱玛学者们最重要的工作就是去伪存真，剔除掉那些以讹传讹的内容。

一大批欧莱玛全面研究了先知的生平、家族和最紧密的追随者，也就是圣门弟子，建立了一个能够彼此印证的参照系，核对了每一条逊奈的出处。比如这条逊奈最早是谁转述的？他是在哪里听到先知圣训的？转述人是否可靠？每个转述人好比学术期刊的一个注脚，转述人通过与已知权威挂钩的方式来证实信息的可靠性。经过100多年的夯实工作，欧莱玛们把每一句圣训、每一个行为全部进行了彻底的梳理，终于搞出了最权威的《圣训集》。

其实，各大宗教都经历过这个过程，比如犹太教在巴比伦之囚时代经过了500年的夯实，才建立了一个完备的理论体系。基督教也是一样。土耳其的卡帕多奇亚地区有600多个山洞教堂，那是创教之后基督教的门徒们为了躲避迫害而打凿建造的，他们在那里聚集了几百年才夯实了整个基督教的思想体系。

4. 伊斯兰教法的创制过程

虽然有了《古兰经》和《圣训集》，但这并不能解决穆斯林生活中的所有具体问题，因此，宗教学者们必须根据这两种最根本的精神大法来制定操作性更强的《沙里亚》教法体系。比如使用类比推理，《古兰经》禁止穆斯林喝酒，欧莱玛就引申出一切使人喝了头脑发晕的含酒精的液体都不能饮用。

再比如，《沙里亚》中有一条教法规定，伊斯兰的叛教者是可以被处死的。在现实生活中怎么来界定这个事呢？这中间就有一个著名的案例。1988年，英国作家萨曼·拉什迪写了一本书叫《撒旦诗篇》。拉什迪本来就是穆斯林，出生在印度，虽然这本书是通过虚构，以小说的形式来展现的，但是某种意义上有点含沙影射穆罕默德的生平，造成了对伊斯兰教的一种亵渎。

这件事情如果按照严格的《沙里亚》教规，就会出现不同的解释。

圣训集是中世纪伊斯兰教逊尼派圣训学家辑录汇编的有关穆罕默德言行录的6部权威性经典。图为六部圣训集之一

《沙里亚》是伊斯兰教法的专称，指《古兰经》中所启示的、圣训中所明确解释的安拉诚命的总称，为每一个穆斯林必须遵行的宗教义务

因为他是个外国公民，生活在非伊斯兰国家，能不能对这样的人判处死刑呢？当时伊朗的宗教领袖霍梅尼签发了死亡的法特瓦（就是教法判例），判处这个人死刑。因为他亵渎了先知，亵渎了伊斯兰教，并号召全世界的穆斯林人人得而诛之，谁要把他干掉，奖金600万美元。结果，拉什迪从那之后就过上了隐姓埋名的逃亡生活。英国政府对他严加保护，因为他随时都有可能被干掉，他的保护费用一年高达160万美元。拉什迪天天东躲西藏，直到20年之后，宗教追杀令才被解除。当年全世界为这件事情吵得天翻地覆，各个国家的元首都去跟伊朗求情，让他们撤销这个追杀令。但是霍梅尼坚决不同意，英国差点因为这件事情跟伊朗断交。这就说明了宗教《沙里亚》律法的严格性。

5. 逊尼派和什叶派在《沙里亚》上的分歧

在《沙里亚》成型初期，逊尼派和什叶派除了对阿里宗教地位的认识有所不同之外，并没有本质的分歧，大家遵循的都是同一套沙里亚，并无其他差别。但后来两者出现了根本性的区别。

逊尼派认为，《沙里亚》律法体系早在公元9世纪末就已经定型了，该体系已经涵盖了人世间的一切行为准则，因此不需要后人再去重新解读《沙里亚》，也不需要后人再去创制新的《沙里亚》条款，更不能随便改动。

但什叶派认为伊斯兰教应该与时俱进，先知穆罕默德的那个时代跟现在毕竟是有差距的，所以要根据新的情况创制新的教法。宗教权威学者可以依据《古兰经》和圣训来推理和重新解释《沙里亚》，也就是什叶派宗教学者拥有《沙里亚》的创制权，即他们可以创制新律法。这一点是什叶派跟逊尼派非常大的区别之处。

当时伊朗的宗教领袖阿亚图拉·鲁霍拉·穆萨维·霍梅尼判处萨曼·拉什迪死刑

当然，什叶派也不是谁都能创制教法，只有最高级别的学者才行，在伊朗就是阿亚图拉，最强的是大阿亚图拉，即宗教领袖，如霍梅尼、现在的哈梅内伊，另外还有普通的阿亚图拉和未来的阿亚图拉。

在教法创制方面，什叶派保持了与时俱进的灵活性，逊尼派相对僵化一些。正是因为什叶派的欧莱玛具有教法创制权，欧莱玛们可以出新的法律、创造新的解释条款和新的理解方式，所以什叶派的欧莱玛学者集团具有更大的宗教权力和社会影响力。

二、伊朗宗教力量与王朝力量分庭抗礼

1. 阿拉伯世界的两大阵营

了解了这些背景之后，我们再看中东问题，就会有更深入的感受。

二战结束以来，阿拉伯世界出现了两大阵营，一大阵营是以埃及为代表的废除了国王的国家，如埃及、利比亚、叙利亚、伊拉克、也门等。由于民族主义的兴起，国王统治被推翻，军官集团建立起来了军事独裁，在这些国家里，独裁压制宗教。宗教势力起不来，何况宗教势力也不太关心政治，他们只闭门搞他们那套宗教理论研究。

另一个阵营就是那些王朝统治的国家，如沙特、科威特、巴林、卡塔尔、阿联酋、阿曼等海湾国家。这些国家都是国王的天下，宗教势力并没有实权，比如沙特的瓦哈比教派，其实没有太大的政治权力。国家的主要权力属于王室所有，国家经济是被王室所垄断的，大政方针也是王室说了算，可以说是王朝领导宗教，宗教人士只是起到一个辅佐的作用。造成这一局面的原因就是逊尼派的宗教学者缺乏教法的创制权，因而权力基础相对薄弱。

2. 伊朗有尊重欧莱玛学者的传统

伊朗的情况与其他国家很不一样，宗教势力与王权力量之间的关系是截然不同的。

什叶派的宗教学者由于掌握着教法的创制权，所以始终拥有强大的权力，历代伊朗王朝的统治者无不努力地与宗教势力保持友好关系，甚至必须讨好宗教势力才能稳固自己的统治。可以说，什叶派宗教力量与历代王朝处于分庭抗礼的态势之下。清真寺、宗教学校、宗教法庭、宗教财产是完全独立于政府的，国王无权干预。

另外，在伊朗还有一种传统，宗教场所可以成为避难所。任何人只要跑进宗教建筑申请庇护，一旦被学者们接受，国王和政府就不能逮捕这个人。在历史上，伊朗的宗教避难所起了很大的作用。

三、伊斯兰革命率先爆发在伊朗的原因

1979 年的伊斯兰革命之所以爆发在伊朗，而不是阿拉伯国家，是因为伊朗具备了发动伊斯兰革命的三个最重要的先决条件：第一，什叶派实行政教合一的伊玛目制度；第二，伊朗什叶派学者集团拥有教法的创制权；第三，波斯文明 2500 年的历史积淀为宗教的创新提供了强大的精神自信。

在 1979 年伊朗爆发伊斯兰革命之前，伊朗跟阿拉伯国家一样也经历了近百年民族主义运动的洗礼。伊朗民族主义的兴起同样是源于救亡图存的严峻挑战，当年的波斯面临着两大外来强敌：一个是来自北方的沙俄，主要体现在军事侵略上；另一个是从南部波斯湾方向逼近的大英帝国，主要体现为经济侵略。

以前，波斯帝国的势力范围是非常大的，包括高加索以南的三个国家——格鲁吉亚、亚美尼亚和阿塞拜疆。它的东部边界一直到阿姆河流

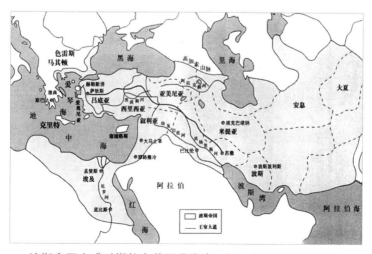

波斯帝国全盛时期势力范围非常大，领土东起印度河平原、帕米尔高原，南抵埃及、利比亚，西至小亚细亚、巴尔干半岛，北达高加索山脉、咸海。图为古波斯地图局部

域，包括现在的土库曼斯坦和乌兹别克斯坦；南部边界一直到印度河，也就是印度河以西，巴基斯坦和阿富汗都曾是波斯帝国的传统势力范围。

沙俄在西北方向抢走了波斯传统的势力范围，如高加索山脉以南的三个国家，东北方向在中亚地区的乌兹别克斯坦和土库曼斯坦也被沙俄抢了，所以沙俄当时对波斯构成了生存上的严酷压力。另外，在大英帝国的策动下，波斯在东方的领土也大片丧失，如阿富汗独立。

英国对波斯经济侵略的危害同样巨大。1872年，在英国的压力之下，恺加时代的波斯国王将全国铁路、运河的修建权和所有矿藏和森林的独家开发权，甚至包括中央银行的开办权等一股脑地全部卖给了英国一个叫路透的商人，史称"路透特许权"。这个路透就是现在大名鼎鼎的路透社的创始人。

四、伊朗三次民族主义高潮

1. 波斯版的"五四运动"：反路透特许权

当国王把这么多特许权卖给路透的消息传出来之后，连西方人都对"路透特许权"的规模惊呆了，他们称"这是史上最彻底、最超乎寻常的将全国资源出让给外国人的案例，超出了梦想的极限"。这就好比中国历史上出现的袁世凯卖国的21条，当然要是和波斯国王比起来，袁世凯在卖国方面还有很大差距。在中国，袁世凯卖国的21条是五四运动的重要导火索，"路透特许权"同样导致了波斯爆发了波斯版的"五四运动"。在欧莱玛学者的带领下，全国各大城市宗教学校的学生，与商人、军官、地主联合起来进行了大规模示威抗议，欧莱玛成了运动的领导者，这是波斯民族主义的第一次觉醒。

国王最后被迫取消了"路透特许权"，但仍然允许路透垄断了中央银行，这就是英国控制下的波斯帝国银行。波斯丧失了货币发行权。其实，英国人在很多国家都是用的类似打法，即控制货币发行权。1875年前后，法国人和英国人夺得了土耳其的货币发行权，奥斯曼帝国银行被英法控制。在19世纪六七十年代的中国，

英国商人保罗·朱利斯·路透从恺加老国王那买到了波斯地下的全部宝藏以及铁路兴建权、运河兴建权、道路兴建权、中央银行开办权等权利

汇丰银行事实上垄断了中国的货币发行权。如果英国想要殖民一个国家，他们必然会紧紧抓住货币发行权，夺取该国的金融高边疆。

2. 第二次民族主义高潮：烟草叛乱

第二次波斯民族主义运动高潮是1892年的烟草叛乱。当时的波斯国王继续卖国，把特许权陆续卖给了外国人，在1892年，他把烟草特许权卖给了英国人。在当时的波斯，全国人都抽烟，所以把烟草特许权卖给了外国人，就等于是全国老百姓都得间接向英国人交烟草税。什叶派欧莱玛再次成为反抗运动的坚强领袖，他们率领全国形成统一战线跟国王斗争，最后全国都抵制烟草，甚至连波斯国王在宫廷里都抽不着烟，这就使国王的第二次卖国行动受到了遏制。

3. 第三次民族主义高潮：立宪运动

伊朗第三次民族主义高潮就是1906年的立宪运动。这次民族主义高潮依然由欧莱玛学者组织打主力，很多民众也都参与到了抗议国王的民

族主义运动中。因为国王卖国卖得太厉害了，所以大家都觉得应该立宪法来限制国王的权力。但是上街游行的民众会被国王的军警逮捕，所以欧莱玛学者当时搞了很多避难所，被追捕的游行民众可以跑到清真寺里面来避难。可是，当时政府的军警居然冲进了避难所抓人，这违反了波斯数百年的惯例，激怒了全国的欧莱玛学者。因为大家每天都要做礼拜，经常去清真寺，那可是欧莱玛学者集团组织动员群众的中心。于是，学者集团做礼拜时号召教众们起来与王权斗争，支持宪法运动。一时间内，波斯参加示威游行的人数暴涨，民众跟国王的对立更加尖锐。另外，欧莱玛学者集团要求国王必须同意立宪，否则欧莱玛学者就集体出走，离开波斯。当时整个波斯的司法系统都得由欧莱玛学者去主掌，欧莱玛要是离开了，那整个波斯的法律系统就全部瘫痪了。

波斯的民族主义运动跟其他阿拉伯世界的民族主义运动重要的区别在于，欧莱玛宗教学者始终是民族主义运动中的领导力量，这是其他阿拉伯国家所不具备的一种特殊现象。

五、巴列维王朝的深度改革

正如中国的民族主义崛起之后，导致了清王朝统治的覆灭一样，中国的民族主义大潮在1911年推翻了清王朝，波斯的民族主义力量在1921年颠覆了波斯的恺加王朝。

1921年，波斯的一个叫作礼萨的青年军官发动了政变，夺取了波斯政权。1925年，礼萨成为了新国王，这就是非常有名的巴列维王朝。他称王之后，1935年波斯改国号为伊朗。

1. 礼萨改革和凯末尔改革的区别

礼萨最崇拜的就是土耳其国父凯末尔，所以当他夺取了政权之后，进行深度改革时，他模仿的对象就是土耳其的开国之父穆斯塔法·凯末尔·阿塔土克。他们俩应该算是伊斯兰民族主义的第一代掌权者，都崛起于一战之后。埃及的纳赛尔算是第二代了，掌权于二战后。

土耳其的国父穆斯塔法·凯末尔·阿塔土克，带领土耳其取得了土耳其独立战争的胜利

比较而言，凯末尔在土耳其的改革更激烈更彻底。他认为全盘西化就等于"文明化"，拼命想让土耳其加入欧洲社会，而不愿再与阿拉伯人和伊斯兰教有太多的关系，他认为伊斯兰教阻碍了土耳其的进步。同时，他还宣布了文字改革，废除了阿拉伯文字，把土耳其语进行全面的拉丁化，展现出与阿拉伯传统一刀两断的决心。所以我们现在看到的土耳其文字都是凯末尔时代深度改革的结果。

身着西装的穆斯塔法·凯末尔·阿塔土克

礼萨与凯末尔不同，土耳其人是突厥人，没有什么值得骄傲的古代文明，但波斯人的历史传统非常深厚，它有着2500年的文明积淀。其实礼萨原来也想把波斯语进行拉丁化，但波斯人根本不接受。另外，在宗教问题上，凯末尔是激烈地打压土耳其的宗教力量，而礼萨却不得不依靠什叶派欧莱玛的支持。在国王就任演说中，礼萨发

誓要维护什叶派在伊朗的正统地位，并且明确宣布宗教是保证国家统一最有效的工具。

2. 伊朗的"洋务运动"

在内政方面，礼萨国王进行了经济和政治改革，兴实业、建铁路、办学校……轰轰烈烈搞了 20 年。这其实很像清王朝的洋务运动，表面上风风火火，实际上根基脆弱，在外力的打击之下，一碰即垮。

1941 年 6 月，德国闪击苏联，苏德战争爆发。英国和苏联觉得伊朗与纳粹德国眉来眼去，担心后院起火，于是两国一起出兵，军事占领了伊朗，苏军从高加索山脉往南打，控制了北方；英军从波斯湾往北打，控制了南方，伊朗实际上已经亡国了。

如果说民族主义运动的基本前提就是捍卫国家主权完整的话，礼萨国王搞了 20 年的洋务运动顷刻崩溃。1941 年伊朗被苏联和英国军事占领，标志着波斯民族主义的重大挫败。

其实，伊朗本来是中立国，并未投靠希特勒，德国也只是派出了非军事顾问待在伊朗，这并不违反中立原则，中立国瑞士也有很多德国人在到处晃悠。英国命令伊朗驱逐德国公民，礼萨国王只说了一句：凭什么？英国和苏联二话不说就把伊朗给瓜分了。骄傲的波斯人突然发现，民族主义救国也行不通。

这次失败对全体伊朗人造成了一种强烈的心理刺激。所以后来伊朗的宗教领袖霍梅尼立下了一个国策就是，伊朗既不投靠东方，也不投靠西方，一定要把自身建设成一个独立自主的伊斯兰国家。西方是谁？当然就是美、英，东方是谁？当然就是苏联。霍梅尼认为伊朗两边都不能靠，除了独立自主，没有其他的出路。这就是伊斯兰革命中伊朗的一个立国之本。

22 ▶

伊朗怒断石油命脉

　　二战结束后，伊朗处于英国、美国和苏联三个外部势力的斗争旋涡之中，引发了伊朗内部的政治分裂。以穆罕默德·摩萨台为代表的民族主义运动，在内外部势力的联合绞杀下，再一次失败。美英扶植的巴列维国王发动了白色革命，进行经济改革，创造了惊人的经济增长率。但是巴列维王朝却很快被推翻，巴列维国王流亡海外，这其中有着怎样的惊人转变？本章内容将为您一一追索伊朗迈入现代国家行列的艰难过程。以史鉴今，让我们深入了解这个中国未来的合作伙伴。

一、伊朗是"一带一路"战略的关键点

2015 年以来，大家都开始关注起伊朗的问题，不仅因为伊朗可能是当今世界最大的价值洼地，还因为伊朗问题也是事关中国国运的一次重要战略机遇。因为我们的新丝绸之路必经伊朗，中国未来 30 年向西整合欧亚大陆的经济战略能否成功的关键也在伊朗。从历史上看，波斯文明从来就是欧亚大陆三大文明的地理中心，是欧亚大陆文明的"中原地带"。

要打通新丝绸之路，中国不仅要与各国政府合作，更重要的是必须与当地的各种势力集团打交道。在伊朗，最大的势力集团就是什叶派的欧莱玛宗教学者，他们要支持新丝绸之路，事情就顺风顺水，他们如果反对，就是砸进再多的钱也会失败。伊朗的欧莱玛集团在历史上呼风唤雨，甚至能够改朝换代，不了解他们的思维方式，就很难成功地推进新丝绸之路战略。

二、三股外来势力在伊朗的利益斗争

1941 年，波斯的民族主义遭受了一次重大的挫折——伊朗被瓜分，英国和苏联分别占领了伊朗。

我们都知道二战中著名的德黑兰会议，美、英、苏三巨头跑到德黑兰开会商讨开辟第二战场的问题，为什么会议会选址伊朗？因为伊朗既有苏占区，又有英占区，双方势力大致平衡，第二战场主要是丘吉尔与斯大林的讨价还价，罗斯福觉得双方在这里过招气场比较均衡。另外，美国早就看中了伊朗的石油资源，很想插一脚进来。本来英国和苏联并不希望美国势力染指伊朗，但美国援助苏联的军事物资从伊朗进入最为便利，苏联只能接受美国势力进入伊朗，英国也无法拒绝。这就拉开了战后美英苏三方在伊朗展开大博弈的序幕。

图为威廉·诺克斯·达西。1901年，他跟恺加老国王签下了波斯的石油特许权，为英国石油公司创始人

在伊朗，美、英、苏各有各的利益，各有各的打算。

英国人在恺加王朝时代就垄断了伊朗的经济命脉，其中，最重要的就是控制了伊朗的石油资源。1901年，英国商人达西以区区 2 万英镑的价格拿下了波斯 120 万平方公里的石油开采权，时间长达 60 年，120 万平方公里是什么概念？要知道伊朗的领土才 165 万平方公里，恺加国王卖国竟然卖得如此彻底。大家可能问，那还有 45 万平方公里呢？那是被沙俄控制的地区，国王卖不动，否则恐怕全国都要卖光了。

达西创建了英国波斯石油公司，这就是现在大名鼎鼎的英国石油公司 BP 的前身，这家公司在伊朗获得了滚滚的石油收入，但绝大部分都进了英国人的口袋。

1. 英国围绕伊朗进行战略调整

在恺加王朝老国王将石油特许状签发给了英国人之后，英国的整个战略就围绕伊朗做了重新的调整。因为在一战之前，最早意识到石油重

英国石油公司 BP，1909 年由威廉·诺克斯·达西创立

要性的是当时的英国海军大臣丘吉尔，他发现英国所有的军舰都是烧煤，而烧煤的军舰走得慢，升火也需要很长的等待时间。所以我们看到《甲午海战》那部片子里出现了"定远号升火待命"，为什么要"升火待命"？因为军舰要加速就得先加煤，而烧煤得烧半个小时，煤烧热了才能开，这在海战中就太不利了。由于速度慢，又需要有很多人负责加煤，所以丘吉尔当年最早意识到石油和海军发展之间的关系。如果军舰烧石油的话，那么军舰的船体动力结构就会变得非常简单，而且军舰启动和加速也会非常快。丘吉尔就制定了一个战略，英国的军舰要全面改装成以石油为动力的结构，所以英国非常重视石油供应。

　　英国本土是没有石油的，需要的石油从哪儿来呢？是墨西哥。这是英国主要控制的一个石油产地。除此之外，英国控制的石油产地还有东南亚的马来西亚、印度尼西亚，甚至连沙俄所控制的高加索油田，英国也渗透进去了。当时，高加索油田由两个主要家族垄断着石油的产出，一个是诺贝尔家族，这个"诺贝尔"家族就是我们今天颁发诺贝尔奖的那个家族。诺贝尔两兄弟，其中一个是搞炸药发了家，另一个则是搞石油发了家。还有一个家族就是罗斯柴尔德家族，我们都知道这个家族是搞金融的，其实当年世界石油产量的 10% 都是控制在罗斯柴尔德家族手上的。但是罗斯柴尔德家族很敏锐。一战时期，他们注意到沙俄内部情况可能要突变，这就是后来的十月革命，所以罗斯柴尔德家族必须在此之前想到解决办法，后来他们跟英国的石油公司进行股权交易，按照现在行话就叫定向增发，英国石油公司通过增发股票来购买罗家在高加索的油田资产，这样，罗家就成为了英国石油公司股权的持有者。英国除了这些石油产地，还通过英国波斯石油公司控制了伊朗的大油田，伊朗的石油成了英国中东政策的重要基石之一。

2. 一场由石油引发的激烈博弈

二战结束之后，英国在伊朗最重要的利益就是石油利益，英国也因此赚了很多钱。眼看着英国人大把大把地赚钱，美国和苏联眼馋极了。于是，美国石油公司提出也要分一块蛋糕，他们希望拿下伊朗东南部俾路支斯坦省的石油开采特许权。苏联一看，英美都动手了，于是苏联政府提出，苏军占领的伊朗北部五省的石油开采权都得交给我苏联。二战之后，美、英、苏三家围绕着石油资源在伊朗展开了激烈博弈，斗得昏天黑地。

3. 苏联在伊朗的战略利益

除了以上原因之外，苏联看中伊朗的主要原因是苏联没有南下印度洋的出海口，它要想进入波斯湾地区，就必须控制伊朗，这样的话苏联的海军舰队就可以在波斯湾搞个基地，直接控制霍尔木兹海峡，如果真是那样，苏联的海军就真正变成了一支全球海军，那就是海洋霸权了。当然，美国一看你苏联想南下波斯湾，那可不行，我一定要把你堵在伊朗的北边，所以美国和苏联在伊朗的控制权上发生了尖锐的冲突。

霍尔木兹海峡，连接着波斯湾和印度洋，是唯一能进入波斯湾的水道

三、外部势力斗争引发伊朗内部势力分裂

美、英、苏这三股外部势力的争来斗去必然会引发伊朗内部政治势力的分裂。当时伊朗的老国王礼萨被废掉了，国内需要扶持新的国王。一开始，美、英、苏三方当然希望恺加王朝复辟。但是恺加国王的后代看到自己的国家被完全占领了，在这么屈辱的情况下，他们是不愿意出来顶这个黑锅的，那会在历史上留下骂名的。三大强权商量来商量去，就把礼萨国王的儿子，也就是穆罕默德·礼萨·巴列维立成了新的国王，这就是现代很有名的巴列维国王。

1. 伊朗内部势力分裂成左中右三派

巴列维国王上台之后，面对的是美、英、苏三股外部强权力量，同时，由于这三股外部强权力量的争斗，又引发了伊朗国内出现了左、中、右三派力量。

左派就是苏联在其伊朗北部五省占领区扶持的图德党，他们的目标是推翻伊朗政府，建立社会主义的伊朗共和国。

右派就是什叶派欧莱玛学者集团，他们既反对英美，也反对苏联，同时还反对世俗化。学者集团在伊朗的势力非常大。因为老百姓经常去清真寺做礼拜，所以学者集团与伊朗社会中下阶层接触更为紧密，清真寺和宗教学校一直就是欧莱玛的地盘，政府无权管理，那里就是学者们宣传和动员社会力量的中心，他们甚至发展出自己的秘密武装集团——伊斯兰敢死队。

在左右派中间还有一个民族主义中间派叫民族阵线，主要由城市一些受过良好教育的社会精英阶层组成，也包括一些地主和进步人士。他们偏向自由主义、反对君主制，主张国家独立自主。注意，由于当时伊朗的中产阶级人数有限，所以民族主义中间派始终是少数派，权力基础脆弱。

2. 巴列维国王面对六方势力的超强平衡术

除了以上三个派别之外，权力最大的自然是伊朗国王周围的保皇党人，他们由整个官僚体系构成。国王和保皇党人的权力基础是大批官僚、地主、军官，还有相当多的社会精英，他们把自己的身家性命都押注在国王身上，这些人大都是既得利益集团的成员，控制着国家的经济命脉。

巴列维国王本来就是靠西方列强的支持上台的，保皇党的策略就是，对外坚定地依靠英美，对内打击左右两派极端势力，削弱民族主义中间派，借外力打内力，巩固保皇党人的统治基础。

面对外部三大强权和内部的三股反对势力，巴列维国王必须得会玩高难度的平衡术才行。不过最后他居然能把各个势力都搞定，说明他的权谋水平还是相当高的。

四、摩萨台成为民族英雄

伊朗的中间派就是民族阵线，他们在议会中人数虽少，但声音最响亮，这主要归功于他们的领袖——摩萨台。

摩萨台出身显贵，他父亲长期担任恺加王朝的财政大臣，母亲是当朝的公主。他从小就接受西式教育，后来留学欧洲学习经济学，获得法学博士学位。因此他对西方的社会体系是非常精通的，很懂西方的政治以及经济体系的运作。摩萨台具有卓越的演说能力，眼光敏锐，善于引导舆论，风趣幽默而又不失尖锐。他最先点燃了一个具有爆炸性的话题，即对英国伊朗石油公司进行国有化。这个话题立刻让伊朗全国沸腾起来。

伊朗跟英国合资搞的石油公司，除了出卖石油特许权的2万英镑之外，每年还有收入，这笔收入的分成是英国人拿走84%，剩下的16%归

穆罕默德·摩萨台是伊朗民族阵线的杰出领袖

伊朗政府。这个分成比例是按照净利润来计算的，也就是扣掉所有的开支、勘探费、钻探费以及各种各样的人员消耗等，剩下的纯利润再进行分利，而且纯利润计算的财务尺度还是由英国人掌握。英国人高兴，就把财务成本做得低一些；要是不高兴，就把财务成本做得很高，那利润就很少了，分给伊朗的自然就更少。所以从 1901 年开始勘探直到后来产生的巨额石油收入，绝大部分流进了英国人的口袋。伊朗人想起来就气得吐血。

美国人在介入了中东事务之后，跟沙特成立了美国—沙特石油公司，采取的是五五分成，就是石油收入你一半我一半。这个消息传到伊朗，就把伊朗人气坏了，他们认为英国人太不地道了，这么残酷地剥削我们，你看美国人和沙特五五分成，我们才拿 16%，而且还经常拿不到这个数，所以伊朗内部有种强大的呼声，一定要把英国—伊朗石油公司进行国有化，把英国人赶走，我们要把石油公司收回来自己干。情况很像 1956 年纳赛尔对苏伊士运河进行的国有化。

摩萨台当年正是选中了这样一个具有高度爆炸性的话题。因为整个伊朗国内的反英情绪非常高涨，大家对英国人可以说是深恶痛绝，当时的伊朗民众一是讨厌英国人，二是讨厌苏联人。所以摩萨台在 1951 年的议会中就提出，要对英国—伊朗石油公司进行国有化，这个话题自然而然引爆全国，所有人都支持他。

左派图德党当然支持，因为赶走英国人的势力对图德党是有好处的；右派欧莱玛学者集团也强烈支持，因为宗教派这帮人也是强烈反对外国势力干涉伊朗事务的，而且他们也反对世俗化，一听要把外国人赶走，他们当然支持；中间派这些民族主义者也支持，因为他们支持收复伊朗的主权。波斯民族仿佛又找回了与生俱来的骄傲和自豪，回想起自己的国家在历史上受尽西方的欺凌，而且还被西方人占领过，现在要把英国人赶出去，大家都拍巴掌，摩萨台立刻成了整个伊朗的民族英雄。

五、短暂的胜利：论摩萨台的倒下

1. 保皇党人反对摩萨台政策的原因

三大反对派联手向保皇党施加压力，各大城市发生大规模游行示威，国王陷入了极大的被动之中，因为对抗英国将意味着削弱他的权力基础。

因为保皇党人的权力基础来源于英国和美国的支持，你要对英国石油公司进行国有化，那显然会得罪西方势力，如果西方不支持巴列维国王了，那他的统治怎么能稳固呢？所以保皇党的议员在议会上就坚决反对。特别是巴列维政府的首相跳得最厉害，这个人一跳，坚决反对，就引起了宗教势力集团的地下武装组织——伊斯兰敢死队的注意，有一次首相到清真寺里面做礼拜，他们直接在清真寺把首相干掉了。不管谁反对，宗教集团都可以动用暗杀这种手段，由此可想而知，宗教集团的势力有多大。

一开始，国王还企图抵制，但保皇党的首相被伊斯兰敢死队刺杀后，保皇党便不敢公开反对了。1951年摩萨台的提议在议会中通过。保皇党的议员们怒不可遏，说谁提议这项法案，谁就应该出任首相去具体执行。保皇党议员们本来以为摩萨台只会评头论足，并不敢承担责任，没想到摩萨台接受了挑战。一上台就派出伊朗军队强行接收了英国伊朗石油公司。

2. 英国对摩萨台行动的反应

当然，国有化并不是从英国手里白拿，伊朗方面也是需要补偿英国损失的。摩萨台提出了补偿金额，但英国人已处于暴怒之中，立刻在波斯湾增兵，准备武力入侵伊朗，动用伞兵部队用武力再把石油公司抢回来。在这危急时刻，战争到了一触即发的程度。

我们现在看英国人个个温文尔雅像个绅士，20世纪四五十年代时可不这样，那时英军比现在的美军还牛。

3. 无利益不朋友：美国人反对英国对伊朗开战

美国人一看情况不妙，赶紧出来劝架。

因为1951年的时候，朝鲜战争正打得昏天黑地，二战已经死了那么人，当时全世界的注意力都集中在了朝鲜半岛，而且全世界都在反战。

交通要道——波斯湾，是苏联进入印度洋的唯一通道

换个角度讲，英国人如果在伊朗大打出手，苏联要是出兵怎么办？那时候，美国的主要力量是在朝鲜半岛，苏军如果真的出兵伊朗，他们是无力对抗的。另外，伊朗会彻底倒向苏联，这样下去，苏联就有可能获得波斯湾的通道，进入印度洋，那美国的全球战略布局就会遭到破坏。

4. 美国和英国对伊朗实行经济制裁

　　当然，美国人也不喜欢摩萨台的政策，觉得如果摩萨台搞的国有化体系在整个中东产油国流行开来的话，那么依赖石油的西方国家就会乱套。毕竟美国已经严重依赖中东的石油了。英美商量，武装侵略是下策，还是经济打击和内部颠覆妥当些。于是，英美就对伊朗进行经济制裁，伊朗国有化英国伊朗石油公司后，英国把所有工人、技术人员和工程师全部撤了出来，当时上万工程师及顾问在英国政府的命令之下全部撤出，不管摩萨台或伊朗政府给多高的价钱，他们都不干了，一起撤出了伊朗。波斯人虽然很骄傲，但是他们对现代科学管理和现代技术这套东西还没上手，所以英国人一撤走，石油生产量马上就大幅下滑；同时，美国和英国又控制着全球石油销售的渠道，于是联手制裁和封锁伊朗的石油出口，进不了这些渠道，产出的石油也没法卖。这一招很管用，到1952年的时候，由于石油销售被掐住了命脉，伊朗的经济一落千丈，财政赤字暴涨，通货膨胀严重，老百姓找不着工作，国内政治环境陷入混乱，各派斗争开始加剧。

5. 摩萨台的改革政策及其影响

　　面对严峻的经济形势，摩萨台为了获得民众支持，出台了三个重要政策。第一，土地改革，增加税收；第二，提高富人的税收；第三，削减宫廷和军队的预算，清洗军官体系。这的确都是改善财政的办法，但却导致了统一战线的崩溃。

　　因为土地改革涉及宗教地产，重新分配土地相当于削弱了欧莱玛宗教集团的经济基础。宗教势力之所以有力量，除了精神上的影响力之外，还有一个原因就是他们控制着全国20%的土地，那是宗教捐献的土地，不用交税。摩萨台的土改使学者集团逐渐疏远甚至开始反对他，因为切身的经济利益最重要，连宗教团体也不例外。同时，土地改革和增加富人税收，也打击了中间派民族阵线的支持者，他们当中有大量的中小地主和城市精英，大都是富人，对富人增税会伤害他们的切身利益。国有化石油公司的好处还遥遥无期，损害却是立竿见影，伊朗经济衰退成这样，还要对他们加税，所以民族阵线也开始远离摩萨台。

至于削减军队预算、清洗军官体系，这就直接得罪了军队的利益，而历史上军队一直是被国王所控制的，这么一来，这些军官就开始对摩萨台非常不满，更坚定地站在了巴列维国王这一边。于是，军队中有人开始策动政变，搞垮摩萨台。

6. 美英策划政变推翻摩萨台

摩萨台唯一能够依靠的力量就只剩图德党了，这帮人的拿手好戏是策动游行示威，搞街头政治，但他们并不垄断，也不能控制伊朗的经济资源。这样一来整个示威运动就变得越来越暴力，混乱程度越来越严重。此时，美国和英国等待的时机来到了——他们准备进行武装政变，把伊朗的经济搞垮，经济垮掉之后就一定会出现内乱，爆发内乱他们自然就有机可乘了。

克米特·罗斯福是美国老罗斯福总统西奥多·罗斯福总统的孙子，主要负责推翻摩萨台的行动

1953 年 2 月，美国中央情报局、英国军情六处以及伊朗保皇党军官共同策划了 Ajax 秘密行动，准备颠覆摩萨台政府。负责协调的是中央情报局的克米特·罗斯福，大家可能觉得罗斯福好像很耳熟，没错，这个克米特·罗斯福就是美国的老罗斯福总统西奥多·罗斯福总统的孙子。他动用 100 万美元的经费，做了以下几件事：第一，通过广泛散布谣言，抹黑摩萨台；第二，煽动公

众骚乱，策划部落反叛；第三，雇佣职业流氓冒充图德党的游行群众进行打砸抢来制造恐怖和混乱。如此一来，伊朗全国气氛就变得更紧张了，整个局面也变得更混乱，而且大家对摩萨台的统治能力产生了更深的怀疑。10天以后，大规模的骚乱升级为社会暴乱，上千人死亡。最后，参加叛乱的军官包围摩萨台的官邸，逮捕了摩萨台，摩萨台被审判并以叛国罪入狱。由于摩萨台出身贵族，被免予死刑，最后，他被判处终身监禁，被软禁至死。

7. 对摩萨台的历史评价：民族英雄

可以说，摩萨台是伊朗历史上非常重要的人物之一，威望很高，因为他领导了对英国石油公司的国有化，直到现在，伊朗人对摩萨台还是比较崇拜的，觉得他是个民族英雄。

对于伊朗人来说，摩萨台垮台意味着波斯第二次民族主义运动的失败。趁这次机会，英国人反攻倒算，回到了伊朗。尽管英国做了一些让步，但是石油的销售大权还是被英美控制住了。

民族主义救国的道路很难实现，而图德党的社会主义道路也有问题，伊朗人对图德党背后的苏联充满戒心，而且无神论的社会主义意识形态与什叶派势力强大的伊朗也格格不入。路在何方？伊朗面临艰难的选择。

六、不流血的革命：巴列维国王的白色革命

巴列维国王整垮了中间派的民族阵线之后，又镇压了左翼的图德党。摩萨台倒下之后，在美国的大力支持下，到1960年，巴列维国王完全控制了国内形势。

　　三大反对派已经收拾了两个，剩下的一个就是最麻烦的宗教势力。巴列维国王称学者们为"黑色的反革命分子"和"寄生虫"。为了巩固王权，他宣布进行"白色革命"。这是什么意思呢？图德党要搞红色革命，而宗教集团想搞黑色革命，国王搞的是白色革命，意思就是不流血的革命。

1. 白色革命政策和伊朗的五年计划

　　巴列维国王认为，白色革命的最终目的就是建设一个有伊朗特色的、君主专制的资本主义发达国家。

　　白色革命的主要内容就是土地改革，这个土地改革跟摩萨台的土地改革道理是一样的，目的都是为了削弱欧莱玛集团的经济基础，夺取他们的土地，当然除此之外，还有一些其他的配套改革，比如森林国有化、国企私有化、工人分红、扫盲运动、妇女公民权等。

　　为了跟白色革命进行配套，从 1962 年到 1972 年，伊朗搞了两个五年计划，国家进行了大规模的工业投资。在这十年中，伊朗 GDP 平均增长率高

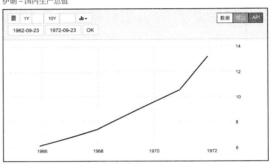

伊朗国内生产总值（1962–1972），10 年内伊朗的 GDP 增长率平均年增长 11.5%

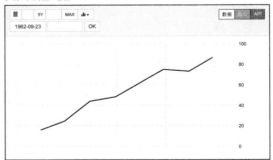

伊朗国内生产总值（1972–1980），从 1973 年到 1975 年，伊朗的 GDP 增长率分别达到了 14%、30%、42%

达 11.5%。1973 年第四次中东战争爆发后，石油价格暴涨 4 倍，伊朗赚得盆满钵满，GDP 年增长率高到令人晕眩。从 1973 到 1975 年，伊朗的 GDP 增长率高到了一个天文数字，分别达到 14%、30%、42%。

如此之高的经济增长简直是骇人听闻，大家可能会想，伊朗应该是高度繁荣了，大家的日子应该过得很好，人民肯定会热烈拥护国王了。当时没有任何人看到潜在的危险，仅仅 3 年后，伊朗竟然爆发了伊斯兰宗教革命，国王逃亡了，愤怒的伊朗人民恨不得把国王抓回来进行公审。这就出现了一个问题：这么高的经济增长率，怎么会导致一个政权三年就垮台了？问题出在哪儿？

2. 伊朗国王被推翻的原因

巴列维国王雄心勃勃的计划看起来雄伟无比，但其基础却是一个不折不扣的豆腐渣工程。他的政权之所以被推翻，主要有以下几点原因：

第一，本来土地改革的核心目的是为了振兴农业，但是经过白色革命之后，伊朗的农业却全面衰落了。以前伊朗是粮食出口国，白色革命之后，却变成了粮食进口国，而且对国际粮食的依赖越来越严重，全国三分之一的粮食都需要进口。因为土地改革的很多政策执行存在着严重的问题。比如伊朗是一个严重缺水的国家，大部分地区都很干旱，所以伊朗农业几千年以来发展出了一套独特的灌溉体系——坎儿井，中国新疆地区也有这种坎儿井。充满智慧的农民在地下进行大量的沟渠

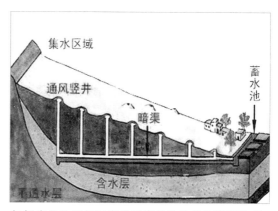

伊朗农业几千年以来发展出的坎儿井的灌溉体系

建设，包括打竖井，用这个办法来进行农业灌溉。

伊朗全国的坎儿井加在一起，输水沟渠的总长度高达30万公里，相当于从地球到月球的距离！这可是勤劳智慧的波斯农民搞了好几千年才积累起来的庞大的灌溉体系，对伊朗的农业支撑有着至关重要的作用。但是由于土地改革的根本目的不纯正，它不完全是为了提高农业生产率而进行的，政府有了钱之后就大规模地利用机器来采掘地下水，废掉了坎儿井系统，导致整个农业灌溉体系出现了严重问题，老的体系被废除了，新的灌溉体系需要大量资金的投入，包括机械、电力和石油，而且问题重重。一旦农业的灌溉体系出了问题，粮食产量马上就会大幅下跌。大批破产农民涌入了城市的贫民窟，这里文盲遍地，公共设施奇缺，城市贫民怨声载道，他们痛恨国王将城市变成了这样。

巴列维国王认为，他有的是石油美元，粮食不够可以进口，这是一个严重的错误。20世纪70年代的石油暴涨也导致了全球粮食价格更猛烈地上涨，石油价格暴涨4倍的结果是国际粮价暴涨得更凶。1975年—1977年，伊朗的通货膨胀率高达50%，普通市民连正常生活都难以维持。所以这就为社会不稳定埋下了严重的隐患。

第二，巴列维国王搞了很多大型工业项目的投资，但其基础设施却完全无法支撑这些庞大的项目。在一个具有丰富能源的国家，许多农村严重缺电，甚至首都德黑兰也经常被迫轮流停电。

另一方面，伊朗在波斯湾的一些重要港口的吞吐能力严重不足，港口中经常有几百艘货轮等待卸货，最长的要在大海上等待160多天！而且就算是卸了货也运不走，因为公路铁路的运力不够，每个港口露天堆放着上百万吨的货物，任凭风吹雨打，货物腐烂变质，浪费惊人。

第三，石油美元的巨额收入中有近三分之一流入了美国武器制造商的口袋里，华而不实的大型项目浪费极其严重，更多的资金干脆被贪污掉了。巴列维国王大量采购美国军火、军事装备，所以这个钱又被美国人赚回去了；他们又用剩下的钱搞了一些浪费工程，甚至还有一大部分钱干脆就被贪污掉了。另外，大量石油美元涌入伊朗还有另外一个严重的后果——造成了严重的货币超发。

严重的货币超发引发了伊朗空前的资产泡沫，特别是土地价格的飞涨。德黑兰的地价甚至到了一周一个价的程度；在大不里士，1974年的地价几乎是1971年的十倍；最严重的一个城市，5年的时间，地价飙升了100倍。地价狂涨带来房价和房租的暴涨，伊朗城市中普通老百姓收入的60%都要被房价和租金吃掉，剩下40%的收入又要面临50%的通货膨胀率，可以想象这个日子怎么过。

这些经济上的问题导致了伊朗从1976年到1978年出现了严重的经济危机。过热的经济要踩急刹车，这就导致了大量的失业，再加上控制不住的恶性通货膨胀，伊朗社会中的极少数富人与绝大部分一贫如洗的人民之间的财富差距空前严重。非常有意思的是，正是这些依靠特权获得暴富的阶层，对伊朗社会最没有信心，他们向海外疯狂地转移资产。

到了1978年的时候，整个伊朗就好像一座即将爆发的火山。

就在当年的8月，美国中央情报局和美国国务院得出的形势报告完全一致，这就是伊朗不存在对国王的有效挑战。而仅仅几个月后，伊朗就变天了。

这是为什么？因为美国中央情报局也好，国务院也好，包括全世界的中东问题观察专家，都忽略了一个重要的伊朗老人，当时他正在巴黎被流放，这个老人一出手就彻底颠覆了伊朗的巴列维王朝，甚至左右了整个中东的历史。他就是后来大名鼎鼎的宗教领袖霍梅尼。

23 ▶

逃离德黑兰的
历史真相

　　作为伊朗最伟大的政治领袖，同时也是最高宗教领导人的霍梅尼，在经历了艰苦的海外流亡岁月后，于 1979 年 2 月 1 日重新回到了伊朗。在霍梅尼高深的政治谋略下，学者集团成功地推翻了巴列维王朝，建立起了政教合一的政治体制。但伊朗的复兴之路并非一帆风顺，究竟背后还有怎样的暗流涌动？本章内容将为您一一解读霍梅尼重掌伊朗政权背后的故事。

一、霍梅尼的伊朗发展之路：1979 年伊朗宗教革命的历史背景

霍梅尼是伊朗爆发伊斯兰革命的一个关键性人物。

关于霍梅尼的历史非常有趣，我读了不少关于霍梅尼的传记、生平，其实到目前为止，全世界还没有一本权威的传记能把霍梅尼的生平说清楚。

众所周知，霍梅尼出生在 1902 年，他的家庭中有 6 个兄弟姐妹，他是最小的一个。他的家庭是个宗教世家。父亲早在他的幼年时期就去世了。他从小在一个宗教学校里面学习伊斯兰教。在他不到 30 岁的时候，就已经通过了伊朗的全国高级学者资格考试，在伊朗，通过这种考试就意味着成为具有解释伊斯兰教法资格的大学者。

1. 霍梅尼的理论体系初步形成

20 世纪 30 年代以后，霍梅尼就在宗教问题上有了自己的一套看法，同时，他将主要精力和兴趣投入到构思未

年轻时的霍梅尼，不到 30 岁的时候，他就通过了伊朗的全国高级学者资格考试，成了具有解释伊斯兰教法资格的大学者

来伊朗社会发展的道路上，也就是我们现在说的"顶层设计"。

在他看来，伊朗应该走一条依赖伊斯兰学者集团智慧的政教合一的道路。这与传统的伊朗国王统治制度是完全不同的。根据什叶派的教义，什叶派有12个伊玛目，据说最后一个伊玛目是隐遁于人间的，但是有一天他会回归社会的，那时候就要进行善恶大审判。什叶派一直认为这一天早晚会来到。

霍梅尼则发展了这套理论，他认为在最后一个伊玛目到来之前，这个社会应该由穆斯林社会中学术水平最高、对伊斯兰教法最精通的人来掌管和领导。他将此称之为法基赫，也就是宗教领袖。

从20世纪40年代开始，霍梅尼就逐渐形成了对于未来伊朗发展的整体思路。在他的思想中，伊斯兰教义与国王这套体系是格格不入的，国王统治已经日暮穷途了，所以他要抛弃掉王朝制度；在他看来，民族主义也不能真正地拯救伊朗。要想使伊朗能够重新复兴，就必须靠欧莱玛学者集团。

霍梅尼导师布鲁杰迪，在布鲁杰迪1961年去世之后，霍梅尼开始崭露头角

霍梅尼提出了一套理论，就是到最后的善恶大决战，即末日审判到来之前，能领导整个伊朗走向复兴的一定是法基赫，也就是最有智慧、最勇敢、最有公信力的宗教领袖。他认为应该由法基赫来掌管整个国家的大政方针，由他们来制定国家政策，来领导整个国家走向伊朗的全面复兴。

其实，年轻时代的霍梅尼并不太显山露水。虽然他的宗教功力还不错，但他还只是阿亚图拉，阿亚图拉就是顶级宗教学者的意思，在他之上还有级别更高影响力更大的大阿亚图拉，比如说他的导师布鲁杰迪。

由于传统的影响，霍梅尼在他导师在世期间，必须保持对导师的尊敬，所以他在整个 20 世纪四五十年代都不是特别地显山露水。在他的导师 1961 年去世之后，霍梅尼就像一个新星一样冉冉升起，因为这个时候他的理论体系已经成型了，他对国家未来的道路也经过了深思熟虑。思想定型之后，他的观点就显得特别犀利，具有强烈的冲击力。他的一个重要观点是，伊朗的学者集团太过保守，太关注宗教细枝末节的问题，而不太关注社会民生中急需解决的社会问题。他认为学者必须努力去跟社会实践相结合，去推动社会发展，而不是躲到金字塔里去研究宗教学术。

2. 霍梅尼试图推翻巴列维王朝

霍梅尼的第二个重要观点就是反帝反封建。他坚决认为巴列维王朝的统治是不合法的。从"合法政府"的定义来看，只有完全遵循安拉旨意的政府才是真正合法的政府，而巴列维王朝完全不具备合法的公信力。在他看来，巴列维王朝应该被彻底推翻，这就是反封建。反帝就是他特别反对美国对伊朗内部事务的干涉。

自从 1953 年的摩萨台政变事件之后，对于以美国为首的西方对伊朗内部事务的干涉，霍梅尼表现出了强烈的批判和反对。特别是后来美国对巴列维王朝给予的大力支持，卖给巴列维王朝很多军火，遭到了霍梅尼的严厉批判。

真正使霍梅尼走到政治舞台中央的是他坚决反对白色革命。1962 年，巴列维国王开始进行全面的社会改革，其中一个主要目的就是为了对付宗教集团。白色革命中有一条是土地改革，意味着剥夺学者集团所拥有的捐赠土地的合法权益，当时，学者集团拥有着伊朗 20% 的耕地。从 1962 年白色革命开始，霍梅尼和很多其他学者就冲到了第一线，在国内掀起了一股强大的政治潮流。以霍梅尼领导的学者集团开始举行示威游行，抗议政府，猛烈批判巴列维王朝的白色革命。

3. 巴列维王朝的反击：霍梅尼被流放海外

　　到了 1964 年，巴列维国王认为，霍梅尼太厉害，对他的统治和白色革命造成了相当的威胁，所以就想除掉霍梅尼。但是在伊朗历史上有个惯例，国王永远不能杀害阿亚图拉。就是说如果一个人到达了阿亚图拉的宗教级别，他就是超越王法之上的，任何国王都没有权力去处死他。可是，巴列维国王又觉得霍梅尼在国内闹腾得实在太厉害，而且眼看着他的影响力越来越大，于是，巴列维国王就采取了流放的手法，把霍梅尼赶出了伊朗，赶到了伊拉克的圣城之一纳杰夫。

　　虽然霍梅尼被流放到了伊拉克，但是在伊朗的影响力仍然存在着，而且越来越大。主要原因是伊朗有很多霍梅尼的弟子、学生，以及信仰霍梅尼整个理论体系的大批年轻人，还有很多宗教人士和民族主义者，他们都认可霍梅尼的批判精神，而且霍梅尼本身头脑清醒、意志坚定、口才极好、极富魅力，所以他的追随者有很多。其中，拉夫桑贾尼就是他的一个铁杆粉丝，伊朗当代的宗教领袖哈梅内伊也是，他们当年都是跟着霍梅尼干的。正是由于这些人在伊朗国内继续进行了大量的宣传鼓动，帮助霍梅尼收集信息，帮助霍梅尼募捐，所以即使霍梅尼不在伊朗本土，也对国内发生的一举一动和国王采取的任何措施了如指掌。

　　在霍梅尼被流放的十几年里，伊朗经济虽然高速增长，但是也隐藏着

什叶派圣城纳杰夫，伊拉克十八省之一，霍梅尼在外流亡了 14 年，其中大部分时间都身处此地

越来越大的问题，在 1975 年以后的三年时间里，整个伊朗的局势翻转，经济开始严重下滑，出现通货膨胀、民众大量失业的现象。这时候，伊朗老百姓对政府的不满达到了顶峰，他们需要一个像霍梅尼这样的领袖，登高一呼，万众云集。当时，霍梅尼在伊朗国内的政治影响力越来越大。对此，巴列维国王非常担心，他逼迫当时萨达姆·侯赛因领导下的伊拉克政府一定要把霍梅尼从伊拉克赶走，不能让他继续待在伊拉克。巴列维国王觉得霍梅尼待在伊拉克对伊朗国内的影响力太大，已经使巴列维王朝陷入了不稳定的状态。伊

图为霍梅尼在巴黎，虽然巴黎与德黑兰千里迢迢，霍梅尼依然在背后为革命设立进程

拉克则应了巴列维国王的要求，把霍梅尼赶到了法国巴黎。对巴列维王朝来说，这是一个非常糟糕的举措。因为在伊拉克，虽然霍梅尼有很多什叶派的民众支持者和追随者，但是他毕竟会受到萨达姆·侯赛因的严密监视。正是从那个时期开始，霍梅尼和萨达姆两个人结下了梁子。

霍梅尼流放伊拉克的时候，虽然伊拉克靠伊朗比较近，其实信息是非常闭塞的，所以霍梅尼的指挥系统并不灵敏。而巴列维国王把他赶到巴黎之后，西方政府有宽容的宗教政策，所以对霍梅尼的控制和监督反而减少了，而且法国巴黎的交通、通讯各方面都高度发达，使得巴黎立刻成为了伊朗以及伊朗的海外侨民反抗巴列维王朝的指挥中心，各路人马全部在巴黎云集，形成了以霍梅尼为核心的反抗巴列维国王统治的一股强大力量。对巴列维国王来说，局面立刻变得非常不利。

4. 巴列维王朝摇摇欲坠

1978 年，伊朗貌似平静，其实已经处于火山爆发之前最后的寂静。

伊朗政府当时采取了很多错误的举措，激化了矛盾。例如一篇在伊朗政府官方媒体中刊登的文章就含沙射影地攻击了霍梅尼，对他进行了人品攻击。结果立刻激起了全国教众以及很多霍梅尼追随者的强烈不满，大家开始上街游行闹事。巴列维国王在慌乱局面下开始镇压。这一镇压就导致了流血事件，死了很多人。按照什叶派的传统——人死之后的第 40 天开始进行祭拜。结果就导致 40 天之后必然会爆发更大规模的游行，然后巴列维国王进一步加大了镇压力度。这就变成了以 40 天为一个周期，抗议游行的队伍规模越来越大，冲击力越来越强，整个国家都乱了。

当时还发生了其他几个严重的群众伤亡事件，政府处理严重失误。这几个事件加在一起，导致了在 1979 年年初，老百姓心中被压抑多年的愤怒终于彻底地爆发了出来。民众强烈要求推翻巴列维国王，整个巴列维王朝处在了摇摇欲坠的状态下。

二、伊斯兰革命爆发，伊朗民众迎接霍梅尼重回伊朗

1979 年 1 月，伊朗伊斯兰革命的火山终于爆发了，巴列维国王借口治病流亡海外。留在国内的政府班子已 hold 不住局面了，国王都跑了，军队也不敢去镇压平民。这个时候，大家都要求霍梅尼回国主掌伊朗的大局。

1979 年 2 月 1 日，霍梅尼的飞机从巴黎起飞降落在了伊朗的德黑兰国际机场。这时候整个伊朗都沸腾了，有 300 万人去迎接霍梅尼，盛况空前，社会各界民众对霍梅尼充满期待。所以霍梅尼回到了伊朗之后，很短的时间内对国家的影响就变得非常明显。比如留守政府本来想跟霍梅尼去谈判，他们想让造反的民众把枪交出来并回去工作，政府必须依赖霍梅尼的权威，否则任何政令都出不了总理府。

三、蓄势待发：霍梅尼的政治权谋艺术

霍梅尼不仅是一位宗教领袖，而且还有着很高的政治权谋艺术。他在回到伊朗之前，其实就已经分析过了伊朗国内的政治局面。当时伊朗主要有四个派别，一派是保皇党，国王跑了，保皇党人就陷入了群龙无首的状态；除了保皇党还有左派图德党，虽然被镇压了，但是他们现在也有死灰复燃的迹象；第三派则是中间派——民族主义者；另外就是右派学者集团。这四大集团里，真正坚定支持霍梅尼的是谁？是学者集团。其他三派并不是那么发自内心地支持他，因为霍梅尼提出的政教合一的思路是由宗教人士来统管国家，其他各派对这个主张有不同的看法，抵触情绪十分明显，只不过是对巴列维王朝的痛恨把各派临时地团结在一起。

1. 霍梅尼的掌权三板斧

在霍梅尼分析了国内的政治形势之后，做出了一个相当明智的选择。首先，他并没有站在第一线，也没有出任什么官职，而是让留守政府接着干。霍梅尼主要干的是抓实权。第一个实权是钱袋子，第二个是枪杆子，第三就是组织政党，这是霍梅尼在 1979 年刚上台的时候首先要抓的三件事。至于那些收拾残局的工作，尽管交给留守政府，任他们爱怎么玩就怎么

伊斯兰革命卫队——霍梅尼所建立的自己的武装力量

玩。所谓钱袋子，就是 1979 年伊斯兰革命爆发之后，很多人起来没收了巴列维王朝和一些达官贵人的资产，这些资产都被划到了宗教基金会的名下，"被压迫者基金"就是其中之一，人们将抢来的房子、夺来的工厂和没收来的银行全部放到了伊斯兰的宗教委员会和宗教基金会名下，这样就使得霍梅尼掌握了实际的财政权力。有了钱，霍梅尼就可以扩招支持他的军事力量了。当时伊朗有正规军，但是正规军里面的主要军官都是巴列维王朝培养的，霍梅尼对这些人并不信任，他一定要建立自己的武装，这就是大名鼎鼎的伊斯兰革命卫队。

霍梅尼把各种民兵组织中间的优秀分子和精英全部收拢到革命卫队的旗下，而革命卫队直属于霍梅尼，这样他又掌握了兵权。革命卫队的发展速度非常快，变成了捍卫伊斯兰革命的一股中坚力量。

有了财权和兵权，霍梅尼要做的第三件事情就是建立政党。在一开始建立伊斯兰革命委员会时，所有的政府决策，全都要咨询伊斯兰革命委员会。伊斯兰革命委员会后来发展成了伊斯兰共和党，霍梅尼可以通过政党和伊斯兰革命委员会来影响和控制政府的各种行为。

这期间，霍梅尼和他领导的学者集团一直都站在第二线，这是一个非常高的策略。因为当时站在前台的伊朗留守政府必须面对各种各样复杂的问题。一个旧制度被推翻了，就会出现很多混乱的局面，比如打砸抢、各种恐怖主义袭击、各种各样的内乱，还有边疆少数民族造反等等。

2. 伊朗修宪确立政教合一

1979 年 8 月，霍梅尼拿出了真正的大牌——新宪法。在起草新宪法的过程中，一开始并没有加入"学者集团在国家政权中起决定性作用"这一条，但是霍梅尼坚持必须加上这一条，即新宪法中要突出体现法基赫统治国家的核心理念，学者集团要成为国家的主宰者和政策的制定者，特别是在议会中，学者集团必须是领导者。

从 8 月份开始，有关这一条能否加入新宪法，引发了伊朗内部四派的激烈争论。只有学者集团是坚决支持霍梅尼这个理念的，其他几派都不支持。保皇党人虽然树倒猢狲散，但是他们的实力还是存在的。其次，左派图德党的人并不认同这个理论；中间民族主义这派也不认同。这种局面实际上是其他三派加在一起，合力来跟学者集团进行 PK。所以围绕新宪法的通过，特别是法基赫作为国家的一种政治基础能不能加进宪法，各方展开了一场大决战。这场 PK 非常考验霍梅尼的政治智慧。

3. 伊朗人质危机背后的政治权谋

1979 年 8 月以后，关于宪法的争议引发了伊朗内部各派激烈的冲突。霍梅尼觉得要把这条加进宪法，好像阻力很大，结果在 10、11 月连续出现了很多奇怪的事情，其中最有意思的一件发生在 11 月 4 日。伊朗的一些大学生突然占领了美国大使馆，扣押了大使馆的 63 名人质。这明显违反了《国际法》，所有国家都极度震惊，大家都不理解这帮人到底为什么这样做。这个事件直到最后解决，一共持续了 444 天，这就是历史上非常有名的"伊朗人质危机"。

有一部美国大片叫作《逃离德黑兰》，讲的就是这件事。很多人其实一直都没想明白，这件事情为什么会发生？电影、图书和好多文章中的描述大多都只是在告诉大家，这是一件什么样的事情，而很少有人能把背后的原因讲清楚。我看了很多分析的资料，得出了一个结论，这其实是跟新宪法的通过有着密切关系的一种政治谋略。

想象一下，如果你是霍梅尼，你当时要把法基赫统治国家的理念加到新宪法中间去，你面临着当时伊朗内部很多派别的反对，虽然名义上你是很厉害，大家都很崇拜你，但是真正权力可不是靠崇拜就能运行的。这时候，伊朗人质危机是一个非常好的契机。在《逃离德黑兰》里有一个镜头就是，美国大使馆人员一看学生冲进来了，赶紧用碎纸机绞碎所有的文件。但是这些学生占领大使馆之后，硬是把绞碎的成千上万的文件一张一张全部拼起来了，这可是个非常耗时耗力的工作，这些大学生居然做到了。靠那些重新拼起来的被绞碎的文件，霍梅尼获得了大量政治机密，包括伊朗内部各个政治派别跟美国大使馆之间的秘密通信，这些是第一手的直接证据。

随后，霍梅尼有效地利用这些机密选择性地对付了一些政治派别。如果你不支持我，我立刻就公布这些机密，因为学者集团控制了媒体，即国家电视台、电台，还有报纸。在这种情况下，如果哪派反对新宪法，我就有针对性地公布对该派极其不利的机密文件，也就是定向政治爆破，这样一来，这派就会立刻在全国人民面前变成一个里通外国的罪人，而且还被抓了个现行，有真凭实据。所以有好几派的领袖本来是反对把法基赫加入新宪法的，结果报纸上立刻就把他们的通信记录给公布了，伊朗民众当时很痛恨美国，一看这帮人一直就在跟美国大使馆有密切联系，这还了得？这些人的政治声誉马上就"破产"了，没有人再信任他们。霍梅尼用这招有效地控制住了好几派的反对力量。

同时，利用这样一个世界级别的重大危机，可以有效地转移整个社会对于新宪法中法基赫条款的关注度。美国媒体一天24小时连续报道伊朗人质危机，西方国家也炒得天翻地覆，美国还要准备进行军事救援，所以这个事情在全世界闹得昏天黑地，对于伊朗老百姓而言，这意味着新兴的伊斯兰共和国被包围了，到处都是敌人，内部也有敌人，外部也有敌人，全民的注意力就从讨论宪法上被转移到人质危机上。这一招非常高明。因为在这种情况下，人们都觉得不应该再争论伊朗内部的宪法问题了，而应该主要集中力量来对付外部和内部的敌人。于是，新宪法在12月份顺利过关，全民公决也很快通过了，这就是伊朗人质危机起到的重大作用。我看到美国的一位历史学家写了这样一句话来点评这件事，他说这是伊朗人传统上利用外国人解决国内问题的典型案例，我觉得这个分析和点评还是相当到位的。

四、美国为何成为伊朗死敌

看完伊朗人质事件，也许您不禁会问，那些跟美国大使馆保持密切联系的主要是哪些人呢？当然是保皇党人，这次事件使他们一下子身败名裂，永远也抬不起头来了；有些巴列维的军官也跟美国大使馆保持着密切的联系，这就是为什么霍梅尼对这帮人始终不放心的原因；另外，民族阵线的民族主义者也有很多跟美国有密切关系。这几件事情加在一起，使得伊朗国内民众的反美情绪达到了顶峰。

巴列维国王流亡之后，说身体不好，要求进入美国，美国政府最后批准了，但是这件事情让伊朗民众极其愤怒，伊朗人强烈要求美国引渡巴列维国王。这也是后来引发人质危机的重要原因之一。为什么伊朗人会对国王到美国去治病这个事如此敏感，一定要让美国人把国王赶走或者引渡回来呢？因为1953年摩萨台发动政变的时候，就是美国中央情报局当时让国王先到国外去避一避，然后美英联手在伊朗发动政变，推翻了摩萨台之后，又把巴列维国王接回来，重新执掌政权。这次的情况也一样，伊斯兰革命卫队和霍梅尼当时都有这种顾虑，如果国王仍然存在，不管他在哪个国家，对国内的保皇党人，特别对于军队的遥控和政治影响力都始终不可低估，这些人随时有可能颠覆新生的伊斯兰政权。

这种事在历史上不是没有发生过。1979年，霍梅尼的声望虽然很高，但其实他面对着各种非常复杂的暗流，从1979年上台直到1980年，甚至到1981年，发生了大量的刺杀事件。有的是针对霍梅尼的，有的是针对他手下学者集团的。其中有两起曾经引发了严重后果，有一次爆炸把伊斯兰共和党的总书记以及72个最主要的领导人全都炸死了；还有一次差点威胁到霍梅尼的生命，他的领导班子的人都受到过刺杀的威胁。

五、走向前台：霍梅尼巩固新生的伊斯兰政权

当然，霍梅尼和伊斯兰革命卫队也做了很多过火的事。如果我们把时间还原到 1979 年，霍梅尼面临着国内、国际上各种复杂的暗流，特别是军事政变和军队反叛的可能性，还有来自圣战组织刺杀集团的威胁。所以在革命的头三年，霍梅尼和学者集团大开杀戒，杀了很多人，包括 8 个将军以及旧政府中的很多人，平均每个月处死 100 人，连续杀了好几个月。实际上在革命初期，任何政党都会陷入这样一种恐怖的状态，毕竟双方都在拼命地争夺政权，这是很难避免的。

等霍梅尼真正稳定住了政权之后，国内的内奸被清除了，保皇党人被干掉了，图德党人也被镇压了，学者集团是他自己的人，民族主义者被他削弱了。这个时候霍梅尼才牢固地获得了国家的主导权，直到此时，他才让学者集团走到第一线，来真正地执掌国家，他准备把伊朗推向伊斯兰革命的一个新高潮。

24 ▶

沙特伊朗断交风云

2016 年 1 月，沙特与伊朗的断交事件成为世界
瞩目的热点。中国、美国、俄罗斯等国家呼吁对立
双方保持克制。伊朗和沙特的矛盾冲突并非一日之
寒，既有现实利益纠葛，也有源于历史的民族和宗
教派系冲突。本章内容将为您讲述什叶派与逊尼派
矛盾的跌宕历史。

一、沙特与伊朗断交：伊斯兰教派再起冲突

2016 年元旦刚过完，中东就出事了。1 月 2 日，沙特宣布处死 47 名罪犯，其中有一位什叶派的知名高级学者，消息一传出，立刻在中东什叶派国家激起强烈反应，伊朗民众非常气愤，围攻了沙特驻伊朗大使馆。所有的什叶派国家，像伊拉克、叙利亚、黎巴嫩、也门等国，都强烈谴责沙特的判决，认为这是在激化逊尼派与什叶派的教派冲突。而以沙特为首的所有逊尼派国家也纷纷站出来指责伊朗，甚至宣布与伊朗断交。通过这件事情，我们发现，什叶派和逊尼派两派阵营界限分明，双方在舆论上已经升级到了对骂的程度，在国际上形成了新的热点问题。

下面我们从几个大国的立场来分析这个问题。

首先，美国人是非常不希望看到这种局面的。现在美国的全部中东外交重心都放在了叙利亚问题上，准确地说，是巴沙尔去留的问题上。所有的问题都必须围绕这个中心转，美国的意愿是最好短期之内拿掉巴沙尔，这是最高优先级的任务，其他的一切都必须为这一点让步。而现在，沙特与伊朗的矛盾升级到这种程度，就使得问题变复杂了。在此事件之前，美国在跟俄罗斯和伊朗就巴沙尔的问题进行谈判的时候，双方还是有谈判的余地的，在某种程度上做一些更深入的交换以实现美国的战略目标还是有可能的，但是沙特和伊朗这么一闹，谈判的局面就很困难了。这就涉及什叶派和逊尼派两派的对立问题，作为什叶派国家的老大，伊朗对巴沙尔的态度肯定会变得非常强硬，一定会坚持力挺他，而在伊朗的影响下，所有的什叶派国家也会力挺巴沙尔的，这无形中就增

加了美国就巴沙尔问题进行谈判的难度。所以，在美国看来，这件事情最好是能够大事化了，它一定会出面斡旋这件事。

其次，从俄罗斯的角度来说，它也是不希望看到这种局面的。对俄罗斯来说，卷入叙利亚战争既是军事上的冒险，又是财政上的冒险。虽然现在打得顺风顺水，但这只是暂时的，未来是否会出现变数也未可知。伊朗和沙特这么一闹，叙利亚问题变成了什叶派和逊尼派两个阵营的对掐，反恐战争和打击"伊斯兰国"的统一战线面临瓦解的危险。俄罗斯非常担心，这件事情拖下去的话，会让俄罗斯在叙利亚的战局上出现新的变数。所以，俄罗斯一定也会介入斡旋这件事。

其他的两大外在势力——欧盟和中国，谁也不愿意在中东已经非常复杂的局面上再平添乱数。欧洲人更担心中东移民的风潮更难控制，中国当然也不希望看到新丝绸之路上出现更大麻烦。

所以，在这个问题上，四个主要外部力量没有一个是希望这件事情升级的。我个人认为，在几个大国的共同斡旋下，短期之内，这件事情可能会被压制住，应该不会进一步变成一个爆炸性的问题。

不过，逊尼派和什叶派的对立，已经让人们开始感到担心了，这次孤立的事件是可以暂时被压制住，但是，未来呢？未来这两派之间的矛盾会不会再进一步激化？很多人甚至担心，逊尼派和什叶派的冲突会进一步升级为类似于欧洲三十年战争的局面。

二、伊朗什叶派进化史

为什么什叶派和逊尼派的矛盾会如此尖锐？两教派的关系究竟会朝哪个方向发展？为了看清未来，我们必须回顾历史。我们必须了解什叶派和逊尼派的来历，特别是伊朗为什么成了什叶派国家，又是如何成为什叶派大本营的。

1. 逊尼派和什叶派形成的原因

其实，伊朗最初也是逊尼派，后来才变成了什叶派。在这个转化过程中，激起了中东两大帝国130年的激烈对抗和教派冲突，这场对抗的结果导致了什叶派和逊尼派在中东的区域划分，使各自的势力范围变得明确。

我们都知道，先知穆罕默德在公元632年去世后，阿拉伯世界就进入了四大哈里发时代，正是在这一时期，公元651年，阿拉伯人灭掉了波斯的萨珊王朝。先知的女婿阿里被推举为第四任哈里发。但是，倭马亚家族不服阿里的权威，双方开始长期对抗。倭马亚家族是什么来头？他们和先知的哈希姆家族同属于麦加的古莱氏部族。倭马亚家族的势力也是非常强大的，由于他们不满阿里的统治，便与哈希姆家族形成了对峙，谁也不肯让步。后来阿里被刺杀身亡，他的长子哈桑继承了哈里发的大位，但他斗不过老辣的倭马亚家族，被迫辞职让位。倭马亚家族最终掌握了大权，建立了倭马亚王朝。

其实，对于倭马亚人掌权，当时的很多阿拉伯部族是有不同声音的。很多人非常同情阿里，所以他们转而拥戴阿里的小儿子侯赛因。这种支持又引起了倭马亚家族的嫉恨。他们也担心如果侯赛因挑战倭马亚王朝的话，局面会失控。

Tips

什叶派的阿舒拉日有三项主要活动。第一，在那天很多人会拿鞭子抽自己，以表示忏悔，也就是后悔为什么当时没有去救援侯赛因；第二，他们会用力拍胸，以表示哀悼；第三项活动比较特别，有一些人会拿着真正的刀敲自己的脑门，把自己的脑袋敲肿以后，再稍微砍一下，就会血流满面，这是为了纪念阿里在祈祷时被刺杀。

于是，公元680年，倭马亚家族派人在半路上截杀了侯赛因及其家人，包括他的随从，这就是著名的卡尔巴拉惨案。侯赛因被害的日子被什叶派定为"阿舒拉日"，以纪念侯赛因的蒙难。从此，伊斯兰教分裂成了逊尼派和什叶派，"什叶派"的意思就是坚定拥戴阿里的后裔作为伊斯兰教的正统传人。而逊尼派认为，只要你是主流，只要你坚持整个伊斯兰教的基本精神，我们就支持。所以，这就导致了两派的分裂。

2. 伊朗为何钟爱什叶派

虽然侯赛因遇刺了，但他的小儿子活了下来，他的小儿子也叫阿里。这个小阿里就是所有什叶派公认的第四位伊玛目，前三位是阿里、哈桑和侯赛因，现在伊朗的国教就是十二伊玛目派。什么叫伊玛目？就是做礼拜时的领拜人，后来引申为大学者、宗教领袖。十二伊玛目是指阿里的后裔们，他们才是伊斯兰教的合法领袖。

为什么伊朗会偏爱什叶派呢？因为在侯赛因遇刺之前，他娶的是波斯萨珊王朝的末代公主，他们的儿子就是第四代伊玛目小阿里。所以小阿里既有穆罕默德先知的血脉，也有波斯王族的血脉，他以后的其他伊玛目也是同时具有着两支血脉。所以波斯人在感情上自然会偏向什叶派。

3. 什叶派信众的初期分布

那么，为什么伊朗没有马上建立什叶派国家呢？主要是没逮着机会。公元651年，阿拉伯人灭掉了萨珊王朝，波斯亡国。然后，阿拉伯人统治伊朗长达400年。所以什叶派信众，包括他们的信仰，反复受到打压，一直没起来。后来突厥人来了，蒙古人来了，帖木儿来了，这么一折腾就又过去了450年。伊朗被外族统治的时间长达850年。在这850年间，伊朗、伊拉克地区始终是逊尼派的天下，不管是在伊朗还是周围地区，什叶派都受到了各种统治者的反复打压，日子实在过不下去了。于是，有一批什叶派信众集体出走，其中有一支跑到北非建立了法蒂玛王朝，也就是中国史书上所说的"绿衣大食"，因为他们的服装和旗帜都是绿色的，他们崇尚绿色。法蒂玛王朝全盛时期相当于中国的北宋，什叶派的统治区域包括整个北非沿岸，从摩洛哥直到埃及，甚至包括了西西里岛；在中东，占据了巴勒斯坦、黎巴嫩、以色列、叙利亚；最强盛的时候，攻占了沙特的圣城麦加和麦地那，成为了横跨亚非两大洲的大帝国。

　　另外，还有一批什叶派的人去了印度，在南印度建立了一系列的什叶派王国。当时的印度出现了有意思的现象：北印度是逊尼派掌权，南印度是什叶派的天下，东部还有印度教的国家。

Tips

　　在古代，中东人有阿拉伯人、波斯人、突厥人等。但我们的祖先把西域人统称为大食人。随着对西域的深入了解，又将西域分为黑衣大食、绿衣大食和白衣大食。殊不知，这三种叫法可是高度概括了中东的王朝更迭。先知穆罕默德去世后是四大哈里发时期，后来倭马亚家族夺去了哈里发的位置，建立了90年的王朝，由于倭马亚王朝崇尚白色，所以就被称为白衣大食；再后来，先知穆罕默德的叔父阿拔斯推翻了倭马亚王朝，建立了阿拔斯王朝，阿拔斯王朝喜欢打黑色的旗帜，因此被称为黑衣大食；而什叶派北非建立的法蒂玛王朝崇尚绿色，所以被称为绿衣大食。

4. 伊朗地区如何成为什叶派中心

　　在被其他民族统治的这850年间，伊朗始终不是什叶派真正的运作中心。伊朗真正成为什叶派的大本营是在1501年，这一年，波斯人起来推翻了外族统治者，建立了自己的本土王朝——萨法维王朝，定都大不里士，开国君主伊斯梅尔奠定了现代伊朗的国家认同。伊斯梅尔宣称自己身上既有先知穆罕默德的血脉，也就是圣族的后裔；同时，他也是波斯萨珊王朝的后裔，有王族的血脉。上文提到过，先知的外孙侯赛因娶了萨珊王朝的末代公主，他的后人自然同时是先知和波斯王族的后裔。伊斯梅尔的出身完美地符合什叶派的诉求和波斯人的民族情绪。更重要的是，伊斯梅尔有 7 个突厥部落的铁杆粉丝，并且交情深厚，他们都是彪悍骁勇的突厥骑兵，头戴一种红帽，上面有十二条流苏，代表永远忠于十二伊玛目，这是什叶派的典型标志，被人们称为红帽军。伊斯梅尔就是以这些突厥骑兵为起家的本钱，登高一呼，万众归心，只用了短短10 年就重新统一了波斯。

这是波斯人亡国 850 年之后开天辟地的一件大事，所以当时整个波斯产生了一股极强的民族主义复兴的情绪。波斯人都觉得伊斯梅尔很伟大，他一定是有真主安拉的保佑才能这么快重新统一波斯。因此，很多逊尼派转而开始相信了什叶派。这是伊斯梅尔的巨大功绩。

5. 伊斯梅尔的波斯新政

立国之后，伊斯梅尔的头等大事就是确立什叶派为国教。这是他合法性最坚实的基础，先知后裔加上波斯王族血脉，波斯境内有谁能和他比合法性？所以强化什叶派的信仰就等于巩固王权。

然后，伊斯梅尔下令，整个波斯境内的逊尼派要么改信教派，要么移民。当时，为了强调王权的合法性，很多拒不改宗的逊尼派学者都被处死了。由于伊朗长期处于逊尼派统治之下，什叶派宗教领袖早已四散奔逃，伊斯梅尔就从其他国家引进什叶派的高级学者，并给他们极大的特权，例如宗教地产免税权、宗教学校自主权、高级学者掌握司法权等等，还有王法不能处置高级学者。现代的伊朗国王巴列维虽然痛恨宗教领袖霍梅尼，但绝对不敢杀害他，只能流放，伊朗欧莱玛学者集团的特权就起源于萨法维王朝。

伊斯梅尔立国的过程简直是出奇地顺利，他不仅控制了伊朗全境，而且迅速向外扩张，在西北方向控制了高加索以南的三个主要的国家——阿塞拜疆、亚美尼亚、格鲁吉亚，占领了这些国家的大部分，同时还占领了伊拉克，往东一直打到了撒马尔罕。

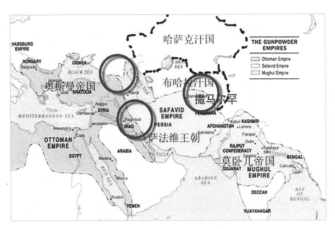

在建国后的扩张中，萨法维王朝占领了高加索三国——阿塞拜疆、亚美尼亚、格鲁吉亚的大部，1511年将乌兹别克人逐到阿姆河以北，占领撒马尔罕

三、中东两大帝国拉锯战前传：萨法维与奥斯曼的帝国争夺战

十年之内，萨法维帝国迅速地变成了一个强大的帝国。这个时候，很多以前不信什叶派的人纷纷改信了什叶派，这是萨法维帝国第一次大规模地改变信仰。很多人都认为伊斯梅尔果然有安拉的保佑，他一定不同寻常，伊斯梅尔自己也很飘飘然，于是开始挑战奥斯曼帝国。

奥斯曼土耳其以前的主要扩张方向是向西往欧洲打，这有两个原因：其一是向西打，抢的是异教徒的土地，征服的是欧洲人，这是圣战，在穆斯林中的地位和声望会很高；其二是欧洲人比较富裕，抢战利品比较方便，而东边都是穆斯林自家兄弟，没多少财富，作战能力却都很强，往东打绝对是自讨苦吃。不过，萨法维王朝的崛起迫使奥斯曼帝国不得不对付帝国东部的新挑战。

伊斯梅尔是如何挑战奥斯曼帝国的呢？他不断地派大量什叶派高级学者深入奥斯曼土耳其的腹地传教，号召当地逊尼派人民改变信仰，当时所有人都知道伊斯梅尔的赫赫战功，大家都认为他太了不起了，因此伊斯梅尔在土耳其的传教活动产生了很大的影响。一些土耳其人既然有可能改宗为什叶派，那同样有可能反叛奥斯曼帝国，这下把奥斯曼帝国惹急了。这个局面再不控制，整个奥斯曼的内部权力基础会被瓦解掉，萨法维的行动已经严重威胁了奥斯曼帝国的后方安全，这仗不打是不行了。

四、中东两大帝国拉锯战打响：萨法维难敌奥斯曼

1514 年 8 月，两大帝国终于在伊朗西北的大不里士附近爆发了大规模战争——这就是著名的查尔迪兰战役。奥斯曼苏丹亲自带领 12 万大军，配备了 300 门大炮，数千名火枪兵，浩浩荡荡杀进波斯。

1453 年，奥斯曼的超级重炮轰塌了君士坦丁堡的城墙，奥斯曼因此成为了伊斯兰国家中的第一个火药帝国。从那以后，他们就非常注重发展炮兵，但是重炮特别重，有好几千斤，要是攻打一个固定目标，比如一个城市还可以，如果在野战中，这种炮就太笨重了，用来对付骑兵就不好使了。虽然他们的火炮制造技术不如西方，但战术却很高明。为了充分发挥火炮的杀伤力，奥斯曼帝国首创了在运动中使用火炮的战术——野战炮，就是把整个火炮小型化，小到一匹骆驼就可以驮两门炮。同时，他们还建造了很多专门运送火炮的炮车，可以拖着大炮走，虽然火炮的规模小型化，牺牲了射程和威力，但是机动性变得非常强大。这种炮车还配有带轮子的三角形木头炮架。这都是奥斯曼帝国所进行的重大军事技术改造。

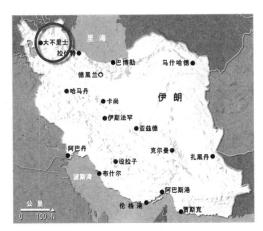

查尔迪兰战役发生于1514年8月23日，这次战役开启了两个伊斯兰帝国长达41年的毁灭性战争

在1514年的查尔迪兰战役中，奥斯曼帝国在历史上首次大规模使用了野战炮技术。当时，他们将300多门野战炮运到了前线。在布阵时，数百辆炮车用铁索相连，放置在阵形之前，形成一道坚固的防线，炮车之间布置若干可移动的防护盾牌，数百门火炮安放在带轮子的炮架上，隐蔽在炮车防线之后，数千名火枪兵以防护盾牌为掩体严阵以待。

伊斯梅尔以前从没有跟火炮帝国交过手，他带着6万突厥骑兵红帽军和波斯步兵，使用的主要是大刀长矛这种冷兵器，他们没有见识过大规模野战炮和火绳枪的威力，以为按照传统的战法，集中骑兵攻击对方的中部战线，打开一个缺口，就能打垮敌人。结果骑兵一冲锋便立刻遭到奥斯曼几百门大炮的狂轰滥炸，同时还有数千支火绳枪的轮流齐射，伊斯梅尔的军队伤亡惨重。于是他赶紧调整进攻方向，改变队形，骑兵改向两翼发起冲击，但没想到奥斯曼的火炮底下装了轮子，可以快速转变炮位，结果又是一阵疾风暴雨般的轰击。伊斯梅尔的大军伤亡惨重四散奔逃，连他本人也臂膀受伤，落荒而逃——波斯人终于见识了火药帝国的威力。

奥斯曼军队乘胜追击，浩浩荡荡地攻入了波斯的首都大不里士，抢了很多金银珠宝，还掳走了伊斯梅尔的两个王后。这一仗败得太惨了，伊斯梅尔身上的光环立刻烟消云散。

五、中东地区的百年拉锯战

波斯的西北地区，正是库尔德人的聚居区，他们本来已经归顺了波斯，但是查尔迪兰战役中伊斯梅尔如此惨败，很多已经归顺波斯的库尔德部族一看，奥斯曼帝国如此厉害，于是赶紧改投明主，但提出的条件是让他们自治，奥斯曼帝国痛快地答应了。

1. 奥斯曼占上风的时期

奥斯曼帝国虽然在这场战役中大获全胜，不过，它也面临着一个难以克服的问题：虽然打了胜仗，却不能再进一步灭掉萨法维。主要原因是奥斯曼帝国已经转变成了以火炮为主的火药帝国了，其火炮、火绳枪都是需要弹药运输的，需要大量的后勤补给，这跟骑兵作战不一样，只要有草料，骑兵就可以长途奔袭。但是，波斯西北地区全是崇山峻岭，尽管奥斯曼已经打下了萨法维的西北地区，占领了大不里士，但是后勤补给却极为困难。另外，伊斯梅尔的作战特点是坚壁清野，然后采取严厉的焦土政策，即把当地的农田全部烧光。没有粮草，没有弹药，搞得奥斯曼攻占了大不里士却无法固守。再加上奥斯曼帝国有个由来已久的传统，每年冬天必须回家，因为土耳其是两线作战，既打欧洲又打亚洲，所以他们需要每年回家才能知道苏丹下一年又要打哪里，省得行军；又由于奥斯曼的军事采邑制度要求西帕希骑兵或封建领主每年冬天必须回到自己的封地，才能进行骑兵的补给和配置给养。最后，奥斯曼不得不撤军。

这种拉锯战持续了40多年，每次情况都差不多，奥斯曼进攻，萨法维搞焦土政策然后撤退，奥斯曼找不到萨法维决战，只好回家过冬，萨法维军队再回来收复失地。在这些拉锯战的过程中，这些地方的人民也处在反复的拉锯之中，奥斯曼帝国过来逼迫这些人改信逊尼派，萨法维

图中，萨法维王朝和奥斯曼帝国达成的和平协议是，以扎格罗斯山脉为边界，山脉以东归萨法维，山脉以西归奥斯曼

王朝反扑的时候，又逼迫他们改信什叶派。后来，双方都打烦了，彼此都明白，奥斯曼灭掉萨法维是不可能的，萨法维也斗不过奥斯曼。所以双方在1555年同意讲和，以扎格罗斯山脉为边界，山脉以东归萨法维，山脉以西归奥斯曼。萨法维放弃了格鲁吉亚和亚美尼亚的西部，保留这两个国家的东部和阿塞拜疆；整个伊拉克划归奥斯曼，所以奥斯曼帝国的势力可以直抵波斯湾。

这时正是苏莱曼大帝在位的时期，奥斯曼帝国的力量处于巅峰状态。

2. 阿巴斯大帝给波斯带来转运好时机

萨法维在立国的前90年里，一直被奥斯曼帝国压着打，非常郁闷，直到1587年，阿巴斯大帝登基，波斯终于开始转运了。此时，伟大的苏莱曼大帝已经去世20多年了，奥斯曼帝国在欧洲战场上开始走下坡路。像1571年的勒班陀海战，奥斯曼海军几乎全军覆没，而且它在陆地上的扩张基本上也陷入了停滞。

阿巴斯大帝刚即位时年仅17岁，当时萨法维王朝的形势非常凶险，内部权力恶斗，外部强敌压境。由于奥斯曼停止了在欧洲的扩张，因此得以集中全力对付波斯，他们这次不仅攻克了阿塞拜疆，并第四次占领了大不里士，与以往不同的是，这次他们不走了，准备长期据守。这给萨法维王朝构成了沉重的压力。更糟的是, 在奥斯曼帝国的策动下, 波斯的老对头乌兹别克人此时也从东面杀过来, 占领了马什哈德和锡斯坦, 打进了伊朗的核心区。面对东西两面的夹击, 而且整个波斯王朝内部争权夺利, 军队涣散, 没有战斗力, 萨法维王朝面临亡国的险境。

这时, 年轻的阿巴斯大帝在审时度势, 权衡利弊之后, 发现如果真的开战, 萨法维王朝真有可能会亡国。于是他决定采取和谈措施, 稳住奥斯曼帝国, 给它割地, 所有已经被奥斯曼占领的地区全部予以承认, 甚至割掉了首都大不里士, 还把自己的王子送到奥斯曼

阿巴斯大帝, 又叫阿巴斯一世, 波斯萨法维帝国全盛时期的君主, 在位期间首创常备军, 收复大量失地, 使波斯国势达于全盛

帝国做人质, 这是萨法维王朝立国以来从未遭受过的奇耻大辱, 但是这一招却为阿巴斯赢得了时间。他可以集中全力挡住乌兹别克人的进攻, 使整个局面缓和下来, 这样他才能腾出手来, 进行内部的改革。

3. 巩固王权, 韬光养晦: 阿巴斯的"德米舍梅"制度

阿巴斯大帝在进行内部改革时, 遇到的最大困境就是王权不稳定的问题。所以他最急迫的工作就是巩固王权。以前, 萨法维王朝打仗一直依赖红帽军, 他们是突厥人, 手中的权力越来越大, 而朝廷的文官是以波斯贵族为主, 两派争权夺利势同水火。红帽军不仅掌握军权, 而且还抢占了很多总督的位置, 越来越公开地干预朝政, 甚至暗杀王公贵族和朝廷重臣, 连阿巴斯的母亲也被他们暗杀了。如果不能遏制红帽军的势力, 别说对外作战了, 就连王权也岌岌可危。

为了稳定王权, 阿巴斯大帝借鉴了奥斯曼帝国的经验, 大量启用只

忠于国王的基督徒奴隶，搞德米舍梅制度，选拔重用基督徒奴隶来担任朝廷官员和地方总督，特别是组建新军和炮兵，将红帽军的力量逐步边缘化。阿巴斯从高加索地区引进了五六十万奴隶，组建了高达 4 万人的新军，规模非常大，全部配备最新式的火枪和大炮，由英国军官负责培训。阿巴斯大帝的王宫卫队从数百人扩充到了 3000 人，这些人更是精锐中的精锐，新军、炮兵和皇家卫队直属皇帝本人调度。通过这些措施，阿巴斯大帝逐步边缘化了红帽军的势力，因为打仗还是要靠骑兵，骑兵还是要靠突厥人，只是他在这个体系之外建立了自己的一套体系——只忠于皇帝本人、只有皇帝本人才能调动的新军炮兵和宫廷卫队，这样就使两派力量达到了平衡，阿巴斯大帝再次将大权收归己有。经过了 10 年的军事改革，阿巴斯大帝的新式陆军在一次作战中可以投入高达 500 门野战火炮，变得非常强大。

4. 迁都伊斯法罕

除了政治和军事改革，阿巴斯还决定迁都伊斯法罕，使首都远离前线，因为以前的首都大不里士离奥斯曼帝国太近了，每次打仗，大不里士都会被攻占。而伊斯法罕在伊朗腹地，更加安全，而且历来就是南北的交通枢纽，也是贸易通道。

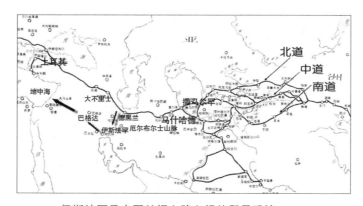

伊斯法罕是中国丝绸之路必经的贸易重镇

中国古代的丝绸之路先是通过撒马尔罕、马什哈德，然后沿厄尔布尔士山脉到德黑兰附近，然后一支继续往大不里士走，通过土耳其到欧洲；另一支往南走，到伊斯法罕，通过伊斯法罕翻越扎格罗斯山脉到达巴格达，再从巴格达到达地中海沿岸，最后通过海路与欧洲进行贸易往来。另一条商道是从印度过来的，也要经过伊斯法罕。所以伊斯法罕是南北东西一个重要的商业大枢纽，自古以来就是繁荣的商贸中心，新首都的建设使伊斯法罕变成了一个非常繁荣富饶的大都市，赢得了欧洲人"伊斯法罕天下一半"的赞誉，意思就是天底下一半的好东西，伊斯法罕都有。

5. 外交与贸易齐头并进：阿巴斯的远交近攻策略

阿巴斯大帝也很擅长国际地缘政治。他在开始展开战略反攻之前，还进行了国际外交铺垫：由于欧洲各国与奥斯曼帝国常年作战，深感吃力，非常希望在奥斯曼帝国的东面找到同盟者，减轻正面战场的压力，这与阿巴斯的想法正好不谋而合，于是双方结成了战略同盟，使奥斯曼陷入东西两线作战的困境。同时，阿巴斯还积极与欧洲开展国际贸易，跟葡萄牙人、英国人等国做生意，萨法维需要军火，同时也需要出口本土产品。巨额的贸易收入，很快使得波斯的国库充盈。

经过10年的政治、经济与军事改革，萨法维王朝发生了根本性的变化：国力突飞猛进，军力迅速增强，特别是火器技术达到了非常成熟的程度，实力强大。战略反攻的时机终于成熟了。1598年，阿巴斯决定进行全面的战略反攻。在奥斯曼帝国和乌兹别克这两大敌手之间，阿巴斯大帝把打击目标首先锁定在实力相对较弱的乌兹别克，经过数年苦战，终于打垮了东部边境上最凶悍的对手，不仅收复了马什哈德和锡斯坦等波斯的核心地区，而且一直打到了撒马尔罕，同时迫使阿富汗臣服；往东，他一直打到了当年波斯萨珊王朝的边境。收拾完了东部边境后，阿巴斯大帝回过头来集中力量收拾老冤家奥斯曼帝国，这个时候奥斯曼帝国的国力已经不如萨法维王朝了，经过 10 年的血战，阿巴斯大帝洗刷了波斯人的百年耻辱，收复了大不里士、阿塞拜疆、库尔德斯坦等西北所有失地。休养生息数年后，阿巴斯大帝再度发动第二次大规模战役，大举进攻奥斯曼帝国，这场战役又打了 5 年，收复了伊拉克包括巴格达和巴士拉在内的整个两河流域。在阿巴斯大帝时期，萨法维王朝达到了历史权力的辉煌顶峰。

六、130 多年的拉锯战造成什叶派和逊尼派势力分界

阿巴斯大帝去世后，奥斯曼帝国又开始局部反攻，再次夺回了巴格达地区。从 1514 年开始，双方经过 130 多年的反复拉锯战，一直打到了双方谁也打不动的程度。

我们现在所看到的整个中东什叶派和逊尼派的分布，基本上就是这 130 年战争的结果。比如伊拉克首都巴格达的东面和南面主要是什叶派的地区，因为这个区域历来就是萨法维王朝当时奠定的统治基础；而北面和西面主要是逊尼派的地盘，因为这个区域曾是奥斯曼的天下。

中东三大重要城市："伊斯兰国"打到巴格达城下就很难再推进，因为再往前主要是什叶派的聚居区；伊拉克政府军什叶派从逊尼派地盘中夺回拉马迪，表明"伊斯兰国"已经开始在逊尼派中丧失民心；逊尼派大本营摩苏尔

1. 教派力量变化影响中东局势

现在，"伊斯兰国"之所以打到巴格达城下之后很难再推进，就是因为再往前主要是什叶派的聚居区了，这历来就属于伊朗传统的势力范围。

在巴格达西边，被伊拉克政府军夺回的拉马迪就是逊尼派的地盘，什叶派力量能够攻占这里，表明"伊斯兰国"在逊尼派的地区已经开始丧失人民的支持了。这是一个重要的转变。整个逊尼派的大本营就是北部的摩苏尔，这也是这130年拉锯战的后果之一。什么时候能够收复摩苏尔，就意味着"伊斯兰国"将走向历史的终结了，这里是一块真正的硬骨头。

2. 历史在重演，文明是否在继续前进？

今天的情况其实跟历史上已经发生的并没有什么两样。130多年的战争给中东遗留下了什叶派和逊尼派分界线的问题。沙特把自己定义为逊尼派的领袖，也就是说，凡是逊尼派居住的地方，都归沙特说了算。伊朗作为什叶派的老大，也有这样的心态，中东地区凡是什叶派居住的地方，都归伊朗说了算。双方都有这样的心结，也都有这样的历史传承。

历史仿佛在轮回，当年是波斯与奥斯曼的百年争霸，现在换成了伊朗与沙特的长期对抗。土地还是那片土地，人民还是那里的人民，争斗还是同样的争斗。有时候，我们会想，到底我们的文明是不是真的在进化？

Turkey

土耳其

土耳其——从传说的特洛伊到辉煌的罗马帝国，从拜占庭的君士坦丁堡到奥斯曼土耳其的伊斯坦布尔，这片土地记录下了太多的历史沧桑。但为何奥斯曼帝国跟中国的清王朝一样，只是因为"睁眼瞎"就走向了衰落？

25 ▶

星月传奇土耳其之
血海突围

　　2015 年 4 月 13 日，中国"一带一路"官方蓝图发布，在"丝绸之路经济带"上，地处黑海和地中海之间的土耳其，显然是个绕不过去的国家。土耳其对中国人来说，就像隔着一层面纱，看不清真实面貌。那么，土耳其是个什么样的国家呢？本章内容将沿着丝绸之路展开文明之旅，回顾土耳其曾经崛起与衰落的大国命运。

一、中东问题的根源

最近一直在看中东方面的书，有一个国家让我越来越关注，这就是土耳其。关注土耳其有三个原因。

第一，如果说新疆是欧亚高铁大动脉中国端的桥头堡，那么土耳其就是其欧洲端的桥头堡。高铁战略是欧亚大陆所代表的陆权时代崛起的关键，因此，土耳其和新疆这两个桥头堡具有非比寻常的地缘战略价值。

第二，由于中国新疆与土耳其具有悠久的历史、文化、民族的血脉关系，因此，土耳其不仅关系到新丝绸之路战略能否顺利实现，也影响着中国西部边疆的繁荣与稳定，很显然，土耳其是中国的利益攸关者。

土耳其和中国新疆就是欧亚大陆桥的两个桥墩

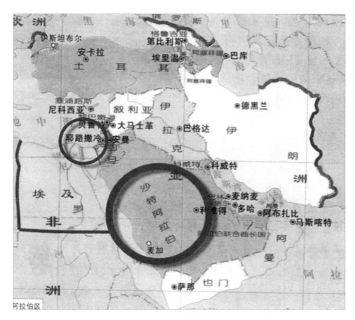

中东地区的两大问题——沙特问题和耶路撒冷问题

第三，当今世界最复杂的中东问题，不管是沙特的问题，还是耶路撒冷的问题，起因就在于土耳其奥斯曼帝国的解体，如巴勒斯坦、黎巴嫩、以色列、叙利亚、沙特、伊拉克、埃及、利比亚，包括现在最火爆的也门，都曾是土耳其帝国的领土，不了解土耳其的历史，也就无法理解中东问题的根源。

二、中国和土耳其的相互认知非常肤浅

鉴于土耳其直接涉及中国的巨大战略利益，所以中国必须保持高度关注，但遗憾的是，中国与土耳其之间的相互了解实在是太少了。我在网上找土耳其方面的书，总共就那么几本，当然不算导游之类的书。关于土耳其的知识主要还要借助英语。这说明什么问题？说明我们对土耳其的认识和了解非常肤浅。但如果我们要查美国、日本或者欧洲国家的书籍和研究文章，可以说是成千上万，浩如烟海。相比之下，有关土耳其的研究积淀实在是少得可怜。

最近读到土耳其一个大学教授对中土关系的分析报告，他面对的情况也差不多，他在写关于中国的论文时，手上没有参考资料，土耳其关于中国方面的书也只有十几本，而且很多是 20 世纪 80 年代以前出版的。

三、关于土耳其，你了解多少？

说实话，我并不担心新丝绸之路、亚投行这些大的战略，而是非常担心执行能不能落到实处的问题，以及执行时的细节问题。如果我们对土耳其这样的关键国家就只有区区十几本书的研究积淀，专业的分析文章以及相关领域的专家也都非常稀缺。那么伊朗呢？中亚五国呢？中国确实有很多战略想法及构想，但在不了解对方的风土人情和地方历史的情况下，还怎么去落实呢？

说到底，国际战略是要和这些国家的人打交道，也就是要搞定人。中国的新丝绸之路战略和亚投行投的所有项目，我们大量的工作是在国外完成，可是我们了解这些国家的人吗？我们知道他们的深层需求、心理状态和历史传承吗？千万不要以为花钱就一定能办成事。

刚才提到的那位土耳其教授提出了很多发人深省的数据，比如，他列举了 2012 年《环球时报》搞的中国人对土耳其的好感度调查，结果显示 67% 的中国人对土耳其持有"不喜欢"或"非常不喜欢"的负面态度，前三大原因是，东突问题、历史记忆、对中国不友好，这三项就占到了 78%。

| 中国人对土耳其民众的亲善度 （单位：%） ||
亲善度	持此态度的人所占百分比
非常亲善和喜爱	3.1%
某种程度的亲善和喜爱	14.6%
某种程度的不亲善和不喜爱	45.5%
非常不喜欢	22.0%
不知道	14.8%

45.5%+22.0%=67.5%

与之相对应，土耳其人对中国的态度也类似，土耳其人对中国的印象比印度人对中国的印象还要糟糕，在 20 国集团中，土耳其是最不喜欢中国的国家。当然，土耳其人对几个大国都看着不顺眼，对美国、欧盟、俄罗斯的好感度居然还不如中国。

| 土耳其人对世界主要大国的亲善度 |||||
| 持亲善态度的土耳其人占调查总数之比例 |||||
年份 \ 国家	中华人民共和国	美国	俄罗斯	欧盟
2005	40	23		
2006	33	12		
2007	25	9	27	17
2008	24	12		
2009	16	14	22	13
2010	20	17	28	16
2011	18	10	23	18
2012	22	15	21	16

2012 年按亲善度排行
美国 15%　＜欧盟 16%　＜俄罗斯 21%　＜中国 22%

1. 土耳其人傲气的原因

我们总以为土耳其是正在积极申请加入欧盟的国家，还是北约成员，自然是与欧洲和美国更亲——这就是由于不了解土耳其的历史，想当然猜测的典型例子。土耳其人是谁啊？那是奥斯曼帝国的后裔，当年叱咤欧亚大陆，地中海围了大半圈，黑海就是他们家的内湖啊，欧洲人听到奥斯曼几个字就吓得腿软，土耳其人从骨子里就有一股子傲气。后来呢？和中国一样，19世纪都成病夫了，一个是欧洲病夫，一个是东亚病夫。其实，土耳其人的心理与中国人一样，概括起来就是：不服，又不得不服，一百年之后想了想，还是不服。

2. 土耳其人到底是什么人？

所以要掐准土耳其人的脉，就必须了解他们的历史，懂得了他们的过去，就会了解明白他们的现在。

大家都学过中学历史，都知道土耳其人是突厥人，最牛的时候控制了整个蒙古大草原，西边直达里海，后来以阿尔泰山为界，分裂为东西突厥，东突厥被唐朝打败后收编，西突厥后来迁移到中亚，现在我们看到的中亚的这个斯坦那个斯坦的，很多都说突厥语，如土库曼斯坦、乌

突厥人后裔分布的国家有：土库曼斯坦、乌兹别克斯坦、吉尔吉斯斯坦以及其他的斯坦国家。中国新疆的维吾尔族人，其实都是突厥人的后裔

兹别克斯坦、吉尔吉斯斯坦，新疆的维吾尔族也是突厥语系，很多新疆人到土耳其学习几个月就可以跟土耳其人谈笑风生了。

如果我们看看地图就会发现一个问题，土耳其与突厥人在中亚的老家隔着里海和好几个国家呢，如伊朗、伊拉克，伊朗是波斯人，伊拉克是阿拉伯人，怎么突厥人就能飞过波斯人和阿拉伯人，跑到土耳其去安家落户呢？而土耳其的土著居民哪儿去了？这就是一个比较有意思的民族迁移史了。

四、游牧民族进入中东的重要地点，
农耕文明的起源

突厥人是游牧民族，赶着牛羊是不可能游过里海到达土耳其的。从地理环境上看，两河流域和中东地区是文明的最早发源地之一，它的北面和东面都有天然屏障来阻挡游牧民族的袭击：黑海与里海之间是难以逾越的高加索山脉，东边是平均海拔高达5000多米的兴都库什山脉。

不过，在里海与兴都库什山脉之间却存在着一个豁口，在阿姆河流域与锡尔河流域之间形成的这个关键性的通道区域就是中国历史书上提到的"河中地区"，地理位置极其关键。

这是一条从草原直达伊朗的天然通道，古代的丝绸之路必须经过河中地区，然后才能进入中东腹地。可以说，河中地区是个大通道，向北可连到大草原，向西南方向可直插伊朗的高原腹地，进而就可以到达两河流域的文明中心区了，所以这条路在历史上是非常关键的。古代的丝绸之路就要从河中地区走，未来的新丝绸之路也要经过这个地区。

这也是历史上游牧民族袭击两河流域的必经之地，中东是农耕文明

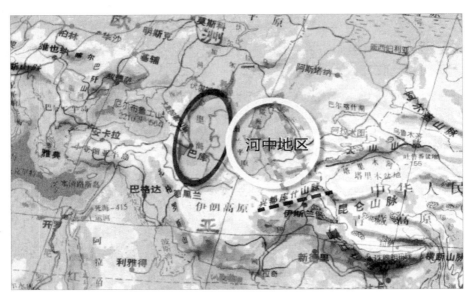

河中地区就在兴都库什山脉和里海之间的巨大豁口处，是连接中东地区和突厥
游牧民族的交通要道

起源最早的地区之一，如果想要防备游牧民族的突袭，必须在河中地区组织防御，守住兴都库什山脉和里海之间的豁口。反之亦然，游牧民族如果想洗劫文明的腹地，就必须占领河中地区，在此集结，然后才能发动进攻。历史上的规律都是这样的。

五、称霸一时傲视群雄的突厥帝国

公元7世纪，阿拉伯帝国开始迅猛扩张，到了750年的阿巴斯王朝时代，阿拉伯国家已经完全控制了阿姆河流域，并且在这个地方设防。历史上中国唐朝曾与阿拉伯国家打过仗，时间是公元751年，地点是在河中地区附近的怛罗斯，唐玄宗的部队和阿拉伯阿巴斯王朝的军队打了一场大会战，结果唐朝大败，被赶出了中亚地区，往回收缩，阿拉伯军队完全控制了河中地区，达到了鼎盛的阶段。突厥人在东面有强大的唐朝，在西面的河中地区又遭遇强大的阿拉伯军队，所以只能被挤压在两大帝国中间经营自己的地盘。

怛罗斯之战，唐玄宗军队对战阿拉伯阿巴斯军队，结果唐军势力大败，被赶出中亚地区

不过，突厥人在与阿拉伯人在河中地区对峙的同时，也通过战争、贸易进行了不断的交流，最重要的成果就是很多突厥部族接受了伊斯兰教。阿拉伯军队当年四处扩张搞圣战，目的之一就是推广伊斯兰教，既然突厥人已经皈依了，那就变成穆斯林的兄弟了。后来，阿巴斯王朝走向衰落，士兵作战能力不行了，所以开始大量雇用突厥人作为雇佣兵去东征西讨、消灭竞争对手。于是，越来越多的突厥人成为阿巴斯王朝的雇佣军，为伊斯兰世界的扩张打头阵，四处拼杀，这样一来，突厥人开始大量渗透到中东的核心地区。其中最厉害的一支部族叫塞尔柱突厥人，在阿巴斯王朝日渐衰落之时，反客为主，在1055年控制了巴格达，迫使阿拉伯朝廷授予他们"苏丹"的称号，也就是伊斯兰教保护者的意思。从此，阿拉伯人的大权旁落了，哈里发成了名义领袖，主要负责宗教事务，而苏丹掌握了伊斯兰世界的实权。塞尔柱人就建立了一个非常强大的帝国——塞尔柱突厥帝国，在整个中东历史上起到了关键性的承上启下的作用。

塞尔柱帝国幅员辽阔，东起河中地区，西到地中海东岸，北抵高加索山脉，南达波斯湾，这一广阔的地区都被突厥人控制了，这在历史上是一个非常重要的时期。

六、游牧劫掠和农耕的矛盾倒逼改革

　　俗话说，马上打天下，但不能马上治天下。突厥人控制了巴格达，建立了强大的突厥帝国之后，对于怎么治理国家却是没有经验的。塞尔柱突厥人碰到了清军入关统治庞大汉族人口时面对的同样的问题：游牧文化怎么来适应农耕文明呢？怎么才能建立起强大的中央集权呢？当时阿拉伯和波斯地区的文明程度远比突厥人高得多，突厥人要想有效统治巨大的伊斯兰帝国，就必须改革和适应农耕文明。

　　当年在中国清朝内部也产生过这种分歧，要想统治先进的农耕文明以及规模庞大的汉族人口，就一定要重用汉臣，但是重用了汉臣，满人就会不高兴，两边就会产生矛盾。突厥人也面临这样的内部分歧。一派是突厥的军事贵族们坚持游牧民族的打法，打家劫舍，掠夺战利品是他们主要获得财富的手段，而耕地种田绝不是他们想要的生活；另一派则是改革派，强调适应文明生活，重用波斯人和希腊人来管理国家，而且中东地区早已是农耕文明，游牧那一套没法推行。同时，这里还涉及一个宗教问题，塞尔柱突厥人既然信仰了伊斯兰教，现在更成为了护教斗士，那就必须维护伊斯兰教的正统思想。两派矛盾越来越激烈。军事贵族掌握着兵权，就像八旗兵在旗主王爷手里一样，打仗要靠着他们，但是管理国家不能靠这些人。最后，塞尔柱的高层领导认识到，要想改革成功，必须建立新的军事力量，一定要把突厥贵族边缘化，特别是对他们骑兵的依赖性边缘化。

　　搞新的军队，就涉及钱的问题。从前大家靠抢，现在必须靠财政，于是建立了伊克塔制度。我们可以理解为军事采邑制或封建分封制。全国土地和财富都属于统治者，然后把这些经济资源的管理权划分为若干个伊克塔，伊克塔的拥有者有管理和征税的权力。对于新军，我们可以理解为清朝的绿营兵，军官们都是伊克塔的领主，军饷来自他们管理下的军事采邑。士兵从哪里来呢？主要来自战争中的俘虏和招募的奴隶，组成马穆鲁克军队，这是一种新型的有军饷的常备军制度。

七、"坦克集团军"冲向土耳其

伊克塔制度的推行和新军的建立使得突厥传统军事贵族们的游牧骑兵就被边缘化了，当然，他们的权力也被大大削弱。

突厥的传统军事贵族们当然非常不满，经常闹事。当时，突厥的游牧部落已经控制了伊朗北部和伊拉克的许多地区，他们常常打劫当地的农业人口，搞得鸡飞狗跳。这件事让突厥的领导人非常头疼，于是他们决定干脆把这帮军事贵族给赶走，把他们赶往敌占区，也就是当时还不在突厥帝国范围之内的地方——显而易见，土耳其就是一个合适的目标。于是国王就让那些传统军事贵族们去土耳其打劫异教徒，同时还能为伊斯兰帝国开疆拓土。

这个办法真是高招，既满足了突厥军事贵族打劫的需求，又扩大伊斯兰世界的疆土，还保持了国内安定团结的局面。于是，大批在伊朗和伊拉克的突厥部落开始向土耳其大进军。这些人为什么想去土耳其？一是土耳其是东罗马帝国的疆土，那里的战利品很多；二是突厥高层领导要搞大帝国的中央集权，这些自由散漫惯了的游牧部落哪里受得了这种管束啊，大家还是移民吧。这就是为什么伊朗、伊拉克的突厥人很少的原因，因为当年他们都被赶到土耳其去了。少数没有走的人开始农耕生活，很快被当地人同化了。

东罗马帝国，也就是拜占庭，首都在君士坦丁堡（现伊斯坦布尔），在土耳其已经经营了700年，再加上更早的希腊罗

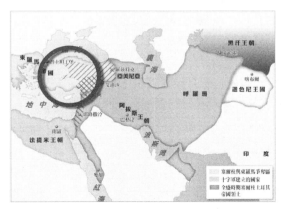

东罗马从亚欧大陆交界处的首都君士坦丁堡（现伊斯坦布尔）奔向了土耳其的东部，去镇压突厥军队

马时代的熏陶，当地居民早就是希腊化的基督徒了。结果，黑压压的突厥游牧骑兵一来，二话不说就大抢特抢。东罗马帝国皇帝一看这还了得，敢跑到我这里来撒野？让你们尝尝罗马军队的厉害。于是，1071年在土耳其东部凡湖以北的曼齐克特爆发了东罗马帝国与突厥军队的大决战，结果突厥人骑兵的机动性和冲击力，还有弓箭的优越性让欧洲军队大吃一惊，他们此前从来没有见识过如此强大的骑兵阵势。在冷兵器时代，骑兵的优势就好像坦克碾压步兵一样，哪里挡得住，结果东罗马军队大败，连皇帝也被俘了。

曼齐克特战役是一场标志性战役，游牧民族打到了欧洲的家门口了。东罗马帝国的失败，导致帝国东部的防御体系被彻底摧毁，安纳托利亚的门户洞开。短短几年时间，从中亚赶来的突厥人就如潮水一样涌入了土耳其东部地区，人口比例开始出现历史性翻转。

突厥军队与东罗马帝国军在土耳其凡湖以北的地方决战

八、十字军东征的起因

突厥人在土耳其浩浩荡荡，越发展越多，几年之内就改变了整个土耳其的种族结构和宗教信仰结构。基督徒越来越少，突厥人越来越多，而传统的希腊人、亚米尼亚人以及本地的土著居民，由于受不了这种冲击，很多人就逃往了欧洲，所以这个地方"被突厥化"了。

突厥人开始在土耳其建立独立的国家，号称罗姆苏丹国，罗姆就是Rome 的发音，意思就是突厥人在罗马人的地方建国了。当然，罗姆苏丹国并非一家独大，突厥人在土耳其还成立了一堆大大小小的国家。由于突厥人步步逼近东罗马帝国的首都君士坦丁堡，拜占庭王朝只得向罗马教皇求救，这才引发了近 200 年的十字军东征。

那么，君士坦丁堡与罗马教皇是什么关系？我们知道罗马帝国后来分裂成东西两个帝国，西罗马早在 476 年就灭亡了，东罗马定都在君士坦丁堡又存活了 1000 年。西罗马虽然没有了，但基督教已经在欧洲普及了，教皇就住在罗马。东罗马帝国自己也搞了一个教会，经常不买罗马

十字军东征的最主要目的是夺取圣城耶路撒冷

教皇的账，就在突厥人开始进入土耳其的时候，基督教正在闹分家，罗马是天主教，君士坦丁堡被称为东正教。刚刚分完家，突厥人就杀到了城下，东罗马抵挡不住，只得向罗马教皇低头。罗马教皇一看异教徒也太猖狂了，马上就要杀进欧洲了，立刻呼吁欧洲王公们组织十字军，讨伐突厥人，并夺回圣城耶路撒冷。于是，1096年，十几万人的十字军第一次浩浩荡荡地从君士坦丁堡杀进土耳其，突厥人在当地毕竟时间太短，立足不稳，结果罗姆苏丹国把首都也丢了，四下溃散。好在十字军的目标是耶路撒冷，并没有在土耳其恋战，而是南下叙利亚，攻克了耶路撒冷，一路上十字军也是一番烧杀抢劫。虽然名义上是为了宗教打仗，但缺少物质刺激，谁肯卖命啊？

九、游牧民族的兴盛与衰落

为什么叙利亚、伊拉克的突厥军队没能挡住十字军呢？因为当时的塞尔柱突厥帝国已经衰落了。原因是建立不起来中央集权制度，苏丹们赐给总督们的军事采邑规模过大，足可建国，这些人上马治兵，下马治民，军政民事财权一把抓，中央政府一旦瘫痪，帝国很快就会分裂。所有的游牧民族都碰上过这个问题。

再加上十字军东征之前，苏丹去世，王子们争权，地方

成吉思汗的孙子孛儿只斤·旭烈兀——伊儿汗国的建国者

割据，周围分封的公国马上宣布独立，大帝国四分五裂之后，自然是挡不住十字军东征的。

除了来自西边的十字军的冲击，更严重的威胁是来自东面的蒙古人。成吉思汗的孙子旭烈兀的大军也是从东北方向的豁口杀进中东地区的，先征服了伊朗，然后攻入伊拉克，巴格达的哈里发拒不投降，结果蒙古大军血洗了巴格达，据说 80 万巴格达居民被杀，哈里发全家裹在地毯里被战马活活踩死，阿巴斯王朝彻底覆灭。伊斯兰历史上最重大的浩劫之一，就是蒙古铁蹄的踏入。

在土耳其的突厥罗姆国也不是蒙古人的对手，被迫承认蒙古人的宗主国地位。最终，蒙古人统治了伊朗、伊拉克和土耳其等地区，这就是著名的伊尔汗国。蒙古人的四大汗国又承认统治中国的元朝大汗为宗主，按辈分算，土耳其的突厥罗姆国相当于元朝的孙子辈了。

当然，蒙古人的游牧观念与先进的农耕文明格格不入，分封制导致的帝国分裂与塞尔柱突厥帝国如出一辙。当伊尔汗国走向衰落之时，另一支突厥部落逐渐崛起，这就是威震世界 600 年的奥斯曼人。

1335 年的伊儿汗国包括了土耳其、伊朗、伊拉克，从阿姆河以南，从印度河以西的全部地域

26

星月传奇土耳其之奥斯曼崛起

　　突厥人建立的帝国曾上演了跌宕起伏的剧情，强大的塞尔柱帝国像彗星一样崛起与衰落，另一个更强大的奥斯曼帝国兴起，他们的铁骑阴云曾经笼罩欧亚非，令人战栗。那么，由部落游牧民族建立的奥斯曼帝国，是如何改革更新，最终进化成显赫大帝国的？

一、奥斯曼人的来源之谜

在上一章内容中，我们讲到了突厥人千里跃进土耳其的故事，包括塞尔柱突厥帝国的兴起和衰落，不过这只是突厥人侵略土耳其的第一波，他们起到的作用是埋下了突厥人的火种。随着蒙古伊尔汗国的衰落，第二波突厥人在土耳其才真正燃起了燎原大火。这就是突厥的另一个部族——奥斯曼人。

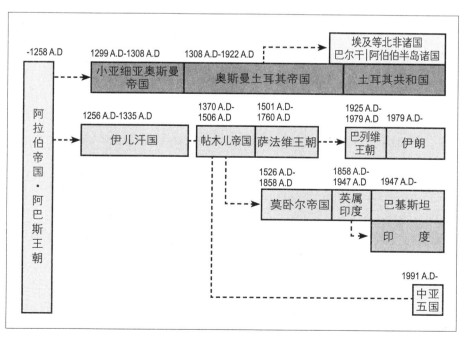

后阿拉伯帝国时代伊斯兰世界，伊尔汗国衰落之后，是奥斯曼帝国的崛起

奥斯曼部族的首领 奥斯曼一世

关于奥斯曼人的来历，历史学家们有两种观点。有一派认为奥斯曼的祖先曾是一个突厥部族的首领，统治着伊朗东北部的一个区域，后来蒙古大军杀来，为了逃避蒙古人的严酷统治，首领带着族人渡过幼发拉底河逃往叙利亚，结果首领淹死了，部族也分裂了，有两个儿子回到了伊朗，另一个儿子仅带着400帐族人进入了土耳其，并投靠罗姆国。

另一派学者认为，这是粉饰奥斯曼家族的起源，其实他们家根本不是贵族出身，也不是13世纪来到土耳其的，他们11世纪就浪迹在安纳托利亚高原了。两百年中，他们就是一支无根的游牧部落，给别人当雇佣军。

这两种说法很有意思。第一种强调他们是贵族出身，第二种强调是平民出身，也就是"屌丝"出身。其实，这和中国历史上的王朝家谱一样，为了表示血统的神圣，常常胡编乱造神话故事，开国皇帝的母亲不是遇到龙了，就是梦到仙了，于是怀孕了，反正生下的不是凡人。

二、奥斯曼帝国的第一次兴起

不管怎么说，当1280年奥斯曼本人继承父亲基业时，他们的国家已经占据了土耳其西北地区靠近黑海的一个角落，就在东罗马帝国的首都君士坦丁堡的东面不远。跟土耳其很多大的突厥公国以及罗姆国相比，奥斯曼的领地并不起眼，但他的发展策略却十分高明。他知道土耳其中部、北部和南部的众多突厥公国都十分强大，像罗姆国就惹不起，再往东还有更厉害的蒙古人，因此他把扩张的方向锁定在东罗马在土耳其西端仍占有的领土。

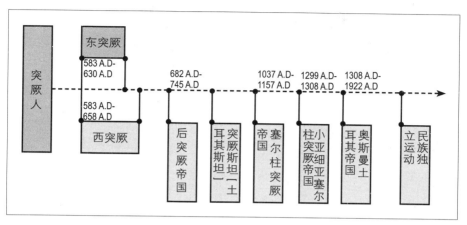

奥斯曼帝国源流示意图

想要夺回东罗马帝国在土耳其残存的领土，就要以土耳其西北角的布尔萨为中心，分两个方向发展，向北打到黑海，向西杀向马尔马拉海沿岸地区，占领恰纳卡莱，此地非常重要，越过狭窄的海峡，对面的加利波利半岛就是欧洲了。奥斯曼的策略有三大好处：一是打劫富有的东罗马地区，战利品十分丰厚；二是在伊斯兰世界获得征服异教徒领土的美誉；三是将更多渴望得到战利品的突厥人吸引过来投靠他，壮大发展自己的势力。结果，奥斯曼人用仅仅不到两代人的时间，就基本肃清了东罗马帝国在安纳托利亚仅存的领土，并开始准备攻入欧洲了。

13世纪末奥斯曼土耳其活动中心——瑟于特

1355年的奥斯曼帝国选择向西发展

三、奥斯曼帝国的繁盛扩张之路

1. 东罗马帝国的拱手让江山

此时，东罗马帝国内部已经腐败透顶，两个共治皇帝约翰五世和约翰六世为了争夺权力，甚至不惜引狼入室。约翰六世为了借助奥斯曼人的力量除掉竞争对手，竟然邀请奥斯曼人渡过达达尼尔海峡，夺取对手掌握的色雷斯地区，也就是现在土耳其欧洲领土部分。然而东罗马皇帝手里没钱，怎么回报呢？就是允许奥斯曼人劫掠色雷斯和加利波利半岛。堂堂东罗马帝国因为内讧，不惜让敌人来抢劫自己的臣民，可见东罗马已经快玩完了。

2. 宽容的宗教政策带来的天时地利人和

本来按照协议，奥斯曼人抢足了战利品之后，就应该将色雷斯交还东罗马朝廷的，以前也有过类似的合作，但奥斯曼人变卦了，不仅要抢劫，而且要永久征服色雷斯。怎么永久征服呢？他们发出了圣战召唤，说我们现在已经占领了欧洲领土了，号召突厥人从土耳其内地向色雷斯

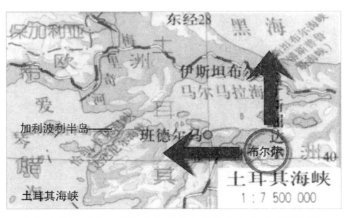

奥斯曼帝国以土耳其西北角的布尔萨为中心向北向西发展

地区大移民。于是大家争先恐后从色雷斯出发，去抢欧洲人的财富，而且这是响应圣战的号召，光荣得不得了。所以，铺天盖地的突厥人绕过了君士坦丁堡直扑巴尔干半岛。

为什么要绕过君士坦丁堡，而不直接攻克这座东罗马的首都呢？因为君士坦丁堡的地形易守难攻，城墙又高又厚，突厥人以骑兵为主，攻城是其弱项。当奥斯曼人越过君士坦丁堡进入到欧洲之后，几乎就是一马平川了，然后奥斯曼人就开始了疯狂的打劫。

有一点需要强调一下，奥斯曼人在欧洲的征服政策，包括抢劫在内，都是有政策的，不是随便乱抢，也不会逼迫基督徒改信伊斯兰教，他们认为基督徒、犹太人是"有经典的人"，只要不反抗，生命财产都可以得到保护。

对于普通的巴尔干半岛的老百姓，只要不反对奥斯曼的统治，并愿意缴纳人头税，这个人头税就可以代替服兵役。其实，这个宗教宽容程度远比罗马的天主教要好得多，天主教容不得半点不同意见，好多教派都被整惨了，所以，巴尔干地区有不少欧洲人把奥斯曼人当成帮助他们摆脱天主教压迫的大救星。

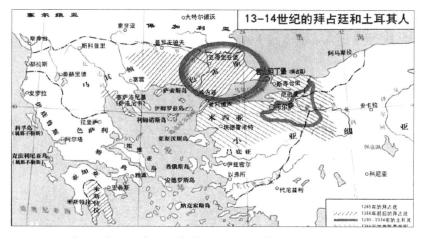

13—14 世纪，东罗马帝国两位共治皇帝之一为了夺权允许奥斯曼人越过达达尼尔海峡抢劫色雷斯地区

　　一般来说，只有城市和农村地区的欧洲封建王公们反抗奥斯曼人的统治，或者不接受奥斯曼作为宗主的国家，财富才会被洗劫，他们的家产和土地将被分给突厥移民。另外，对于巴尔干的欧洲农民来说，原先的封建领主就是不折不扣的暴君，他们强迫农民增加税赋，并承担越来越重的劳役，而在奥斯曼帝国的统治下，所有的土地都是苏丹的财产，国家对封邑的拥有者严密控制，取消了采邑税和强制劳役，代之以简单的农业税，因此，欧洲农民的整体税赋压力得以大大减轻。对他们而言，奥斯曼人是天主教宗教暴政和欧洲封建暴政的解放者。

　　这种局面与我们很多关于伊斯兰教的传统观念是不一样的，我们认为伊斯兰教是非常苛刻且严厉的。其实不是，那个时候真正苛刻而严厉的是天主教，而奥斯曼帝国的宗教政策是非常宽容的。你信伊斯兰教可以，如果你不信伊斯兰教而信犹太教也是没有问题的。统治者不会干涉你的宗教自由。你要信天主教，随便你，你要信东正教，也没问题。这样的政策在巴尔干半岛还是很得人心的，奥斯曼人之所以打得这么顺风顺水，原因就在于此。

3. 在亚洲的扩张过程：和亲政策

　　在欧洲战线，奥斯曼人攻入保加利亚、马其顿、塞尔维亚、希腊等越来越多的欧洲领土，欧洲王公纷纷俯首称臣，包括东罗马帝国在内；在东线，他们在土耳其本土的势力也在向东渗透。到了土耳其本土，奥斯曼人就不愿意通过武力来抢夺土地了，因为手下这些人，打仗的主要目的是为了掠夺战利品，要是在土耳其跟其他突厥公国大动干戈的话，第一，没有战利品；第二，违反了伊斯兰的教规——穆斯林之间不能互相残杀。所以在土耳其用武力是行不通的。奥斯曼人在土耳其本土的扩张，用的是和亲政策。

　　所谓"和亲政策"，就是我儿子娶你家闺女，但是你得给嫁妆，我要的嫁妆是你半个公国的土地，就是你得以一半的领土做嫁妆。土耳其中部、南部、北部很多小的公国都接受了这个条件。第一是因为奥斯曼已经非常强大了；第二是因为还有很多小国是靠近蒙古人的，这位东边的邻居更不好惹，随时有可能把他们给灭掉。所以他们愿意和亲的主要原因就是交保护费以得到一个保护神。他们把东边的领土割让一半给奥斯曼人，自己搬到西边去住，让奥斯曼的军队驻到东边，帮他们看家护院。

通过这个政策，奥斯曼人在欧洲的巴尔干半岛大获全胜，打进了保加利亚，打进了塞尔维亚，攻进了希腊，很多地方都表示臣服，都认奥斯曼为宗主。在亚洲地区，随着奥斯曼的崛起，他们在土耳其的领土也变成了最强大的一个公国。

四、呼啦啦似大厦倾：
　奥斯曼帝国第一次瓦解的过程

通过这种和平与联姻的方式，奥斯曼帝国逐渐地成为了安纳托利亚最大的国家。就在国势蒸蒸日上的大好形势之下，突然之间奥斯曼帝国竟然土崩瓦解了。

这是怎么回事呢？原来是帖木儿帝国在中亚崛起了，就在奥斯曼人不断攻入欧洲领土的同时，帖木儿大军却从河中地区的大豁口杀进伊朗、伊拉克、叙利亚，帖木儿统帅大军

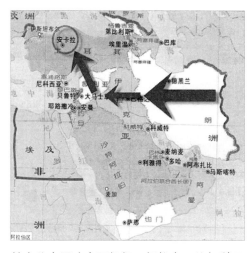

帖木儿大军攻克了伊朗、伊拉克，从叙利亚一直杀进土耳其安卡拉

15 万，最终攻入土耳其在安卡拉附近拉开了决战架势。

　　奥斯曼帝国皇帝赶紧从欧洲战场回来迎战，奥斯曼巴耶济德一世的军队约 7 万人，到达安卡拉近郊，奥斯曼大军与帖木儿大军展开决战，这就是 1402 年爆发的著名的安卡拉战役。

　　最终结果是奥斯曼皇帝巴耶济德一世战败被俘，奥斯曼人 120 多年苦心经营的帝国大厦，竟然在 14 个小时的战斗里轰然倒塌。皇帝被俘的消息传出，奥斯曼的欧洲属国立刻反叛，土耳其的根据地也被肢解，奥斯曼人被打回了 120 年前的原形，不得不承认帖木儿为宗主国。从 1402 年到 1413 年，奥斯曼王子们内斗不止，竟然让王位虚悬了 11 年之久，史称"大空位时期"。

五、第二次创业：
大空位时期奥斯曼人总结经验教训

　　在这段大空位时间里，奥斯曼人开始深刻反思，如此一个欣欣向荣的大帝国怎么基础如此不坚实，说倒就倒，而且倒得稀里哗啦？其实，在历史上，凡是不能建立起中央集权的帝国，倒得都很快，从亚历山大大帝到蒙古帝国，莫不如此。比如，奥斯曼帝国攻占了巴尔干的很多地方，但仅仅是名义上的宗主国，收点进贡的银子就完事了，统治的根基扎得太浅，一旦帝国出现危机，这些地方的欧洲王公们根本不会救援，反而趁乱反叛。而奥斯曼人自己不过是简单的部落联盟，有利益就合伙，没利益就散伙。在这种情况之下，一旦皇帝出事，大家立刻作鸟兽散。

　　奥斯曼人终于明白了，他们要建立一个稳固的帝国，就必须进行制度创新，融合阿拉伯、拜占庭和波斯这三大文明，再结合伊斯兰教的教义，创造出一种适合于自己的中央集权制度，才能完成从游牧文化向农耕文明的进

化。这个制度如果建立不起来，奥斯曼就无法实现长治久安的统治，这就是
奥斯曼人得出的经验和教训。当奥斯曼重新统一起来之后，一边重新恢复帝
国失去的领土，一边加强统治制度的建设，开始了"第二次创业"。

六、脱胎换骨的制度创新

农业社会最重要的财富资源就是土地，土地是一切的根本，土地制
度是一切中央集权的统治基础，所以奥斯曼人先从土地制度的改革入手。
奥斯曼帝国的新制度就是废除塞尔柱突厥帝国传统的伊克塔，代之以蒂
马尔。

1. 蒂马尔制度与伊克塔制度的区别

虽然二者都是封建采邑，但与伊克塔制度相比，蒂马尔制度在本质
上进行了两大创新。

第一，伊克塔是一种财富的权力，而蒂马尔更像财富的义务。

以前的伊克塔制度就是国王分封给你一块地，这块地有好几个城市，
再加上周边的土地，你就要向中央政府交税，不过对于交与不交的问题
并没有监督管理的机制。也就是人权、财权、政权都在分封主的手上，
这种情况下，分封主未来进行封建割据的可能性非常大。

但是蒂马尔制度就不一样了，它更强调财产的责任权。也就是说，
以前的伊克塔制度强调权力，而蒂马尔制度实际上更强调责任。我给你
这块封地，你必须严格按照政府的规矩办事。你这块土地上所有的收入，
按照收入的等级，必须承担一个骑兵或者两个骑兵的马匹、饲料和军械
供应，政府不管骑兵的给养了。这叫作军事大包干，即把所有战争的费
用平摊到蒂马尔身上。这是非常不同的一点。

　　第二，两种制度下，政府的监管程度不同。蒂马尔制度政府监管更严格，确保土地耕种，三年不能达标将收回，农民税赋和劳役的标准由政府制定，当地法官负责监督。

　　在伊克塔制度下，分封主怎么去收税，怎么处理封邑之内的事情，政府基本上是没有监管的，也管不着；而蒂马尔制度有着非常严格的规定。首先，分封主必须负责封邑之内所有土地的工作，不能让土地撂荒了，而且要负责土地的收成，包括病虫害、农田整修、水田灌溉等。如果苏丹要发动战争的话，每个蒂马尔的领主要带着自己蒂马尔上的骑兵一起去参战；如果连续三年以封邑经营不好为由出不了兵，那政府就会把你的蒂马尔收走。所以这些领主就有强大的压力，必须把土地经营搞好，否则经济的产出是不够养骑兵参战的。

　　在税收方面，政府严格规定了老百姓的税额以及劳役的时间长短，分封主不能自己搞一套。如果国家规定收 10%，分封主就不能收 15%，当地还有很多地方官员专门负责监督。这样一来，蒂马尔制度与伊克塔制度就非常不同了，它是非常紧凑的、独立的，并且能够承担军事和经济职能的一种制度，可以作为整个社会的基础。同时蒂马尔制度的效率也非常高，因为在进行了大量的农田整治之后，农田产出比以前大多了。

2. 国家组织架构的雏形

　　奥斯曼帝国的整个政府体系，实际上是在土地制度之上组建政府架构，围着蒂马尔这样一个最小的单元构建的。比如说当时全国有 33000 个蒂马尔，假如每个蒂马尔供养一名骑兵的话，苏丹一声号令，马上就能动员起 33000 名骑兵，而且这 33000 人不用花费中央财政一分钱就可以作战。

　　整个政府体系的架构都是围绕蒂马尔来建立的，一个地区的若干个蒂马尔组成一个桑贾克，几十个桑贾克组成一个行省，行省组成中央政府，蒂马尔的领主叫西帕希，桑贾克的行政长官叫贝伊，行省总督叫帕夏，中央政府的行政首脑叫大维齐。各种行政命令和文书由大维齐发布。大维齐向苏丹负责。

3. 中央集权制的形成

在中央政府层面，以前游牧民族部落联盟是打仗聚在一起，没事各回各家，互相之间是独立的。现在不行了，中央政府要定期举行国务会议，由大维齐，也就是政府总理或者叫宰相，组织召开。每周 4 次，每次 7 个—8 个小时，参加会议的有其他维齐（相当于部长）、大法官、财政官，还有一些贵族。奥斯曼帝国通过会议的形式，形成了日常运作的机制，由大维齐尔下令，各部门去执行。在这种情况下，从中央到地方，一直到基层，就形成了中央集权的体制。

财政官也是个新生事物，以前的奥斯曼帝国是没有"财政官"这个概念的，因为大家都是打劫，抢战利品，抢来的物品五分之一交给首领苏丹，所以以前苏丹的私人金库就是国库，一切国家开销由苏丹自己掏腰包。搞改革、新政之后，国库和苏丹的私人金库就分开了。现在统归国库打理，这是一个非常重大的改变。另外，要建立财政预算决算制度，这与以前又不一样了：要开始制定国家的预算，评估什么钱该花，什么钱不该花。另外，奥斯曼帝国还设立了固定资产管理部门，负责登记全国闲置的土地、森林、牧场等经济资源，从而形成了国家账目管理体系。这是新政非常有意思的特点。

4. 新税收体系使国家实力稳步上升

以前大家靠打劫抢战利品，但是现在国家安定下来之后，长治久安，就必须建立新的税收体系。

穆斯林要交什一税，就是农业收入的 10% 要上交国家。另外，还要服兵役。非穆斯林人口交人头税，也就是免兵役的费用。人头税根据收入分成三个档次。商人或者手工业者要交市政税；游牧民要交羊税，有其他家畜当然也要交；煤老板、矿老板则要交矿物税，矿物税就是指矿物产出的 20% 上交给国家。

另外，土耳其三面环海，就在黑海、爱琴海、地中海、多瑙河以及内部很多河流的码头建立海关，收关税；在各大城镇市场设置征税所，对盐、肥皂、矿山、烟草等战略性物资实行政府专营，以增加国家财力。如果打起仗来，政府的钱还不够花，苏丹可以宣布征收特许税，也叫国务会议税，由大维齐下达。所以国家的财政就变得非常有序，收入越来越多，整体实力稳步上升。

5. 先进、宽容的宗教政策：大同世界、世界大同

在宗教方面，奥斯曼帝国以逊尼派作为主导，但是它对意识形态问题展示出相当宽容的态度，建立了独特的米勒特制度，让各派宗教领袖全权管理自己的宗教事务，全国分成四大米勒特教区：伊斯兰教教区、犹太教教区、天主教教区、其他教区。皇帝向各派宗教领袖保证他们的宗教权力，回报就是支持政府。这是一个非常宽容的政策，在整个西欧没有一个国家能做到这一点。

大家对伊斯兰教的印象一般是特别专制，宗教上特别不能容忍。而现实却恰恰相反，奥斯曼帝国的宗教政策在当时的欧洲是最先进、最宽容的。由于采取了这样的宗教政策，所以犹太人从四面八方涌向了奥斯曼帝国。所谓犹太人跟伊斯兰世界天生就是敌对冲突的这种观念是不符合历史事实的。

对于宗教领袖来说，帝国的首脑给你的宗教权力进行背书，这在其他国家是根本不可能的，所以你只需要向国家效忠就可以了。东正教、犹太教和其他宗教领袖们当然求之不得，他们获得了在其他地方想都不敢想的宗教自主权，这样他们自身的利益实际上跟苏丹的利益是绑在一起的，所以他们永远不会鼓励自己的信众反政府。

6. 游牧民族的第一次彻底法律革新

在法律制度建设上，奥斯曼帝国执行两套法律体系，一套是世俗社会的法律，这些法律承袭了罗马—拜占庭的传统，他们试图把所有被征服地区不同社会的法律制度进行系统化处理并编成完备的法典，逐步完成了权力法制化的过程，让法律制约政府行为，规范一切社会活动。这是游牧民族在历史上第一次对法律进行如此完整、系统的整理。另一套是宗教法律，伊斯兰教法只针对穆斯林，其他宗教各有各的宗教法律，由他们自己负责。

建立这样一套独特和完整的中央集权体系，在游牧民族中还是第一次。经过这一系列的改革措施，奥斯曼帝国可以说是脱胎换骨了，从游牧部落联盟进化成了一个真正强大的中央集权国家。

七、争当"奴隶"的德米舍梅制度

当然，如此严格的制度激起了突厥贵族的强烈反感，他们都有自己的封邑，掌握着最重要的骑兵武装，既有财权又有兵权，而且深度介入朝政，甚至卷入王位继承权的争夺。所以这些人就成为了新政改革最大的阻力。

为了推行中央集权的新政，就必须削弱突厥贵族的力量，于是苏丹开始培植新的势力，来平衡突厥贵族的旧势力。这就是著名的德米舍梅制度。

什么叫德米舍梅呢？起先，这是一种奴隶招募制度，大家一听会觉得奇怪，奴隶还有招募的？谁会没事吃饱了撑得慌，想去应聘当奴隶呢？你还真别说，在奥斯曼帝国好多人都走后门想让自家的孩子去当这种"奴隶"呢！伊斯兰教不允许把穆斯林弟兄当成奴隶，所以这些奴隶

早期的西帕希轻骑兵

必须到边境地区或乡村里招募基督徒的儿童，而且要聪明能干的。

从边疆地区招募来的大量青少年，经过专门的学校严格训练，学习文化课和宗教，还有军事技能，这些人经过培养后，掌握的基本技能就是如何治理国家和如何领兵打仗，可谓是文武全才。如果考核优异，可以直接到皇帝身边的近卫军服役，或者进政府当公务员。德米舍梅制度有点像中国的科举选拔制度，遴选出来的人才虽然号称是奴隶，但却只是苏丹一个人的奴仆。

这样的一大批只忠于皇帝本人，而且受过各种专业训练的人才，还没有盘根错节的社会关系，当然会成为皇帝最信赖的心腹，他们被安插到朝廷各个重要的岗位上，甚至当上最高的行政长官大维齐——就是奴隶当总理啊。有学者做过统计，在二百年间，奥斯曼帝国的大维齐，48人中只有5个是突厥人，剩下的人都是非突厥人，很多都是"奴隶"出身，比如说波斯人、希腊人、阿尔巴尼亚人以及亚美尼亚人。所以欧洲人在考察奥斯曼帝国的制度时，非常羡慕，他们认为奥斯曼的用人制度是非常值得借鉴的，因为它根本不看你的出身，哪怕你是奴隶，哪怕你是异教徒，只要有本事，就能做到大维齐，相当于奥斯曼帝国的第二把手，这是多大的荣誉！就官员阶层来讲，德米舍梅制度培养出来的人占了一多半。所以说很多人把自己的孩子送去当奴隶，因为这是个升官发财的"快车道"。除此之外，皇帝还大量剥夺传统贵族的封邑，然后赏赐给德米舍梅出身的人，这个阶层的势力迅速膨胀，形成了对突厥贵族的制衡。

之前的突厥贵族西帕希之所以常常不把皇帝放在眼里，一个很重要的原因就是他们掌握着骑兵武装，而这是兵权的重中之重。为了削弱突厥贵族，苏丹另起炉灶建立近卫军，也可以说是皇帝的私人武装。他们由中央财政直接供养，兵员清一色地来源于德米舍梅制度训练出来的奴隶，这些人拿着高薪，骑射技术一流。他们后来成了奥斯曼帝国的中央军，作战技能非常强大，也配备了当时最现代最先进的火器，比如滑膛枪和火炮，还成立了炮兵军团。1450年，欧洲还处于冷兵器时代，奥斯曼帝国就已经拥有了强大的步枪和炮兵部队，奥斯曼对欧洲军队的技术领先保持了至少100年。近卫军和火器的使用，大大弱化了突厥贵族传统骑兵的优势。

八、奥斯曼帝国“汉武帝”的疯狂扩张

从大空位时期结束到苏莱曼大帝即位，奥斯曼帝国经过100年的制度建设，到16世纪中期，终于完成了从游牧民族的部落联盟到中世纪超级帝国的华丽转身，正是有了这样的制度保障，奥斯曼帝国才能维持长达600年的统治。

苏莱曼大帝很像中国的汉武帝，前人积累下来的物质财富和精神财富，已经到达了一个临界点，站在这样一个起点上，苏莱曼大帝终于可以完成一

苏莱曼一世（1494－1566）

个奥斯曼帝国历史上空前的大扩张。

在欧洲战场上，苏莱曼大帝攻陷了贝尔格莱德，征服了匈牙利，打垮了奥地利的哈布斯堡王朝，差一点攻下维也纳，锋芒直插德国南部的巴伐利亚，整个西欧为之震撼。

在亚洲战场上，苏莱曼大帝攻占了伊拉克，反复打败波斯的萨法维王朝，占领了高加索以南的三个国家，即亚美尼亚、格鲁吉亚和阿塞拜疆，军队向南一直打到了阿拉伯半岛（包括汉志），也就是现在的麦地那和麦加都被它征服了。

同时，奥斯曼的海军力量也非常强大。在地中海上，奥斯曼的海军成了与威尼斯并驾齐驱的海洋霸权；在印度洋，奥斯曼海军与葡萄牙人争夺波斯湾的霍尔木兹海峡；在亚丁湾附近赶走葡萄牙人，控制了也门；最远打到了东南亚的苏门答腊岛，帮助当地的穆斯林反抗地方政府。

16世纪堪称是奥斯曼帝国最辉煌的世纪，版图包括了地中海的大半圈，黑海成了它的内湖，巴尔干半岛几乎被囊括，中东除了波斯也尽属奥斯曼所有，其版图规模远胜西欧诸国，可以与罗马帝国最强盛的时期相提并论。在世界上，除了中国的明朝之外，在幅员和人口方面，奥斯曼已是世界第二大国。

可是，这两个当时世界上最强大的帝国，已经处于盛极而衰的边缘，然而他们却浑然不知。奥斯曼帝国很快就走上了下坡路。

27

星月传奇土耳其之
帝国崩塌

　　18 世纪大航海时代的兴盛，使世界贸易体系开始发生剧烈的变化，欧洲由此进入了经济的正循环。通过新航路的发现，欧洲掌控了海洋贸易的大通道。奥斯曼这个迟钝的巨人却无法应对这一切，逐渐丧失了贸易通道的控制权。内忧外患之下，帝国开始走向黄昏。与此同时，另一个"东方巨人"大清帝国，则因为贸易主导权的丧失，加上内乱不断，也走向衰亡。本章内容将为您讲述两个帝国没落的真相。

一、大国衰落的内因："睁眼瞎"

19世纪的时候，西方有一种流行的说法：世界有两大病夫，一个是欧洲病夫奥斯曼，另一个就是东亚病夫中国。我自己在思考奥斯曼的衰落时，也常常拿中国来对比，可是有一点我想了很久就是搞不明白，中国与欧洲远隔万里，双方直接交流很少，因此中国直到1840年被英国踹开国门之前都几乎不了解西方。可是，土耳其不应该，奥斯曼帝国包括了欧洲的大片领土，离文艺复兴的中心威尼斯近在咫尺，离西欧的大门维也纳也是抬腿就到，土耳其人与哈布斯堡王朝为核心欧洲强权打了上百年，每隔几年就动一次手，土耳其与法国也是盟友关系，与威尼斯贸易不断，老百姓走亲访友来往于欧亚各国之间，怎么说土耳其对欧洲的了解也比中国强上一万倍吧。西方正在发生的工业革命，中国人隔得太远后知后觉，但土耳其人杵在那里看着，怎么就无动于衷呢？这可真是怪事！

应该说，从17到19世纪的200年中，中国人和土耳其人都处于"睁眼瞎"的状态。我们认为，老祖宗留下的传统是立国之本，西方的玩意不过是雕虫小技罢了。土耳其人也类似，他们认为伊斯兰文明在奥斯曼人手中已经接近极致完美的状态，不相信异教徒能搞出比奥斯曼更高级的制度。要说到对西方的自信，土耳其人比中国人更有底气一些，在17世纪之前，奥斯曼帝国的确是打得欧洲各国满地找牙。

二、控制了贸易通道就等于控制了经济命脉

　　除了内因，什么是导致奥斯曼帝国衰落的最直接、最明显的外因呢？我认为最重要的一点是全球贸易大通道的改变。国家之所以能够兴盛，就是由于抓住和控制了贸易通道、能源通道，从而控制财富的流向；一旦丧失了这种控制权，国家就会走向衰落。奥斯曼帝国就是个最明显的例子。

　　17世纪的一位奥斯曼学者曾经描述过国际大商道转移对奥斯曼帝国的冲击：现在欧洲人已经学会认识整个世界了，他们的船只派往世界各地，并夺取了重要的港口。在过去，印度、中国的货物照例首先要经过亚丁湾，然后通过红海运达苏伊士地区，最后到达奥斯曼帝国控制下的埃及卸货。由于当时还没有苏伊士运河，所以由穆斯林向世界各地分发货物的转发权非常关键。但是，后来葡萄牙人开辟了一条经过非洲最南端好望角的新航线，这条航线建立起来之后，中国和印度的货物就不用再走苏伊士地区了，都改由葡萄牙、荷兰和英国的船只运往欧洲，再从那里分运到世界各地。凡是他们不需要的东西，便运往伊斯坦布尔和其他伊斯兰地区，并以5倍的暴利出售，从而大发其财。伊斯兰各地因此越来越感到金银的缺乏。奥斯曼帝国必须设法取得也门沿海各地，以及通过那些地方的贸易，否则，在不久的将来，欧洲人便将控制伊斯兰各地。

三、永久性的贸易通道转移导致经济崩塌

　　从这个奥斯曼学者对当时情况的描述来分析，我们可以得到三点明确的认识。

　　第一，欧洲人控制了全球海洋贸易商路。来自中国和印度的货物不

再经过苏伊士地区了，开始转向好望角抵达欧洲。

第二，欧洲人得到了 5 倍的利润，而奥斯曼则遭到了同等的损失。其实这位学者所说的 5 倍是从欧洲市场卖到伊斯坦布尔的价格，请别忘了，由于欧洲人控制了亚洲和其他地区的重要港口，这些地区的货物在卖给欧洲洋行的时候，就已经赚了另外几倍的暴利了，所以加在一起，这个利润是惊人的。因为丧失了贸易通道，使得整个中东地区，特别是阿拉伯国家，经济衰退了 300 年，直到发现大油田才有所缓解。

第三，奥斯曼贸易的损失还要叠加上金银供应短缺所造成的经济损失，影响到了货币的供应量。奥斯曼是银本位国家，政府铸造的银币叫阿克切，但是帝国本身的产银量是不足的，要靠与其他国家的经济贸易来供应。奥斯曼与欧洲之间的西方贸易主要是三大产品，即粮食、铜和羊毛，然后从欧洲换取大量工业制成品，在这个过程中奥斯曼处于逆差的状态，换句话说，它的白银是外流的。由于奥斯曼以前控制了东方贸易的通道，能够获得巨额的贸易利润，白银是可以不断地补足的，所以货币供应没有发生问题，因此物价和通货膨胀大致稳定。而后国际商路被欧洲人拐走了，中转贸易改道造成东方贸易的白银收入断流，它不单是永久性地失去了白银的供应，而且还在源源不断地通过西方贸易逆差持续失血。很显然，国内的货币存量就会下降，老百姓的直观感受就是金银短缺现象。请注意，这不是某一年造成的白银短缺的偶然现象，而是国际商路改道之后所形成的永久问题。

四、四个冲击波下的奥斯曼帝国

如果西方贸易造成的白银外流现象不变，那么货币短缺问题将会日趋严重。由此就会引发一连串的连锁反应。

1. 冲击波一：财政税收大幅下降

第一轮受冲击的显然是政府财政收入。

本来东方贸易可以带来巨额税收，但现在没有了，而且以后也不会再有，财政赤字的压力会越来越大。当然，奥斯曼可以压缩开支，但多民族大帝国到处都有问题，战争经常爆发，开支压不下去。而且，自苏莱曼大帝之后，帝国边疆膨胀已到极限，通过抢劫战利品来弥补战争开销已经不现实，战争从盈利变成了越来越大的亏损。当财政再也无力支撑的时候，政府就只有两个选择，要么向西欧国家借钱，要么贬值自己的货币。而西欧国家跟它是敌对状态，在很长一段时间里不借钱给它，所以，政府只能采取贬值货币含银量来应对。这就产生了更复杂的问题。

2. 冲击波二：货币贬值导致通货膨胀

第二轮冲击就是含银量下降的货币会刺激通货膨胀。大家拿到成色不足的银币一定会牢骚满腹，商人只得通过提高价格来弥补损失。如果你是个做生意的商人，以前收到的是百分之百纯银的货币，现在政府贬了10%，也就是含银量少了10%，对于你来说，经商就会亏损，那你的本能反应是什么呢？提价10%。如果你提价10%，你的下家就会提15%，下一个下家就提到了20%，最后一个人干脆提了30%。这就导致了物价连锁式上涨，最终失控。物价的上涨失控又会诱发囤积居奇的心理，导致商品供应短缺，市场交易受阻，经济活力下降，生产萎缩，反过来强化商品短缺，物价上涨更凶。

17世纪的奥斯曼通货膨胀到了什么程度呢？平均的物价上涨四到五倍，粮食有时上涨20倍，整个经济体系陷入了一片混乱。为了应付这种情况，政府开始介入市场，限制物价，不让物价上涨。国内价格低，而国外价格高，所以走私贸易在当时风起云涌，奥斯曼的粮食、铜、羊毛等商品被大量走私出境运向了欧洲，这就加剧了国内物资短缺，物价涨得更厉害。

最终，政府税收更加受损，财政状况进一步恶化，货币贬值更凶。这样一种恶性循环，就会冲击更深层的社会结构。

3. 冲击波三：蒂马尔制度崩溃

第三轮冲击就是重创帝国的基础细胞——蒂马尔。奥斯曼帝国的社会结构是建立在军事采邑基础之上的，由采邑领主供养骑兵，但通货膨胀使得饲料、武器和生产的成本飙升，采邑越来越负担不起参战的费用。如果连续三年无法提供骑兵参战，采邑将被国家没收。这些采邑的领主们，也就是军事贵族，要么行贿以保住财产，要么只有破产了。大量破产的西帕希贵族对苏丹政府产生了强烈的仇恨，揭竿而起参加叛乱。奥斯曼帝国出现越来越多的国内叛乱，领头的很多就是这样被逼上梁山的军事贵族们。

对外要打仗，对内要镇压，政府穷疯了，怎么办？那就干脆把采邑外包给包税商，以求立刻拿到现金。包税商向政府交年金，经营权政府就不管了，全部归包税商来管理。包税商制度一旦推行开来，农民就会受到残酷的压榨，为什么呢？因为包税商向政府一次性交钱之后政府就不管了，包税商就可以随意加税、加劳役，整个农民阶层就会受到严重打击。以前老百姓跟苏丹政府的关系是效忠关系，因为苏丹的法律保护他们的切身利益，10%的税不能涨，但是卖给了包税商之后，税率狂涨，农民破产，导致大量的农民放弃土地，开始流亡。

包税商是什么性质呢？就是土豪们每年向政府交纳固定的现金，然后得到采邑的管理权，从采邑获得的超额收益就归他们自己。当越来越多的采邑被国家收回并拍卖时，包税商们就开始大规模收购兼并，然后再把采邑通过转化为宗教财产或终身资产等方式，进行土地的私有化。这就是土耳其版本的土地兼并。在这个过程之中，包税商就拥有了越来越多的土地。为什么？因为货币在狂贬，地价在猛涨，不买地还等着财富贬值吗？于是，包税商阶层迅速膨胀，变成了大规模的土地垄断阶层。这就形成了帝国政治危机的隐患。

4. 冲击波四：包税商制导致地方割据

第四轮冲击，就是大量采邑土地变性成为私人土地之后，采邑之上的农民实际上与政府脱离了关系，从前是农民在国有土地上耕作，采邑领主只是代表国家管理，不能随便增加农民的税负和劳役，农民忠于苏丹，苏丹也是他们的保护者。现在土地变成包税商的私人财产，农民与政府之间的联系被切断，包税商为了获得更高利润，可以随意增加税负和劳役，农民成了包税商的臣民，而不再是苏丹的臣民。包税商阶层日益强大，为保护自己的切身利益，他们开始与地方官员勾结，甚至组建自己的军队，控制当地的经济与政治生活。这就演化成了地方割据势力，与中央政府分庭抗礼，埋下了奥斯曼帝国最后土崩瓦解的种子。

在整个奥斯曼帝国，包税制度最猖獗的地方是北非，此外还有地中海的东岸，例如叙利亚、巴勒斯坦、黎巴嫩等地。导致的结果是这些地方形成了地方割据，当地的长官和包税商手中有了财权、有了土地、又有了军队，就与中央政府离心离德了。中央政府强大的时候，他们都可以服从效忠；一旦中央政府衰落了，他们就立刻宣布独立。这就对奥斯曼帝国的生存构成了重大的威胁。

我看了好几本讲土耳其历史的书，关于经济中出现的这些问题都有，但大多只是现象描述，而没有抓住核心逻辑，所以让人看得头晕眼花，摸不清问题的主次关系。民族冲突、宗教矛盾、贪污腐化、争权夺利、地方反叛一大堆问题，其实全世界每个帝国衰落时都是类似问题的集中体现。关键是要能够理清一团乱麻之中的头绪，找出逻辑源头。

五、大清王朝和奥斯曼帝国的衰落惊人相似

经过以上分析，我们知道了，奥斯曼帝国真正的"病因"是国际商路的转移。一旦外部发生了不可逆转的变化之后，内部就会出现各种问题。因此，所有政治危机的背后首先是经济出了大问题，而经济出问题时，往往能从货币上看出征兆。

如果我们把大清帝国与奥斯曼帝国的衰落过程中的货币症状做一个对比，很容易看出模式上的类似性。

1. 鸦片贸易严重打击清朝经济

与奥斯曼类似，清朝使用白银作为货币，而且两国都是依赖白银输入来维持货币供应。但清朝前期贸易处于盈余状态，我们出口茶叶、丝绸和瓷器三大拳头产品，西方白银流入中国。即使是在国内市场，比如布匹市场，由于中国手工业很发达，再加上内河的航运体系四通八达，南北的交通运输成本很低，导致外国的洋布在和本国的土布之间的竞争上没有太大的优势，所以老百姓还是买国内生产的布。在中英贸易中，中国就处于贸易盈余状态，毕竟我们是把银子挣回来的。所以中国即便没有控制国际商道，我们的货币供应也不会出问题。

但18世纪末，英国开始使用鸦片贸易对付中国，大量鸦片贸易兴起之后，中国的白银就开始倒流了，我们的贸易出现了越来越严重的赤字，这导致了中国的货币供应出现了大问题。

2. 银贵钱贱严重干扰中国货币体系

从1800年到1840年，中国白银的流出引发了货币体制的重大危机，这就是银贵钱贱的现象。

清朝是白银和铜钱同时流通的，原来一两白银兑换 1000 个铜钱，这是清朝建立直到 1800 年之前高度稳定的兑换比率，但由于白银外流，导致到 1840 年鸦片战争之前，白银对铜钱飙升到 1 两白银兑换 1600 枚铜钱，比例从 1∶1000 上升到了 1∶1600，到了 1850 年再往后，上升到了 1∶2000，之后持续走高。老百姓平常做生意、卖粮食等挣的是铜钱，交税时却必须交银子，由于白银价值上涨、铜钱价值下跌，比值一拉大，以前交 1000 个铜钱，相当于交了一两银子，现在得交 2000 个铜钱，相当于税负涨了一倍，百姓生活本来就没有结余，这样一来日子就没法过了。

这就是太平天国造反为什么能席卷江南半壁江山的根源。老百姓交不上银子，国库就会亏空。在 1800 年之前，清政府国库里通常有个七八千万两银子，到了 1840 年，由于鸦片的输出，经济体系开始出现问题，国库的钱开始越来越少。到了鸦片战争前夕，国库只有五六百万两银子了。清政府要镇压太平天国，但国库亏空，怎么办？只能向洋人去借。但是洋人不会白借钱的，中国得抵押，用关税、厘税等各种税收，以及政府的各种各样其他资源作抵押，才会借钱给中国。

清政府国库亏空了，又欠了洋人很多债，而且还没镇压住太平天国，就只能放手让地方政府建立武装，这时候，湘军、淮军等地方武装就崛起了。湘军和淮军的崛起，意味着行省拥有越来越大的军事权力、财政权力以及政治权力，就会与中央政府自然地产生离心力，最终导致了地方政府武装割据的局面，中央集权就面临瘫痪了。但是，这些地方政府其实也没钱，也得向洋人去借，所以地方政府又把地方资源全部押给了洋人，这就形成了半封建半殖民地的形态。在这种情况下，其实任何国内自主的经济改革都绝不可能成功，因为资源都被别人抓住了，没有经济资源是发展不起来的。在理解这个问题的时候，如果不考虑经济问题，就看不到问题的核心。

最后，清政府还不得不向洋人大举借钱，这就把中国的海关关税、其他税收、铁路权等抵押给洋人，从而丧失了财政主权。

在这种情况下，国家分裂的趋势越来越严重，清朝统治下的中国看起来貌似是个大一统的国家，但实际上18个行省已经变成了18个独立王国了，内忧外患一来，国家解体是必然的。可以说，这跟奥斯曼的崩溃非常类似。

3. 压垮帝国的最后一根稻草

对于奥斯曼帝国而言，崩塌的最大外因就是国际商路的永久性的转移。对于中国而言，衰落的根本性外因在于鸦片贸易的兴起，最终导致了中国货币体系的混乱。

所以，国际商路的转移和鸦片贸易的兴起，这两个外因严重恶化了奥斯曼帝国和清王朝的经济生态环境，而且是个加速恶化的过程，各种危机相互促进，导致危机越变越大，越来越复杂，从经济危机变成政治危机，甚至在土耳其变成了民族危机、宗教冲突等等，都是外因所诱发和衍生出来的。

六、你看见了，但是你没看见

1. 西方处于经济正循环状态

奥斯曼和清王朝陷入了经济的恶性循环，而欧洲则进入了贸易利润投资工业生产，而工业生产增加贸易利润的良性循环，获得的贸易利润可以加强工业投资，工业生产的产品又可以增加贸易利润，所以西方越来越强大。导致中国和奥斯曼的外部环境越来越艰难，内部改革要想成功，就必须通过国内改革打破这种恶性循环，最重要的就是抢时间，时间越晚，难度就会呈指数形式剧增。如果错过了最后的时间窗口，帝国就没救了，只能崩溃了之后再重建。这是由外因所引发的经济、社会、统治制度和统治基础的生态环境恶化所导致的不可逆转的过程。

2. "成功路径依赖"

如果从内因分析，就是我最初提到的"睁眼瞎"的问题——明明看到了，但是心灵却封闭着，拒绝接受。苏莱曼大帝和康熙大帝都堪称是500年一遇的旷世英主，在他们执政时其实西方就已经出现了崛起的迹象，难道他们看不到西方即将崛起的迹象吗？如果那个时代就开始改革，情况会不会截然不同？

我想不仅他们看不到，就是西方人自己也看不到。道理很简单，我们不妨设想20世纪90年代时一帮互联网大佬创业，有人搞门户，有人搞电商，有人搞搜索，有人搞即时通讯，当时他们谁能预测到现在的互联网生态？现在又有谁敢说十年以后的互联网会变成什么样？你怎么可能要求他们在20世纪90年代就为今天的市场做改革呢？这是不可能的。康熙皇帝和苏莱曼大帝也是这个情况，其实整个西方都不知道情况会变成现今这样。

既然看不到，那么大家就只能沿着过去成功的道路往前走，也就是所谓的"成功路径"依赖，直到撞上南墙才知道这条路是错的，改革也只能从这时才能真正起步，而且很可能还会走弯路，因为你只是看到了墙，却未必看到了路。

3. 清朝和奥斯曼帝国的"撞墙"事件

在奥斯曼帝国和中国历史上，有两个事件分别可以作为标志性的撞墙事件。

奥斯曼帝国的"撞墙"是1683年最后一次围攻维也纳以大溃败告终。中国清政府的"撞墙"是1686年中俄的雅克萨之战，也就是后来我

1683 年的维也纳之围以奥斯曼帝国惨败而告终

们熟知的《中俄尼布楚条约》的起因。这两次战役时间相距仅 3 年，但反映出的问题是一样的，那就是西方越来越强大。

虽然清军在雅克萨取胜，但俄军不是被打败的，而是被围困长达 10 个月弹尽粮绝而求和的。清军以绝对多数对付俄军 800 多人，10 个月竟然攻不破俄军雅克萨据点的土木寨墙，为什么？因为清军的 20 门红衣大炮对付不了俄军占绝对优势的轻武器。

在装备上，俄军配备了 850 支先进的燧发步枪，射程达到 300 米，属于当时一流的步枪。而清军却只有 100 支火枪，其余的人都是大刀长矛，而且清军火枪的射程只有 100 米。我们想象一下，红衣大炮无法轰塌土木结构的寨墙，而步兵冲到 300 米的距离就会被对方当活靶子，而你的枪根本够不着别人，850 支远射程的燧发枪对付大刀长矛的步兵，你这几千人冲锋几轮就会损失殆尽，这个城怎么攻？

从这场战役的细节上就已经可以看出，中国和俄罗斯之间的火力差距在当时就已经非常大了，康熙皇帝如果足够敏锐的话，应该已经意识到，这种局面如果持续下去，后果将不堪设想。但是中国人当时并没有采取任何措施，为什么呢？因为我们毕竟还没撞到墙，只是被这个墙堵住了，堵住了停了一会儿它自己就垮了，他们投降了。所以中国没有采取任何改革。

七、土耳其版的"中体西用"与深度改革"四化"

　　1683 年维也纳撞墙事件中，奥斯曼人败得太惨了，这对奥斯曼敲响了警钟，他们开始意识到欧洲可能发展出了一套特殊的技艺，如果能与伊斯兰的传统相结合，就能再现奥斯曼的雄风，这是奥斯曼版的"中体西用"观念。而中国对雅克萨事件几乎是无视的，因为只是被墙挡住了，并没真撞上去，而且还算打了胜仗。

　　奥斯曼最早的改革要算是"郁金香时代"了，从苏丹到奥斯曼的有钱人都在模仿西方的礼仪和生活方式，比如说建设的城堡要西化，设计的是法式的喷泉，卧室里面都是法式的沙发，甚至穿着打扮也开始向西方学习。可以说这是一次思想解放运动。

　　此外，18 世纪初，奥斯曼还开始翻译西方的历史、哲学和天文学著作，引进了印刷机，成立了出版社，还在伊斯坦布尔建了很多公共图书馆。这也算是启蒙运动，而且确实比中国要早得多。

　　到 19 世纪初，奥斯曼帝国开始了深度改革的第二个进程，也就是政治制度和经济制度一起改，可以称之为"四化"，即军队欧式化、土地非封邑化、政府官僚制度化、政治体制世俗化。到 1839 年，苏丹发布了"花厅御诏"，已经有些自由、平等、法制的气息了。

　　1876 年，土耳其颁布了宪法，整个国家转型了，进行了君主立宪改造。苏丹是名义上的统治者，国家有宪法，有议会，这就与西方非常相像了。

　　1909 年多党议会制粉墨登场。大家开始投票选举，搞得热火朝天，政治改革全面启动。

　　但是，到 1918 年，随着一战的结束，奥斯曼帝国的体系全盘崩溃，只剩下孤零零的土耳其一个了。

　　奥斯曼帝国搞了 200 年的改革，宪政也有了，多党制也建立起来了，最终却还是崩溃了。如果算到今天，土耳其人已经搞了 300 年的西化改革了，仍然不能算是一个成功的大国。关于土耳其改革为什么始终不成功，今后土耳其又将向何处去，请看下文详述。

28 ▶

星月传奇土耳其之
君士坦丁堡之战

　　相信大家对土耳其的印象是这个国家肯定很土，瞧它这个名字起的，土耳其——不仅是"土"，而且是"土"得出奇。但如果你真的到了土耳其，印象就会被完全颠覆了。土耳其不但一点都不土，还非常洋气。特别是伊斯坦布尔，非常具有异国情调。而且，伊斯坦布尔的文化积淀相当深厚，不仅有1500年之久的圣索菲亚大教堂，还有堪称是"中世纪建筑奇迹"的蓝色清真寺，以及1000多年历史的地下水宫，这是罗马人兴建的一个庞大的地下储水工程，非常令人震撼。

一、世界史转折点：君士坦丁堡之战

我在 2015 年夏天去了一趟土耳其，目的之一就是去看伊斯坦布尔的城墙。因为那是君士坦丁堡的城墙——所有军迷心目中的圣地，在 1100 多年里仅仅被攻破过两次。

大家都知道，1453 年的君士坦丁堡之战是整个战争史的转折点。从此，世界由冷兵器时代进入了火器时代。

要了解君士坦丁堡之战，就必须得了解它的征服者——奥斯曼帝国的穆罕默德二世，当年指挥这场战役时，他才 21 岁。

君士坦丁堡之战的指挥者穆罕默德二世

二、穆罕默德二世的执政之路

1. 我有个梦想：长大后统治世界

穆罕默德二世不是老大，他还有两个哥哥，他也不是最受宠的皇子，本来继位基本没戏。结果两个哥哥先后死了，老皇帝就只有重点培养他了。

穆罕默德二世从小就是个桀骜不驯的孩子，极端聪明，能说七八种语言，而且特别崇拜英雄，很小的时候就迷上了亚历山大大帝和凯撒大帝，没事儿就让手下人给他读希腊和罗马的英雄传记，听得他热血沸腾，跃跃欲试。他还找人在他的宫殿中挂了一张欧洲地图，没事就问，教皇住在哪儿，神圣的罗马皇帝住在哪儿，欧洲有几个国家等等。他立志要做穆斯林的亚历山大大帝，逆转潮流，亚历山大大帝当年是往东一直打到印度，而他的志向是向西征服，一直打到世界尽头。那时候他才十一二岁，可以看出他从小的理想就非常宏大。

2. 穆罕默德二世的执政之路

在穆罕默德二世12岁时，老皇帝为了培养他尽快接班，宣布退隐，让他继承大位，并为他安排了辅政大臣。上台之后，他就开始亲自制定攻占君士坦丁堡的计划。试想一下，一个六年级的小孩居然有如此大的

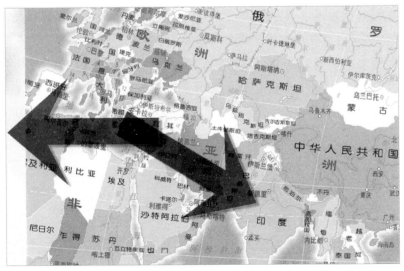

亚历山大大帝的征服之路往东一直打到印度，而穆罕默德二世则立志往西一直打到世界尽头

抱负，他手下的辅政大臣们自然是反对的。结果穆罕默德二世和辅政大臣的关系很紧张，在权力斗争中失败了。最后，老皇帝被迫复出，穆罕默德二世只能去坐冷板凳。

穆拉德二世（穆罕默德二世之父）

穆罕默德二世在 13 岁就遭遇了人生最大的惨败。这件事给他幼小的心灵造成了很大的冲击，本来他是心雄万夫，一心要做大事的君王，结果连自己的宫廷都没搞定，就灰溜溜地下台去坐冷板凳了。穆罕默德二世坐了 6 年冷板凳，他反思了自己，收敛了锋芒，变得城府极深。

1451 年，老皇帝去世了。19 岁的穆罕默德二世再度登基。那时的他，已经不再是当年的鲁莽少年了，而是成为了一位城府极深的政治家。登基的第二天早朝，穆罕默德二世问道：我父皇的老臣们在哪里？请他们近前来，回到原来的位置上。那帮当年整倒他的大臣们本来非常紧张，当年他们联手把这个小皇帝给赶下了台，他们担心小皇帝会找他们算账，但事实上，穆罕默德二世并没有这么做。那些老臣们松了一口气。因为穆罕默德二世明白，他的威信还不足以服众，不可为了一时痛快就撼动大局。他需要的是一场伟大的胜利来奠定皇权和霸业。

年仅 19 岁的穆罕默德二世，帝王心术已经相当了得。

当然，没有比攻克君士坦丁堡更伟大的胜利了。关于如何攻占这座坚固的城市，他已经想了整整 6 年，把每个细节都想透了。所以他上台的第一件事情，就是带着手下的亲随到了君士坦丁堡的城外，仔细观察地形达一个夏季之久，把每个地方的薄弱点都琢磨透了，再加上他以前的计划，然后再回到宫中彻夜地研究城防工事。

三、未雨绸缪：攻占君士坦丁堡要做的两件大事

　　详细研究之后，穆罕默德二世发现要攻克君士坦丁堡，奥斯曼的海军和大炮都不给力。因此，他首先要做的两件大事就是夺取制海权和发展攻城重炮。他为什么会得出这个结论？这个就涉及君士坦丁堡的地形了。

　　君士坦丁堡的地形非常独特，是个类似三角形的城市，前面的"角"扎进了大海，两侧也都是海，一边是风急浪高的马尔马拉海，另一边是有铁链封锁着入口的金角湾，当时君士坦丁堡从城墙上拉了一条300米的铁索一直拉到对岸的加拉塔，相当于把整个深水港海域变成了自己的内海。马尔马拉海的流速非常快，水急浪高，所以想从海路攻城是做不到的，因为船根本靠不了岸，就算靠岸也会被城墙上射下的弓箭或者"希腊火"消灭掉。另外一侧，由于前面有个铁锁链拦住了，所以海军是进不去的。这就是为什么君士坦丁堡的城墙1100年之间只被攻破了两次的原因。这两次分别是：1204年，十字军第四次东征的时候攻克过一次；1453年穆罕默德二世攻破过一次。除此之外再也没有人能攻下

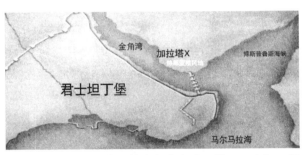

从加拉塔城墙上拉出的铁索将金角湾围城了君士坦丁堡的内海

君士坦丁堡地形险要，很难攻下来，唯一可以攻击的就是"三角形"的"底边"—陆墙

来。因为君士坦丁堡的地形太险要了，唯一可以使用兵力的一边就是陆墙，也就是三角形的底边。

1. 君士坦丁堡陆墙的三道防御体系

在陆墙的方向，君士坦丁堡做了大量的防卫工作。它的防御体系分成三层：护城河、外墙和内墙。从护城河到内墙的全部防御纵深达 70 米，护城河宽达 7 米，水深 3 米。内墙的高度达几十米，如果站到护城河的底部往上看，高度达九层楼之高。此外，陆墙体系中的塔楼至少在 20 米以上，相当于六层楼的高度。只有当你站在巨大的城墙之下时，你才会真正体会攻城者的绝望。我曾亲自站到城下仰望，那种感觉会让人非常震撼。

> ## Tips
>
> 君士坦丁堡作为一个千年屹立不倒的古城，除了有地面上固若金汤的城防工程之外，还有地下非常神秘和复杂的储水工程。它的主要作用是为了保证全城供水的安全。1453 年奥斯曼帝国攻克君士坦丁堡时，并没有发现地下储水的工程。直到 18 世纪，在城市进行扩建的过程中，才发现了原来还有这样一个庞大的地下工程。

2. 攻城准备：控制制海权

由于陆墙极难攻破，海墙又突破不了，所以君士坦丁堡攻坚战往往打成了一个围困战。然而，君士坦丁堡可以借助海路源源不断地获得补给，黑海沿岸希腊人的殖民地，经博斯普鲁斯海峡（即伊斯坦布尔海峡），可以持续给他们供应粮食、弹药和部队，因此君士坦丁堡才得以久攻不克。时间拖久了，攻城一方的军心士气就会瓦解，再加上瘟疫流行和后勤补给

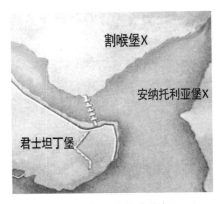

割喉堡的地理位置选得非常好，60°内每个角度都能打，成为了遏制博斯普鲁斯海峡的咽喉要道，"割喉堡"的名称也来自于此

问题，往往导致围城者无功而返。所以1100多年来很多试图攻城的人都失败了。阿拉伯人曾围城5年而败走，就是败在没有制海权上。

穆罕默德二世早就看到控制海峡的重要性，下决心一定要先夺取制海权，因为没有制海权是打不下这个城堡的。

首先，他在大战之前的一年，就在博斯普鲁斯海峡最窄处，调集全国之力修建了一座城堡——"割喉堡"。这是攻城的第一步，即控制海峡，彻底切断了从黑海过来的外援。

割喉堡共分4栋大型塔楼、19个小型塔楼。穆罕默德二世做了个非常有意思的决定，就是让4个维齐尔每人负责一个大塔楼的修建，责任包干到人，如果哪个维齐尔没有在规定时间内修建好的话，就会被杀头。穆罕默德二世本人则亲自负责塔楼与塔楼之间城墙的建设，他召集了2000个工匠，每个工匠配两名助手，共有6000多人参与修建。在修建过程中，同样采取了类似军事化的管理制度，提前完成有重赏，晚一天就杀头。所以城堡建设的速度及质量，达到了中世纪以来建筑史的奇迹，四个半月全部竣工。

割喉堡竣工之后，穆罕默德二世命令把火炮放在城墙前面离水面比较近的地方。这种炮的射程可达一公里，而博斯普鲁斯海峡最窄的地方只有660米，这就可以打穿海峡了。之所以要放得离水面比较近，是因为当时的炮打出的是跳弹，类似小时候在河边玩的打水漂游戏，石子打在水上会跳着走。这样部署之后，如果海峡中间有船过来，招呼之后还不停的话，炮弹打出后在水上弹跳几次，正好可以打在船舷上，船立刻就会被击沉了，这比从天上往下打的杀伤力还要大很多。而且城堡的位置选择得非常好，60度之内哪个角度都能打，成为了遏制博斯普鲁斯海峡的咽喉要道，所以取名"割喉堡"。自从这个城堡修建起来之后，再也没有任何一艘来自黑海的船能够不经申请就自由通过了。

3. 攻城准备：组建帝国海军

与此同时，奥斯曼帝国还兴建了一支庞大的舰队，部署了几百艘战舰，驻扎在距金角湾仅4公里的双柱港，一方面可以威胁金角湾里的君士坦丁堡舰队，另一方面可以阻击可能从马尔马拉海方向过来的海上援军。如果我们站在城市对面的加拉塔上，这里的地形可以尽收眼底。

4. 攻城准备：建造攻城重炮

当穆罕默德二世把上面这两步都做完之后，可以说就完全控制了君士坦丁堡的制海权。然后他开始第二大重要的战略性工作，建造攻城重炮。

奥斯曼帝国最厉害的武器就是攻城重炮。由于君士坦丁堡的城墙体系极端坚固，中世纪攻城用的抛石机抛出的石头打在城墙上简直就像隔靴搔痒。其实，奥斯曼人以前也不会造重型火炮，但一个匈牙利的铸炮工程师帮了他们大忙，此人叫乌尔班。乌尔班之前是投靠君士坦丁堡的，因为他是基督徒。他是给当时的皇帝君士坦丁十一世建造大炮的，皇帝对乌尔班也很欣赏，但是这个

最后一位君士坦丁帝国皇帝君士坦丁十一世——安德烈斯·帕里奥洛加斯

皇帝太穷了，拿不出钱来造重炮，甚至连工资都经常发不出来，所以乌尔班一怒之下不干了，出城就投靠了穆罕默德二世。

穆罕默德二世慧眼识人，立刻发现了乌尔班的重大价值，要钱给钱，要人给人，结果只用了几个月的时间，乌尔班就制造出了一门当时世界上最大口径、威力最强的大炮，史称乌尔班大炮。炮长约9米，口径30英寸，也就是70多厘米，足可以把一个成年人直接放进去，大炮需要60头公牛才拉得动。它的炮弹就更吓人了，重达半吨。在试射乌尔班大炮的当天，奥斯曼首都发布警告，年纪大的、有心脏病的，要堵住耳朵，还有孕妇要当心流产，因为政府要试炮了。结果，一声巨响，半吨重的圆形大理石，在空中飞行了1.6公里，落地时砸出了一个2米深的大坑，连十几公里以外都能听见炮声。我们可以想象一下，半吨重巨石以极高的速度从天而降，狠狠地砸在砖石结构的城墙上会造成什么样的后果。而且在实战中，炮弹的重量不是半吨500公斤，而是680公斤。

穆罕默德二世为了攻陷君士坦丁堡，一共制造了69门各种口径的大炮，搞了15个炮兵连，并且集中轰击城墙最薄弱的地段，这是中世纪最大规模的炮兵火力了。在此之前，世界史上没有一个皇帝，没有一个国家，把这么多口径的重炮放在一起集中轰击。这是世界战争史上的转折点。

四、世界历史上一场伟大的决战：千年古城的陷落

有了海军的制海权和重炮，当一切准备就绪，奥斯曼帝国调集了20万大军，数百艘军舰，水陆并进，包围了君士坦丁堡。而君士坦丁堡城中只有区区8000人的守军，4万的居民。看起来，这应该是一场没有悬念的大屠杀了。

但战况并非大家想象的那样一举攻克，城墙的确在巨炮的猛攻中成片坍塌，但守军也非常高明，他们发现砖石城墙抗不住巨炮的轰击，所

以连夜动员全城老百姓把木栅栏、碎石、泥土和手边能够得着的一切东西都堆起来，封住了城墙缺口，这种泥土和木头堆成的软城墙可以有效化解巨石炮弹的冲击力，就像拳头打进了一堆棉花，三层防御体系基本完整，奥斯曼士兵死伤惨重，成千上万的尸体把护城河都填平了。战事进入了胶着状态。

1. 奥斯曼帝国海军不占优势

就在陆墙打到关键时刻，穆罕默德二世下令同时发动大规模海军攻势，好几百艘舰艇一起冲向了金角湾的铁锁链。铁锁链里面就是君士坦丁堡以及其盟国的战舰。双方一交战，虽然穆罕默德二世在船数上占了优势，但是海军的作战技巧以及船的型号不对，所以他们并没有占到多大的便宜。

这是为什么呢？因为当时穆罕默德二世使用的舰艇叫桨帆船，呈狭长形，长约40米，宽度只有不到4米，优点是速度快、灵活。另外，船的桨位也比较有特点，每个桨手座位的宽度就好比现在客机的座位，必须先站起来推桨，然后再坐下拉，所以非常消耗体力。在划桨过程中，全速行进20分钟后，士兵的体力就会消耗殆尽。而且，这种船的船舷离水平面特别近，跟他们相对应地，热那亚、威尼斯以及君士坦丁堡的船舷则比较高，虽然速度慢一些，但是船舷位置高，在真正交锋过程中可以居高临下发动攻击，射箭也好、投掷标枪也好，都会占据很大的优势。所以当两方舰队相遇时，海战的优势还是在基督徒的海军手上。

2. 奥斯曼陆上行船奇袭

眼看速战速决的攻城就要转变成难以取胜的围城战，穆罕默德二世突然使出了一个古今中外闻所未闻的奇特战法，别忘了，他坐冷板凳的6年里曾苦思冥想破城之策——他命令海军从陆地翻山进入金角湾。这一招真

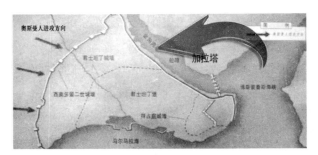

奥斯曼海军翻越加拉塔山地进入金角湾

是绝了，穆罕默德二世堪称是旷世奇才，这一招前无古人，后无来者。

我到实地去看过地形，从双柱港翻越加拉塔后的山坡到达金角湾的道路，山坡大概有 70 米高，距离有两公里，倾斜角大约 8 度。穆罕默德二世一定是事先就想到了这个办法，并且实地测量过。因为当他下令时，用来修建简易轨道的木材、支架、滚轴、大量的润滑油脂和拖战船的公牛，早已备齐了囤放在沿途，战船一艘一艘地被拖出水面，然后被公牛拉向山顶，然后顺着木质轨道下山，最后冲入另一侧的金角湾。最令人震惊的是，穆罕默德二世命令所有船员都坐在船上，他们比划着就像在海里一样划桨，船上旌旗招展，风帆全部张开，乐队鼓乐喧天，在君士坦丁堡城墙上观看的人不禁惊呆了。奥斯曼的战舰居然在山上航行！守军的士气也因此受到极大震撼。这是穆罕默德二世搞的心理战，充分显示了他的心思是有多么细密。

3. 君士坦丁堡正面防御体系完全崩溃

一天之内，70 艘奥斯曼战舰进入了金角湾，直接威胁着海墙的安全。这一招迫使守军从陆墙分派人手来防守海墙，陆墙那边守军本来就人员奇缺，已经从 8000 人缩减到了 4000 人，伤亡巨大，剩下的 4000 人还要守 20 多公里的城墙，平均每个城墙上摊不到几个人，这一下正面的防守力量遭到了更大削弱。这么一分兵，第一线的陆墙就只剩下 2000人了，怎么能挡得住 20 万奥斯曼大军的轮番进攻呢？

据史书记载，奥斯曼帝国苏丹穆罕默德二世把他的总指挥部设在了陆墙之外的一个高处，监督整体战况。当奥斯曼人攻破了中间的第五军用门之后，两端的城门也分别被打开了，一边叫埃迪尔内门，一边叫查瑞修斯门，三个门一起打开之后，奥斯曼帝国的大军纷纷涌入了城内。这才导致了君士坦丁堡的防御体系在几个小时之内完全崩溃。

君士坦丁堡海墙腹背受敌的态势

奥斯曼军队攻破君士坦丁堡的三个大门

最终，正面城墙终于被攻破，整个攻城战历时54天，奥斯曼付出了惨重的代价，终于拿下了君士坦丁堡。

五、穆罕默德二世对古城的保护

本来，死了这么多人，城里的人都以为奥斯曼人一定会疯狂报复，屠杀居民和抢劫财富，破坏基督教的教堂。1204年，十字军攻破君士坦丁堡时就曾这么干过。

穆罕默德二世在攻城之前的确是宣布破城之后，放任军队自由抢劫三天。道理很简单，要没有物质刺激，谁肯拼命攻城？但是，穆罕默德二世还同时下令，不允许放火，不允许过分地杀人，为什么？因为他心中已经暗暗决定了，要把君士坦丁堡建设成为奥斯曼帝国的首都，所以他不允许破坏。

1453 年 5 月 29 日凌晨，君士坦丁堡最终陷落。大批奥斯曼士兵涌进城来，到处杀人放火。穆罕默德二世进城看到后非常恼怒。当他来到圣索菲亚大教堂时，一群奥斯曼士兵正在砸教堂的地砖。穆罕默德二世问，为什么砸地砖？士兵回答，这是异教徒的教堂。穆罕默德二世大怒，立刻拔剑砍倒了那个士兵。躲在教堂的壁炉和墙后的市民纷纷跑出来请求他饶命，他当场赦免了所有人，并且宣布抢劫必须在当天日落之前结束，第二天城市就要恢复秩序。

后来西方人评论说，穆罕默德二世和奥斯曼人虽然是"野蛮人"，但他们不是破坏者，他们跟蒙古人不一样，蒙古人是烧杀劫掠之后，一把大火把原来的东西全部烧光。但是穆罕默德二世的奥斯曼帝国不是这样，他们不仅保护了圣索菲亚大教堂，而且还进行了翻修，把它改造成了清

Tips

蓝色清真寺非常有特点。它是在君士坦丁堡被攻克之后兴建的，到现在已经有五六百年的历史了。整体设计的原形是仿造蒙古包，为穹隆结构，大的穹隆底下有四个小的穹隆来支撑。我们可以把它想象成是立体的赵州桥。赵州桥有个大拱，旁边有些小拱，是承力作用的。蓝色清真寺的穹隆结构也是。每个小穹隆底下再有三个穹隆，一共是 12 个。这种穹隆结构在修建过程中，首先是堆成个土山，堆成土山之后一层一层往上码，最后清真寺顶部中央的那块石头最关键，如果从中间插下去不能严丝合缝的话，整个建筑就会垮掉，所以最后这一块石头是最有学问的。当年的主设计师是个水平非常高的人，在全部合拢之后，这块石头加进去严丝合缝，一点问题都没有。然后通过力学原理使砖块互相挤紧，整体结构就浑然一体了。如果你现在到现场去看，会惊叹设计的精巧和施工的精确，简直是巧夺天工。

真寺。大教堂的正面本来是一幅圣母玛丽亚抱着主耶稣的画，他们进去之后，只是用泥巴把它糊上了，旁边挂上了伊斯兰教的一些标语，但是没有破坏。所以今天我们再去伊斯坦布尔的时候，还能够看到这个1500多年历史的大教堂仍然矗立在那里，非常震撼。

六、从"黑暗"走向光明：充满异国情调的超级大都市

穆罕默德二世决定把君士坦丁堡作为奥斯曼帝国的首都，改名为伊斯坦布尔。当君士坦丁堡陷落的事情传到西方后，大家感觉天都塌下来了——君士坦丁堡的文明完蛋了，从此要进入黑暗时代了！

其实在奥斯曼帝国的管理下，这座城市很快就恢复了昔日的繁华，君士坦丁堡的人口迅速恢复到了十几万，15世纪末更是达到了几十万人，成为了当时全欧洲人口最多、规模最大、最繁荣、最有活力的一个超级大都市。

现今的伊斯坦布尔人口1600多万，各种民族、各种宗教信仰的人都聚集在那里。即使半夜一点钟在伊斯坦布尔机场等飞机，你也会发现那儿依旧人满为患，这座美丽的城市仍是欧亚大陆最具异国情调的梦幻之地。